JN064860

全国 名所図会めぐり

航空写真と読み解く歴史絵巻

渋谷申博
（日本宗教史研究家）

GB

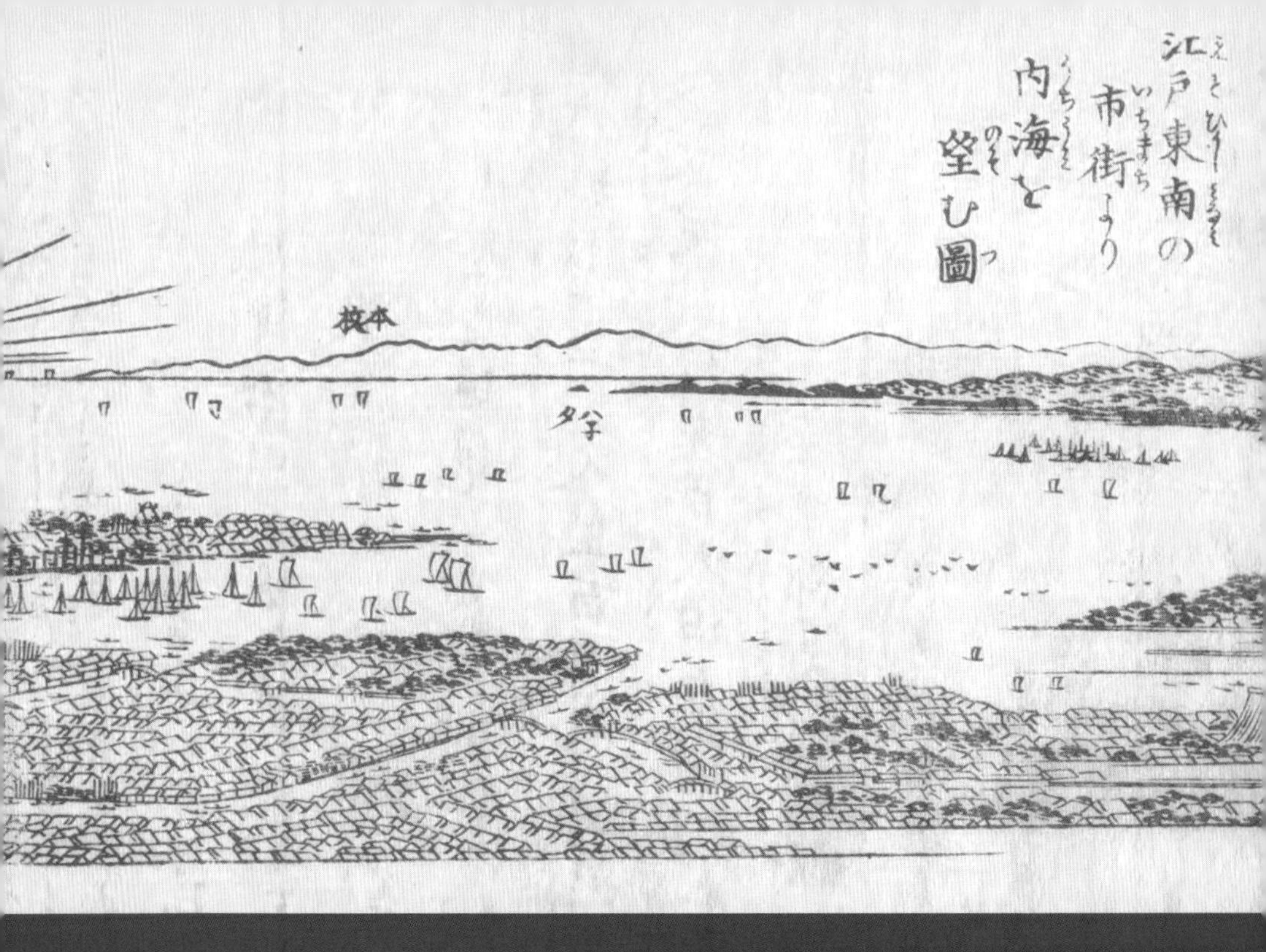

はじめに

「名所図会」は江戸時代を覗く望遠鏡みたいなものだ。読み方次第でいろんなものが見えてくる。とくに挿絵が面白い。

挿絵には名所だけではなく、その周囲の町並みや見物する人たちも描かれているので、建築や風俗の資料になるばかりか、町（村）の構成や商売・農漁業の仕方なども読み取ることができる。しかも鳥瞰図が多用されているので、まるでドローンを使って見物しているような気分にしてくれる（言うまでもないことだが、当時は実際にこの視点で見ることはできなかった）。

「名所図会」は今の「観光ガイド」に当たる。それ以前にも名所案内の本は書かれているが、「名所図会」でその形式が完成した。名所を地域別に並べ、その歴史や見どころを簡潔に述べ、挿絵で説明を補足するというもので、現代のガイドブックもこの形式を踏襲している（「名所図会」の歴史は第一、二章末のコラムをご覧いただきたい）。

『江戸名所図会』（国立国会図書館蔵）より
「江戸東南の市街より内海を望む図」。

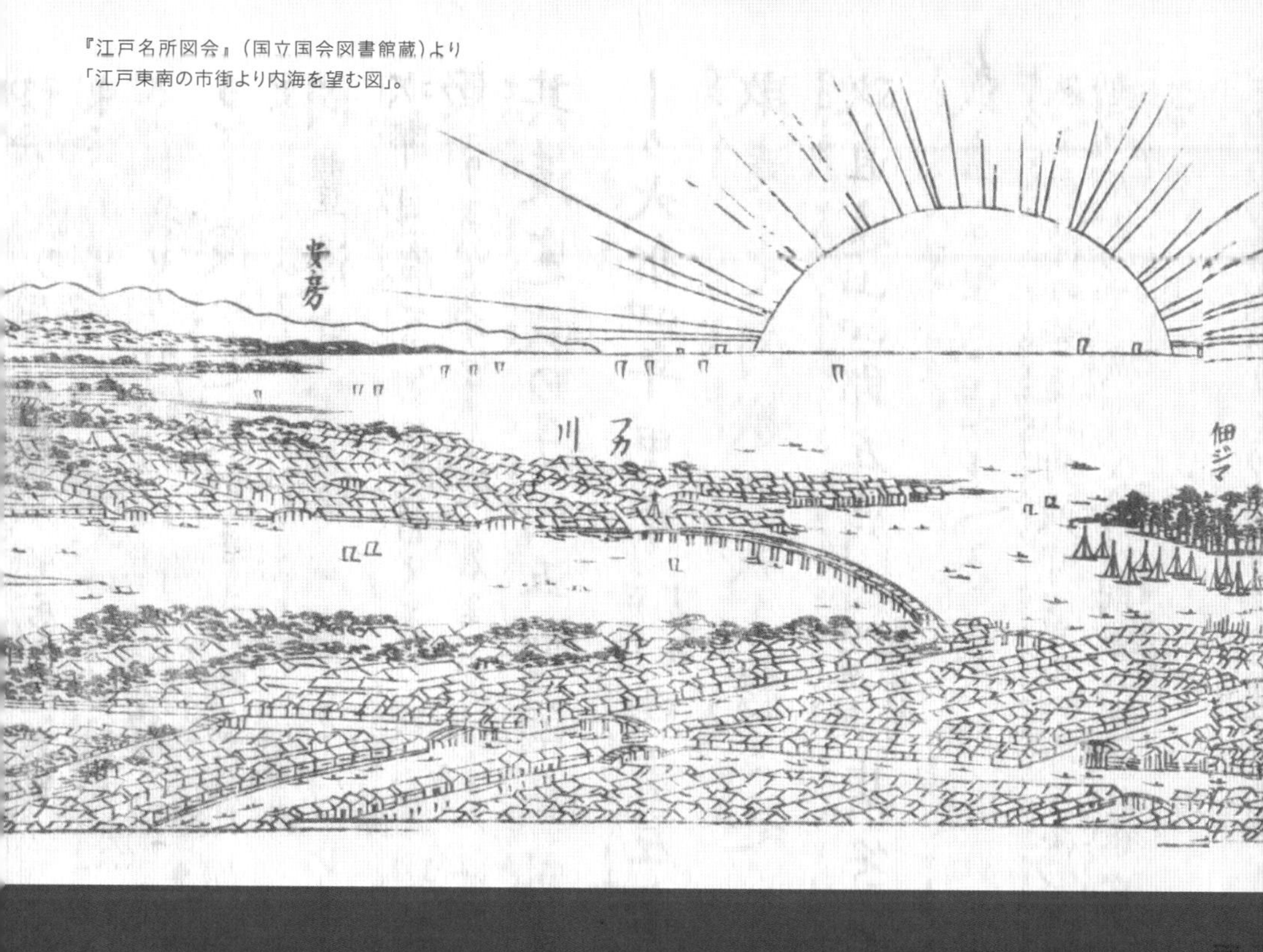

本書では「名所図会」の挿絵に残された、今はない信仰の風景に着目した。災害や戦争などの人災、近代化といった時代の変化により、今は見られなくなってしまった社寺の壮麗な建築群や儀礼、参拝風景が「名所図会」には数多く残されている（一部、逆のパターン、当時は小さな祠だったものが今は立派な社殿を構える神社になったような例も収録している）。

消滅・変化の理由、変わり方は社寺によりそれぞれで、実際にその跡をたどってみると感慨深いものがある。

取り上げた「名所図会」は『江戸名所図会』（天保七年〈一八三六〉刊）、『都名所図会』（安永九年〈一七八〇〉刊）、『都林泉名勝図会』（寛政一一年〈一七九九〉刊）、『拾遺都名所図会』（天明七年〈一七八七〉刊）、『大和名所図会』（寛政三年〈一七九一〉刊）、『摂津名所図会』（寛政八年〈一七九六〉刊）、『河内名所図会』（享和元年〈一八〇一〉刊）、『伊勢参宮名所図会』（寛政九年〈一七九七〉刊、以上掲載順）である。

では、紙上の時間旅行をお楽しみいただきたい。

渋谷申博

『江戸名所図会』より「六月朔日富士講」

全国 名所図会めぐり 航空写真と読み解く歴史絵巻

contents

※『江戸名所図会』（国立国会図書館蔵）

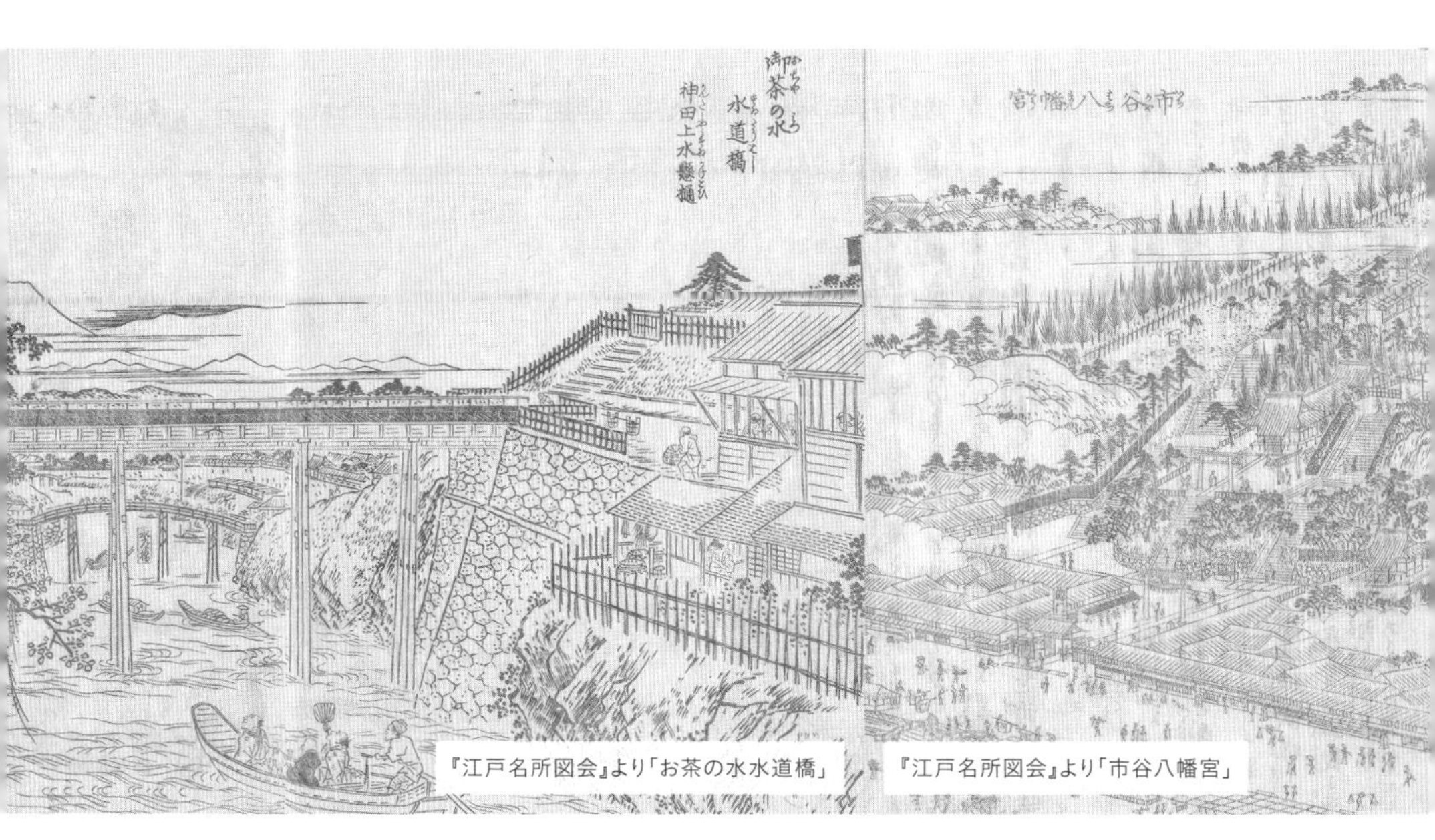

『江戸名所図会』より「お茶の水水道橋」

『江戸名所図会』より「市谷八幡宮」

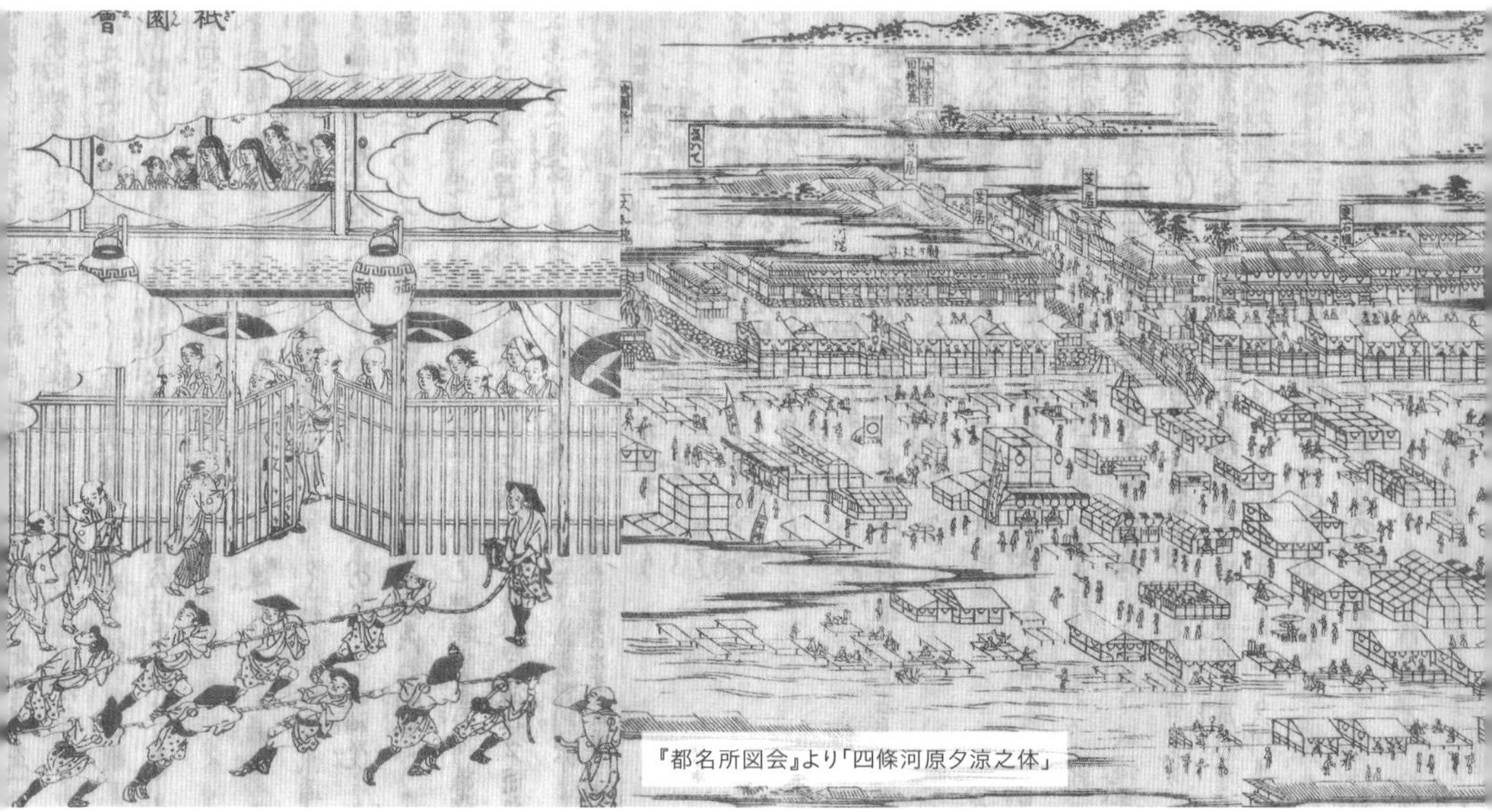

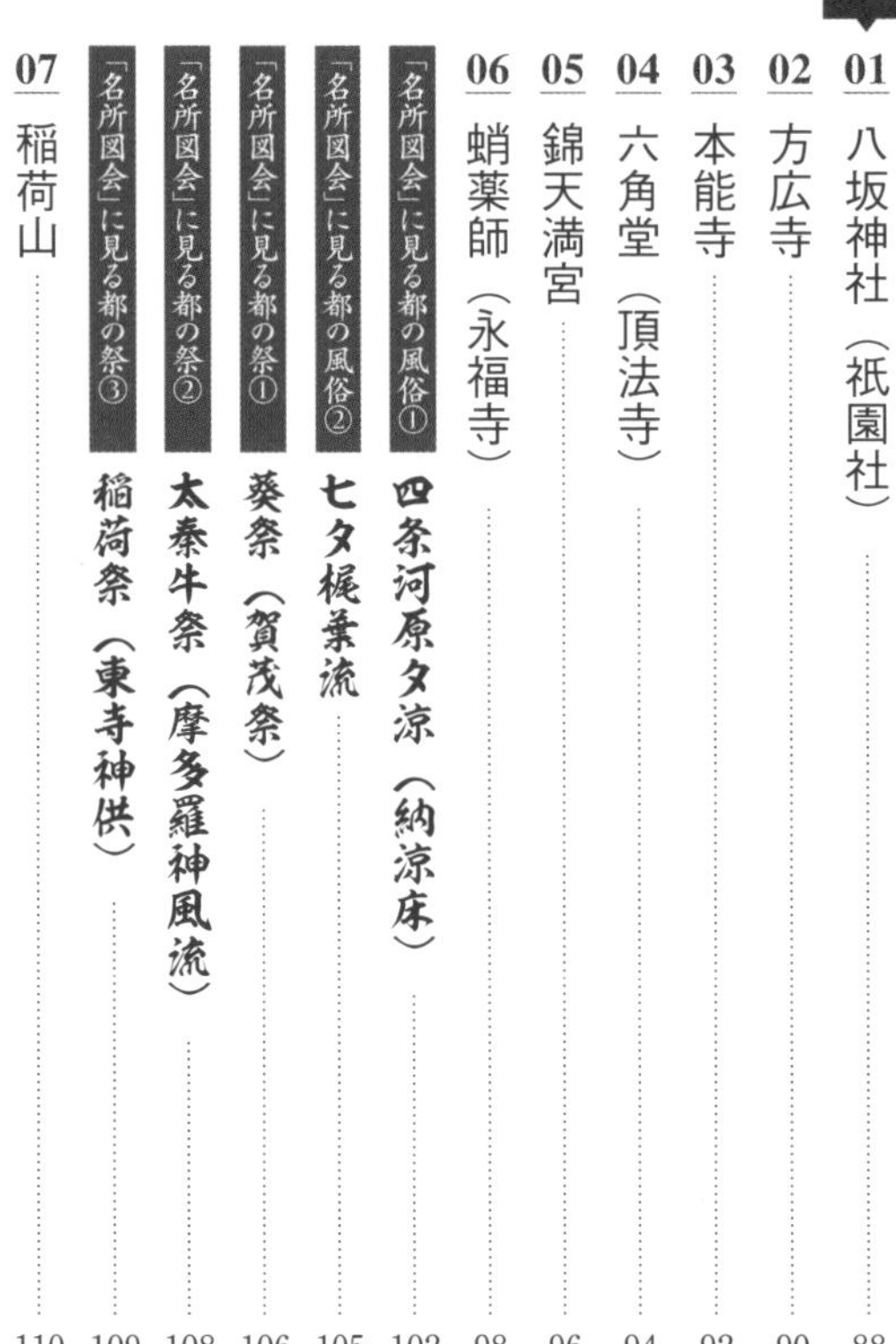

『都名所図会』より「四條河原夕涼之体」

第二章 都（京都）

『都名所図会』『都林泉名勝図会』『拾遺都名所図会』

都

※『都名所図会』（国立国会図書館蔵）／『大和名所図会』（国立公文書館蔵）

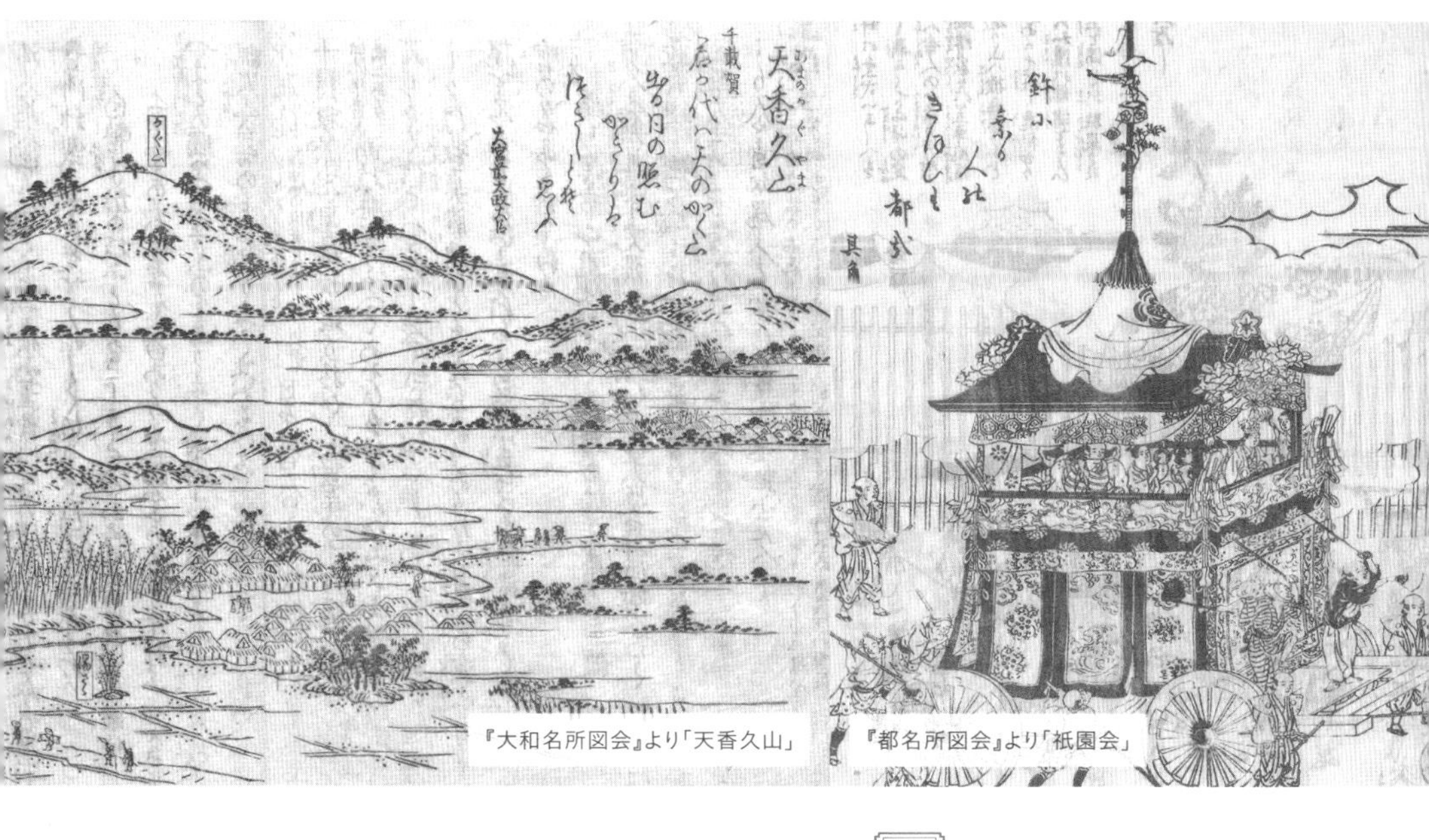
『都名所図会』より「祇園会」
『大和名所図会』より「天香久山」

第三章
大和（奈良）、河内・摂津（大阪）、伊勢（三重）
——『大和名所図会』『河内名所図会』『摂津名所図会』『伊勢参宮名所図会』

大和

『摂津名所図会』より「合邦辻焔魔堂」

データ欄とアイコンの見方

① 寛永寺（かんえいじ）
② 台東区上野桜木1-14-11
③ 03-3821-4440
④ JR上野駅・鶯谷駅より徒歩約8分、京成上野駅より徒歩約15分
⑤ MAP ▶P.166 01

①社寺の名称
②所在地
③電話番号
④交通アクセス
⑤所在地マップ（現代地図）掲載ページとマップ番号（※）

※マップ番号…「江戸（東京）」「都（京都）」「大和（奈良）」「河内・摂津（大阪）」「伊勢」の各地域の掲載社寺に付した（01）から始まる番号。

本書で紹介している社寺の所在地・交通アクセスについては、各記事中のデータ欄とあわせて、『「古地図」と「現代地図」でめぐる掲載社寺マップ』（p.163〜174）もご参照ください。

*交通アクセスは鉄道駅から徒歩で行く場合の最短、あるいはそれに準じたコースを想定したものです。あくまでもアクセス方法の一部であることをご了承ください。

*寺院名は原則として山号を省略して表記しています。また、正式名称よりも通称のほうが有名な寺院については、名称のあとの（　）内に通称を併記しています。

*本書の情報は2023年10月現在のものです。

※『摂津名所図会』（国立国会図書館蔵）

第一章

江戸（東京）

――『江戸名所図会』

※本章にて掲載の『江戸名所図会』の挿絵はすべて国立国会図書館所蔵。

江戸時代、世界最大の都市だったといわれる江戸。現代の東京の中にも、当時と変わらずに残る風景がある一方で、人々の暮らしと信仰、そして風景は変化し続けている。

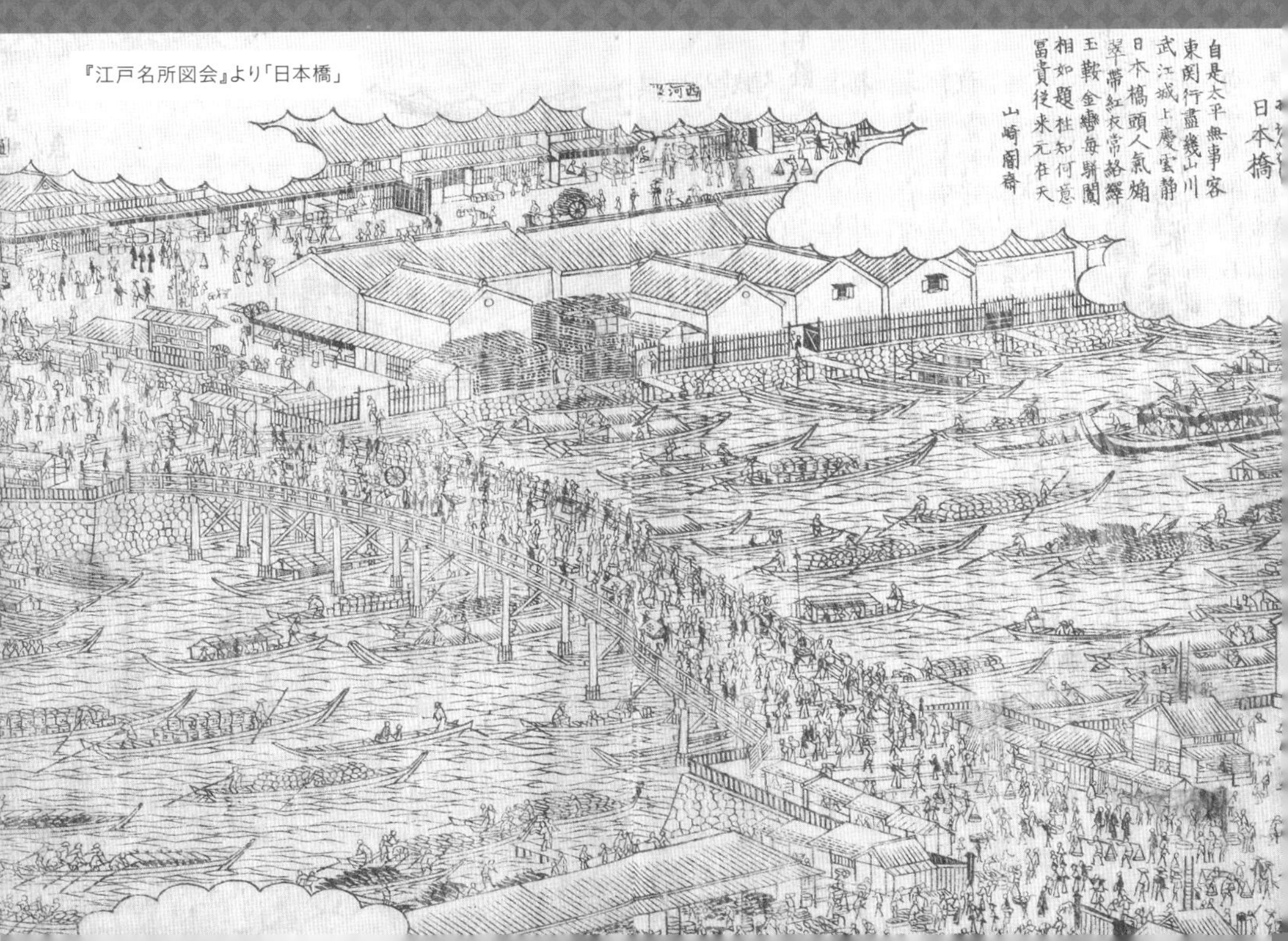

『江戸名所図会』より「日本橋」

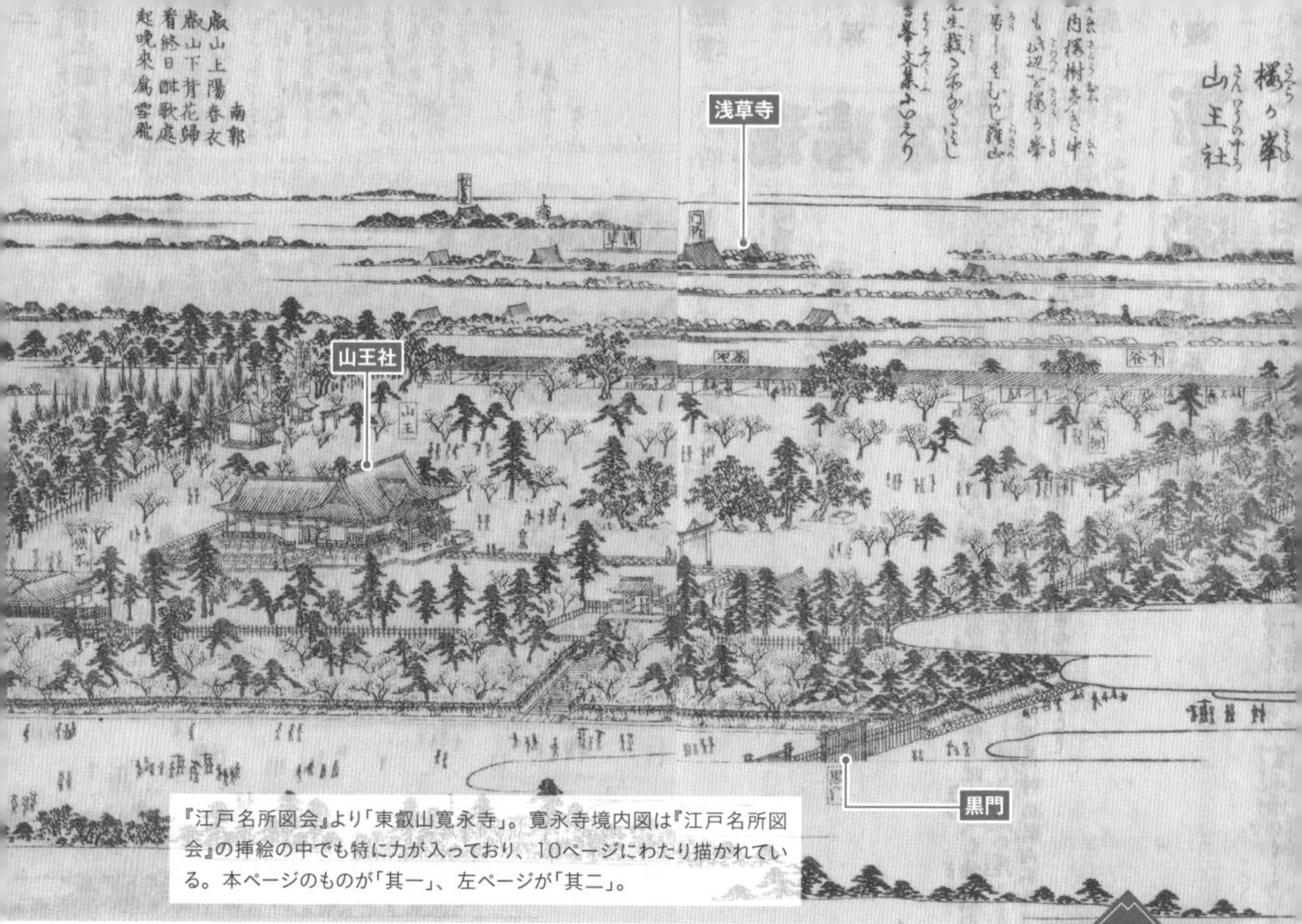

浅草寺

山王社

黒門

『江戸名所図会』より「東叡山寛永寺」。寛永寺境内図は『江戸名所図会』の挿絵の中でも特に力が入っており、10ページにわたり描かれている。本ページのものが「其一」、左ページが「其二」。

江戸 -01-

寛永寺（かんえいじ）

上野の山から不忍池まですべて境内
そこには関西の名所が詰め込まれていた

明治維新とともに消え去った巨大伽藍（がらん）

東京国立博物館、国立科学博物館、国立西洋美術館、東京都美術館、上野の森美術館、東京藝術大学、上野動物園など、いわゆる上野の山（住所でいうと台東区上野公園）は世界的にもめずらしい文化施設集中地区となっている。

今では当たり前になったこうした風景も、かつては先端の文化を象徴するものとして受け取られていた。たとえば、横光利一（よこみつりいち）の『旅愁』（一九三七

今の京成上野駅の上に黒門（くろもん）があり、そこから坂を登っていくと仁王門（におうもん）があったが、のちに移築され代わりに文殊楼（もんじゅろう）が建てられた。写真は中央通りから望む上野公園、錦絵は『江戸名所上野仁王門之図』（国立国会図書館蔵）。

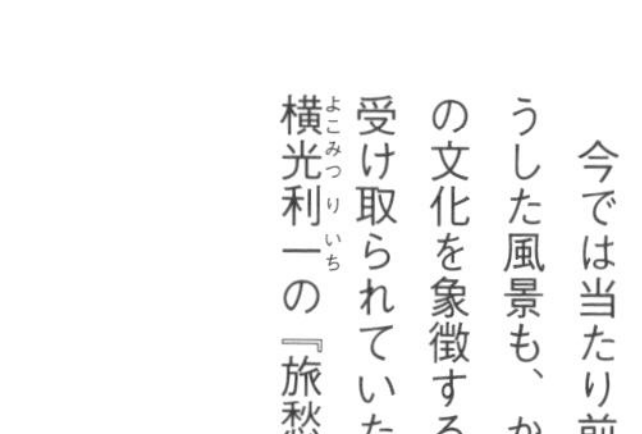

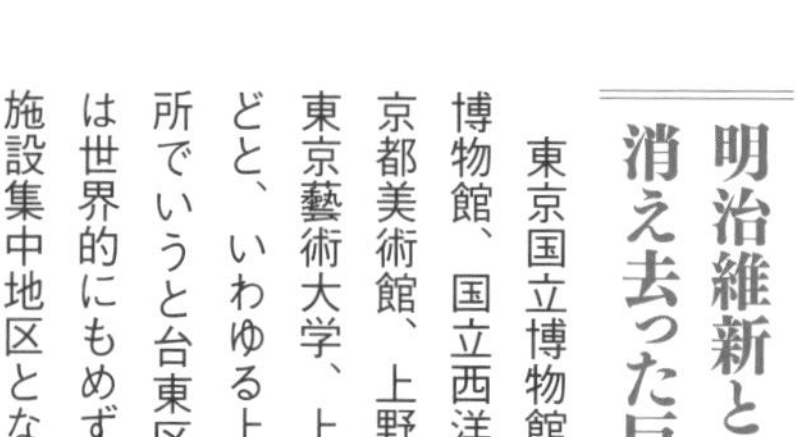

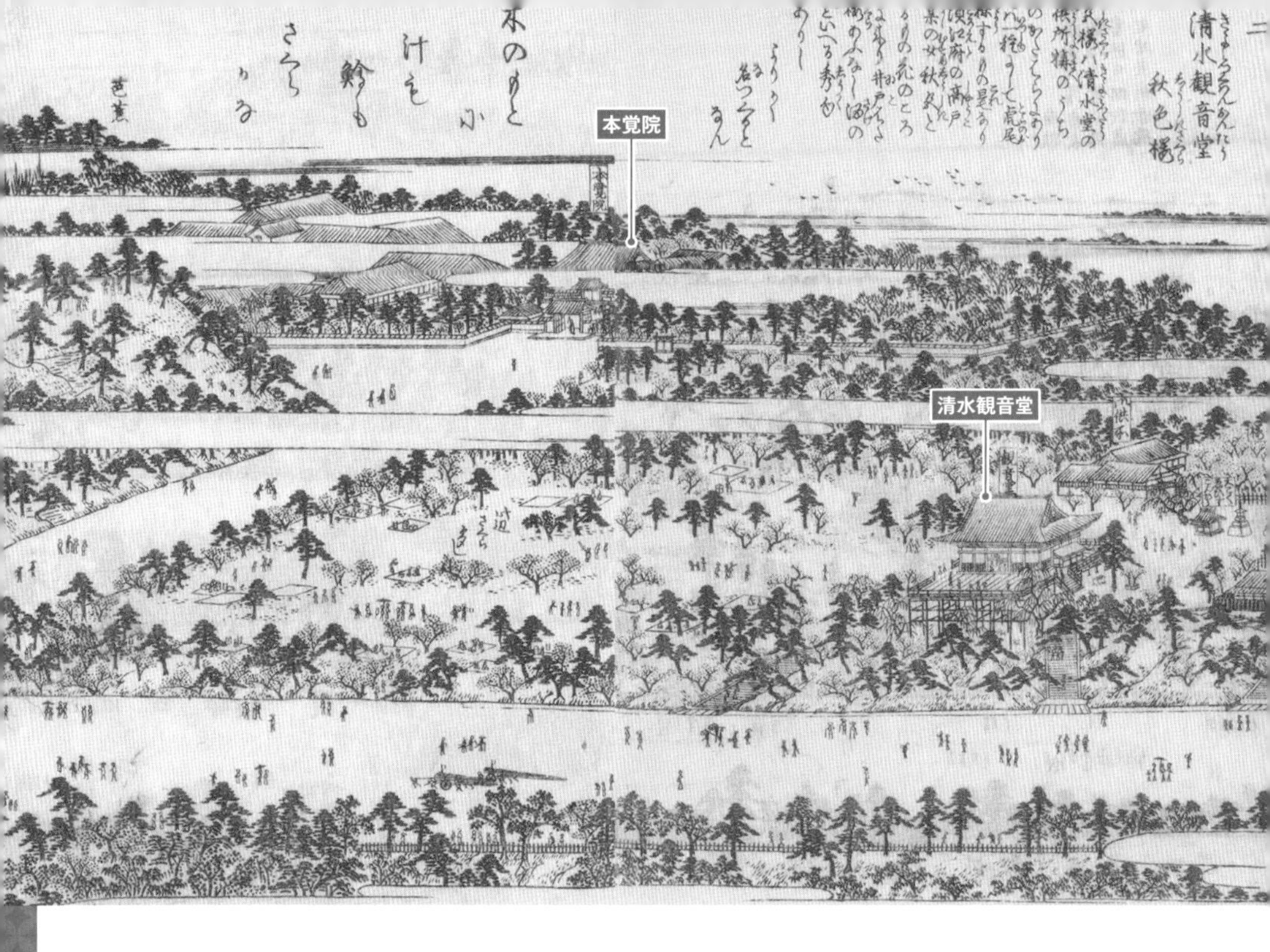

〜四六）では、洋行帰りの主人公が博物館の建物を眺めながらパリのモンマルトルの丘を思い起こしている。

つまり、モダン都市東京を象徴する場所であったわけだが、『旅愁』が発表される70年ほど前までは、関西の大寺院を寄せ集めたような大伽藍がこの地に林立していた（右ページ上部から14ページまで続く『江戸名所図会』挿絵参照）。

『東都花暦 上野清水之桜』（国立国会図書館蔵）。上野山の桜は寛永寺の創建にさかのぼる。天海は奈良の吉野山から桜を取り寄せて境内に植えた。赤松や椿、モミジなども植えさせている。

東の比叡山として創建された寛永寺

寛永寺は寛永二年（一六二五）、天海僧正によって創建された。天海は徳川家康のブレーンとしてその政策に大きな影響を与えた高僧として知られるが、二代将軍秀忠、三代将軍家光の帰依も受け、江戸幕府の確立に深く関与した。

寛永寺の創建も江戸の都市計画、宗教政策の一環をなすものであった。それは寺号（寺院名）と建立場所に明確に表れている。

天台宗総本山の延暦寺は、京都御所の鬼門封じとしても

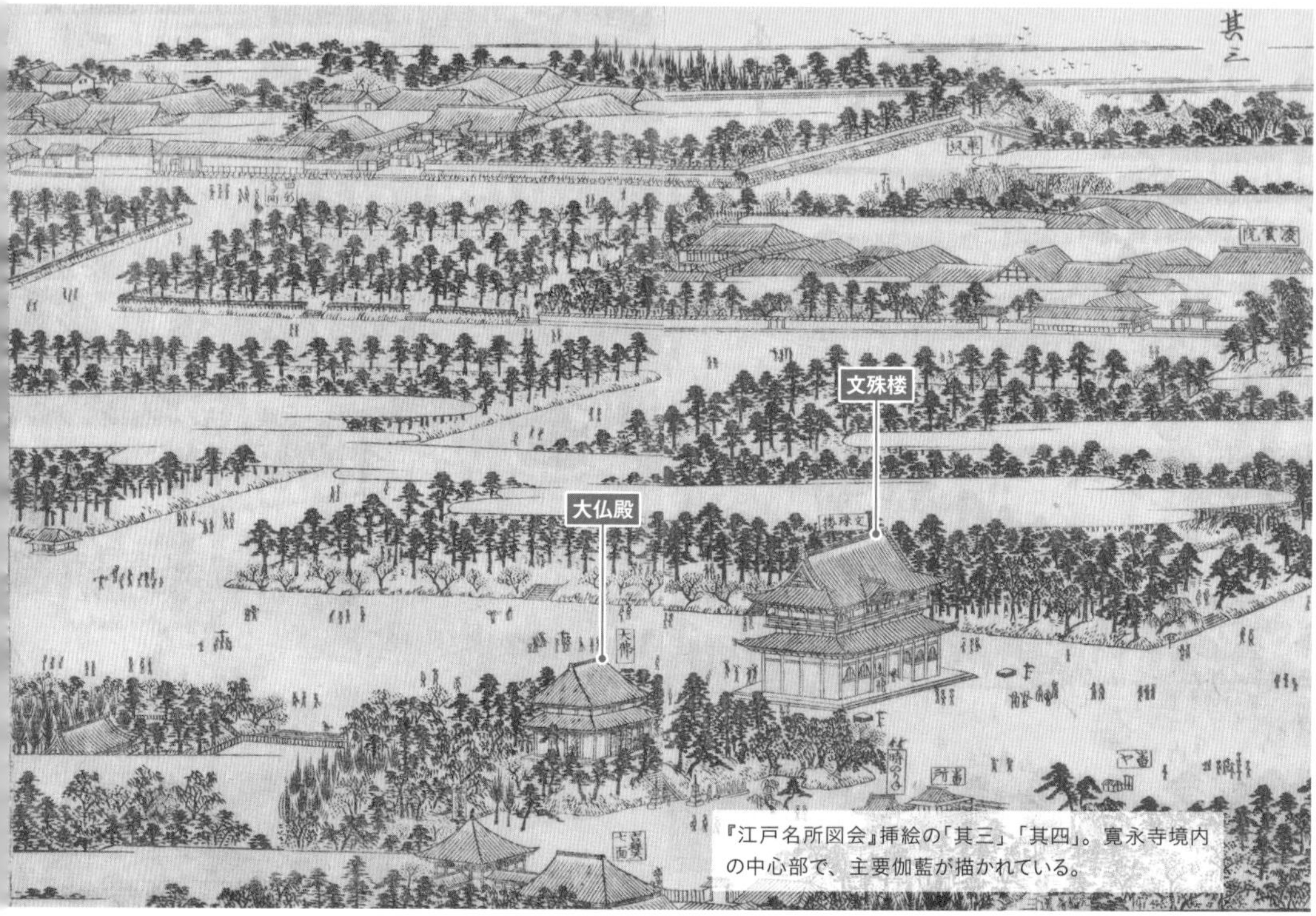

其三

文殊楼

大仏殿

『江戸名所図会』挿絵の「其三」「其四」。寛永寺境内の中心部で、主要伽藍が描かれている。

信仰されてきた。寛永寺が江戸城北東の上野山に建設されたのは、この御所と延暦寺の関係を模したものとされる。また、寛永寺の山号「東叡山」は「東の比叡山」を意味する。「寛永」という年号を寺号としているのも、延暦寺に倣っている。

だが、増上寺（54ページ参照）とともに将軍家の菩提寺となって境内奥に廟（墓）が造られるようになり、また、山主（住職）が比叡山延暦寺、日光山輪王寺（当時は東照宮・二荒山神社も管轄していた）の山主も兼ねることとなり、その権威は延暦寺をしのぐほどになった。

それにふさわしいよう境内は拡充を続け、最盛期には今の上野公園を中心に約三〇万五千坪の広さを誇った。

『東都名所 上野山王山 清水観音堂花見 不忍之池全図 中島弁財天社』（国立国会図書館蔵）。不忍池は、比叡山の麓に広がる琵琶湖と弁財天の聖地・竹生島に見立てられている。

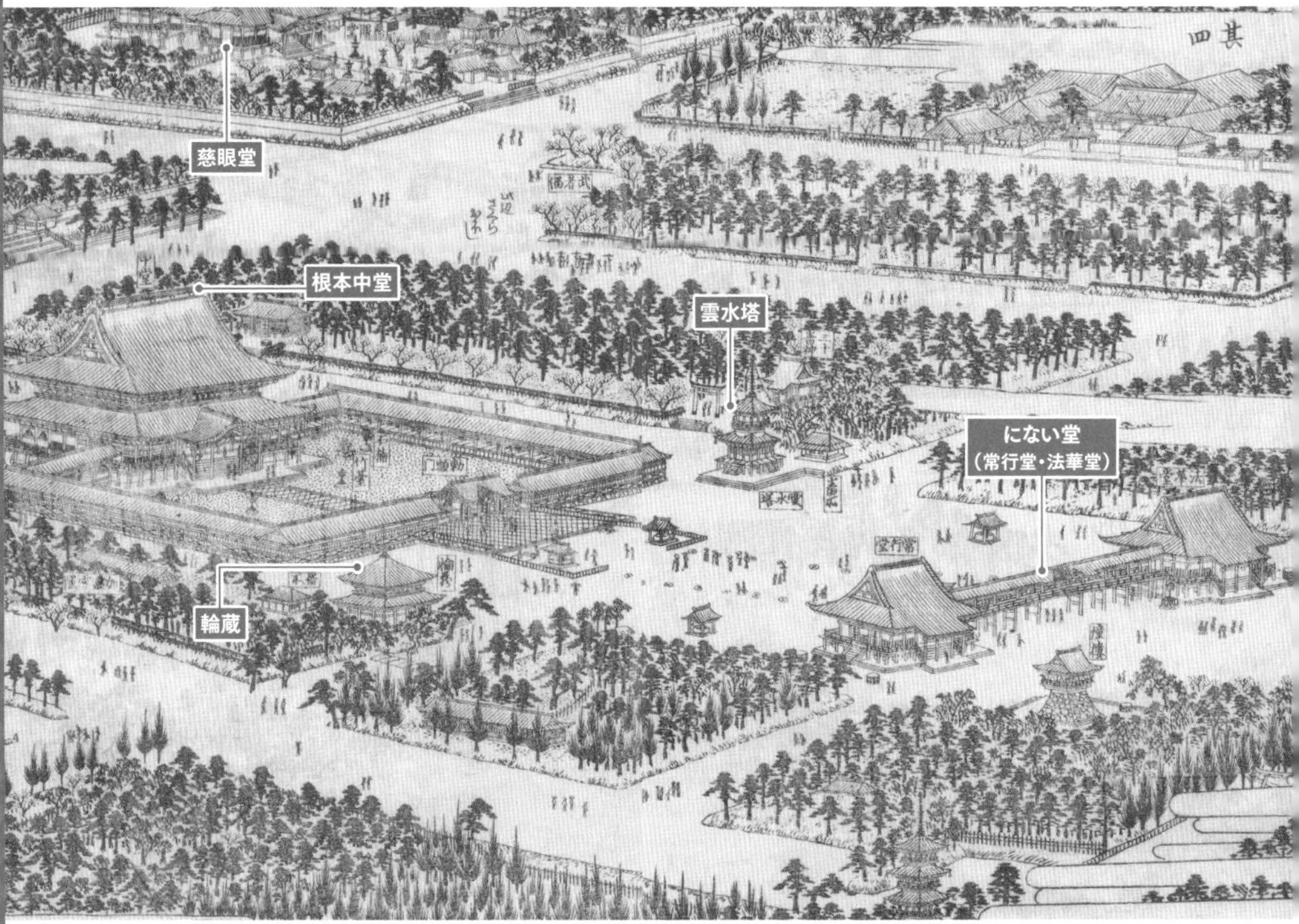

慈眼堂
根本中堂
雲水塔
にない堂（常行堂・法華堂）
輪蔵

関西の名所を一日で巡れる

寛永寺の境内は広大であるため、当時の地図にも主要伽藍が書き込まれている。しかし、『江戸名所図会』の挿絵ほど最盛期の伽藍を臨場感をもって今に伝えているものはない。「其二」から順に見ていこう。

「其二」下部中央に描かれた柵のような黒門が、寛永寺の入口となる。少し行くと右手（絵では上方）に神社が見える。寛永寺の鎮守、山王社で比叡山の日吉大社にあたる。そこから先（其二）に進むと、右手に清水観音堂が現れる。張り出した舞台からわかるように、この堂は京都の清水寺を模したものだ。この先で左に曲がって坂を下りると不忍

伽藍の名残を探して上野公園散歩

本堂の根本中堂やにない堂は噴水広場に、本坊（山主が居住する所）は東京国立博物館となり昔日の面影はないが、公園内には当時の建物もある。清水観音堂と上野東照宮は当時の雰囲気をよく伝えている。動物園内の五重塔も焼失を免れた建物。大仏も顔だけになって大仏山に残っている。

噴水公園。かつてはこの場所に立つと、にない堂越しに根本中堂の巨大な屋根が見えた。

本坊

大師堂

寒松院

『江戸名所図会』挿絵の「其五」。上部の白い屋根が本坊（山主の住房）。『江戸名所図会』は遠慮して描いていないが、本坊の奥（北側）には徳川家の廟（墓）所があった。

池に出る。不忍池周辺も寛永寺の境内で、不忍池とそこに浮かぶ辯天堂は琵琶湖と竹生島を表している（不忍池は別の挿絵に描かれている）。

道なりに進むと文殊楼（吉祥閣）に出る。延暦寺の根本中堂前の高台に建つ文殊楼に倣ったものだ。その横に建つ「大仏」殿は京都の方広寺を意識したものらしい。当初は漆喰で造られた露坐の像であったが、銅製に造り替えられ、大仏殿も建てられた。

渡り廊下で常行堂と法華堂がつながれている建物を「にない堂」という。比叡山に同様の堂があり、弁慶が渡り廊下を肩にかけて担いだとされることからこう呼ばれる。

その先の根本中堂が寛永寺の総本堂である。この名称も前方を回廊で囲った建築様式

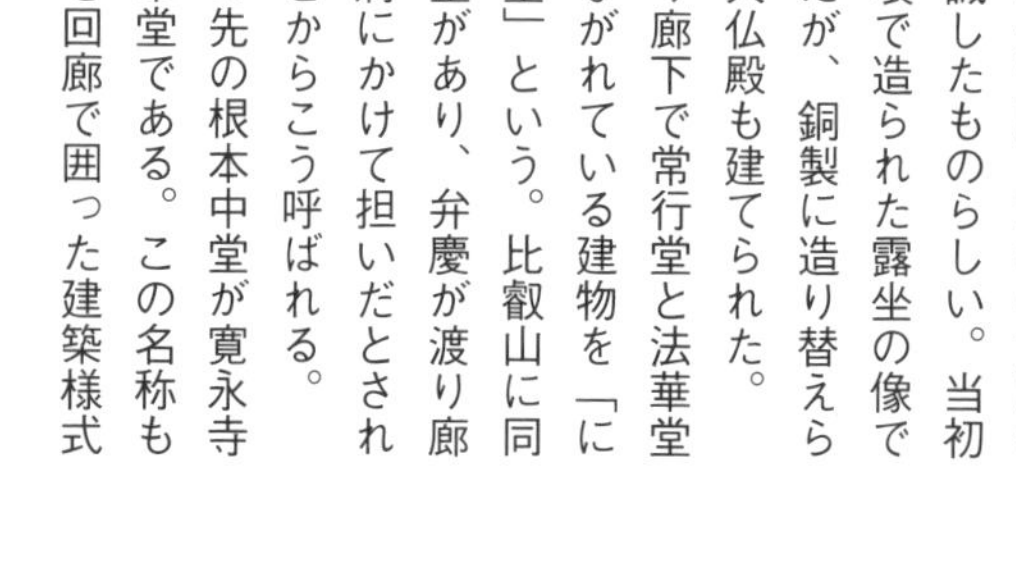

『江戸切絵図 下谷絵図』（国立国会図書館蔵）

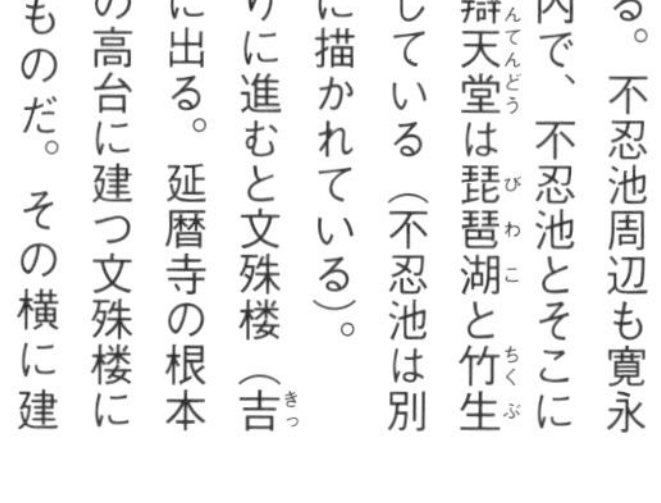

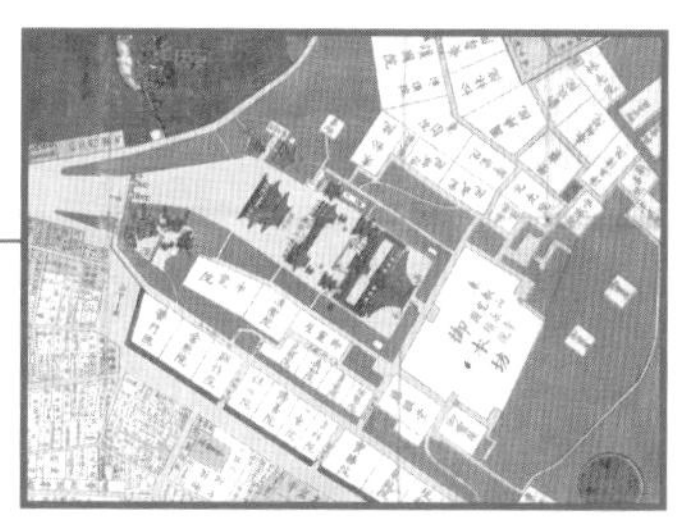

切絵図に描かれた寛永寺。現在広場になっているあたりに主要伽藍があったことがわかる。

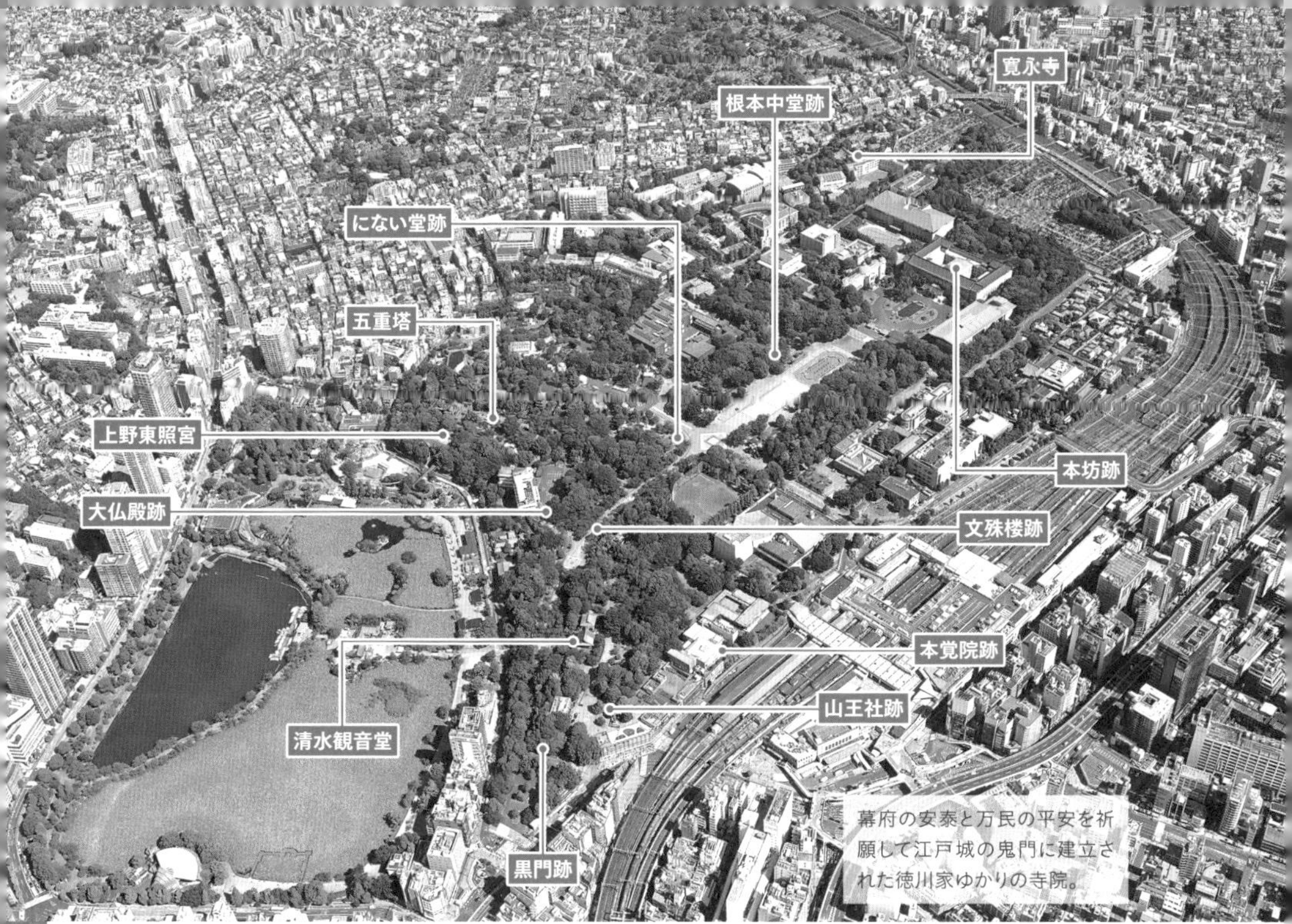

寛永寺
根本中堂跡
になない堂跡
五重塔
上野東照宮
大仏殿跡
本坊跡
文殊楼跡
本覚院跡
山王社跡
清水観音堂
黒門跡

幕府の安泰と万民の平安を祈願して江戸城の鬼門に建立された徳川家ゆかりの寺院。

も延暦寺に倣ったものだ。

上野戦争で焼失した山上の大伽藍

寛永寺は将軍家の菩提寺であるだけではなく、江戸庶民の信仰の場、行楽の場ともなっていた。とくに桜や紅葉の時期には多くの人が訪れた。

しかし、慶応四年（一八六八）五月、その景色は一変した。上野山に籠もった旧幕府軍（彰義隊）と官軍の争い、いわゆる上野戦争の舞台となり、伽藍の大部分が焼失してしまったのだ。明治政府は境内を没収（のちに一部は返還）し、公園として整備していった。そして、明治一〇年（一八七七）第一回内国勧業博覧会が開催され、以後文化センターとして発展していく。

現在の根本中堂。明治一二年（一八七九）に川越の喜多院から移築されたもので、一七世紀初頭の建築。

寛永寺（かんえいじ）

台東区上野桜木1-14-11
03-3821-4440
JR上野駅・鶯谷駅より徒歩約8分、京成上野駅より徒歩約15分

MAP ▶ P.166 01

江戸 -02-

てんのうじ（やなかかんのうじ）

天王寺（谷中感応寺）

『江戸名所図会』より「谷中感応寺」。江戸時代末期に天王寺と寺号を変えたが、『江戸名所図会』では旧名の「感応寺」を使っている。

公共墓地のために境内を削減された天王寺

幸田露伴の小説の題材となった五重塔

谷中の天王寺は現在も存続している。しかし、境内は大幅に削減されてしまっている。

天王寺はもともと日蓮宗の寺院で鎌倉時代後期に創建され、感応寺と号していた。幕府の宗教政策によりいったん廃寺となったが、輪王寺宮公弁法親王（輪王寺宮は比叡山延暦寺・東叡山寛永寺・日光山輪王寺の山主を兼ねた天台宗の高僧のこと、法親王は出家した親王をいう）が再興を発願、第五代将軍綱吉を大檀那として再建された。

元禄一三年（一七〇〇）からは富くじ（今の宝くじ）が行われるようになり、さらに繁栄した。富くじで賑わう様子は『東都歳事記』にも描かれている。

また、寛政三年（一七九一）に再建された五重塔の立派さでも知られ、幸田露伴は再建の逸話をもとに小説『五重塔』を書いている。『江戸名所図会』の挿絵に描かれているのも、この再建された塔である。

天保四年（一八三三）に寺号を天王寺と改めたが、その繁栄は続いた。

天王寺の運命を変えたのも明治維新であった。上野戦争（官軍と彰義隊の戦い）での被害もあったが、それ以上に大きかったのが公共墓地造成のための上地（境内没収）であった。

明治政府は神道を国教化す

天王寺付近の空撮。下の切絵図と比較すると多くの部分が霊園になっていることがわかる。

『江戸切絵図 根岸谷中辺絵図』（国立国会図書館蔵）

天王寺の右上（南東）には「東叡山御山内」とある。

『江戸名勝図会 天王寺』（国立国会図書館蔵）。天王寺の五重塔は谷中のランドマークだった。

『東京景色写真版』（国立国会図書館蔵）より焼失前の五重塔。高さ34メートルあり、関東一であった。

るため神葬祭（神道式葬儀）の普及を図っていた。その一環として神葬祭用の墓地の造成を進めた。その一つが天王寺境内の一部を用いた谷中霊園であった（その後、神道以外の宗派の埋葬も認められるようになった）。

谷中霊園の中央園路はかつての天王寺参道で、わずかに往時の面影を残している。五重塔も園路脇に建っていたが、昭和三二年（一九五七）に放火により焼失してしまい、今は礎石のみが残されている。

護国山天王寺

東京都台東区谷中7-14-8
03-3821-4474
JR日暮里駅より徒歩約2分、千代田線千駄木駅より徒歩約15分

MAP ▶ P.166 02

江戸 -03-

光源寺（駒込大観音）

こうげんじ（こまごめおおがんのん）

奈良の長谷観音を写した大観音を安置した江戸名所

『江戸名所図会』より「駒込大観音」。独特の建築が目を惹く。上層から顔が見える構造は東大寺大仏殿を意識したものだろうか。

江戸にもあった各種の大仏

あまり知られていないが、江戸にも大仏はあった。寛永寺（10ページ）にもあったし、天王寺（16ページ）や如来寺（品川区西大井）の像は今も拝することができる。

奈良や鎌倉の大仏に比べるとだいぶ小振りではあるが、いずれも庶民の信仰をあつめてきた。この中でも駒込大観音は上層の窓から観音の顔が拝せるという独特の構造の堂がユニークで、『江戸名所図会』が挿絵入りで紹介しているのもそのためだろう。

この観音像は奈良県桜井市にある真言宗豊山派の総本山長谷寺の本尊を写した十一面観音の立像で、像高が約8・5メートルあった。右手に錫

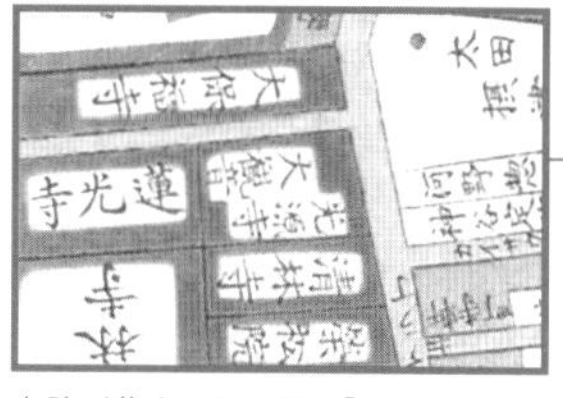

寺院が集まった一画に「光源寺 大観音」とある。

『江戸切絵図 東都駒込辺絵図』（国立国会図書館蔵）

再建された観音堂。光源寺は境内の梅の木が有名なことから「梅の大観音」とも称される。

杖を持っているのが特徴で、これは地蔵菩薩の徳も兼ね備えていることを表しているという。

豪商が奉納した木造の大観音像

大観音が安置されていた光源寺は浄土宗の寺院で、天正一七年（一五八九）に神田で創建され、慶安元年（一六四八）に現在地に移転した。観音像が造営されたのは元禄一〇年（一六九七）のことで、豪商の丸屋宗閑が寄進したものであった。

なお、『江戸名所図会』は観音堂の中には千体の観音像もあったと記している。だが、昭和二〇年（一九四五）の大空襲により焼失してしまった。その後、観音像は平成五年（一九九三）に再興、かつてのユニークな堂をイメージした観音堂も再建された。

大観音像。像高6メートルとやや小さくなったが、錫杖を持った姿を再現している（写真提供：光源寺）。

光源寺（駒込大観音）

東京都文京区向丘2-38-22
03-3821-1188
南北線本駒込駅より徒歩約3分、三田線白山駅より徒歩約8分

MAP ▶ P.166 03

『江戸名所図会』より「不動瀧」。当時はうっそうと茂る樹木に囲まれ、夏でも涼しさが感じられたという。

江戸 -04-

不動瀧（ふどうのたき）

昭和期の護岸工事で姿を消した渓谷美

聖地王子にあった不動出現の霊瀑

新幹線・東北本線・京浜東北線の高架下を都電が通り、その下には地下鉄も走っている王子。この風景を前にするとにわかには信じられないことだが、近世まで王子は渓谷美で知られた行楽地であった。江戸文化研究家の田中優子氏によれば、「王子七滝といい、江戸時代は滝の美しさで知られていた。郊外の日帰り小旅行コースであったのだろう」（『江戸を歩く』）という。こうした滝の中でも特に有名で信仰の対象になっていたのが不動瀧であった。

もともと王子という地名は熊野権現を勧請して創建された王子神社に由来するもので、たんに風景が美しいだけではなく、熊野に準じる霊地と考えられていた。大晦日の夜に関東一円の神使の狐が王子稲荷神社に参拝するなどといわれたのも、そうした土地柄であったからであろう。

不動瀧は石神井川べりの正受院の裏手にあった。その名の由来を『江戸名所図会』は次のように言う。

弘治年間（一五五五～

『名所江戸百景 王子不動之滝』（国立国会図書館蔵）。滝行をする人がいる一方、茶を商う老婆の姿も見える。

正受院境内の石仏。滝はなくなったが不動信仰は正受院で受け継がれている。

現在の石神井川（正受院裏手付近）。不動瀧の面影はどこにもない。

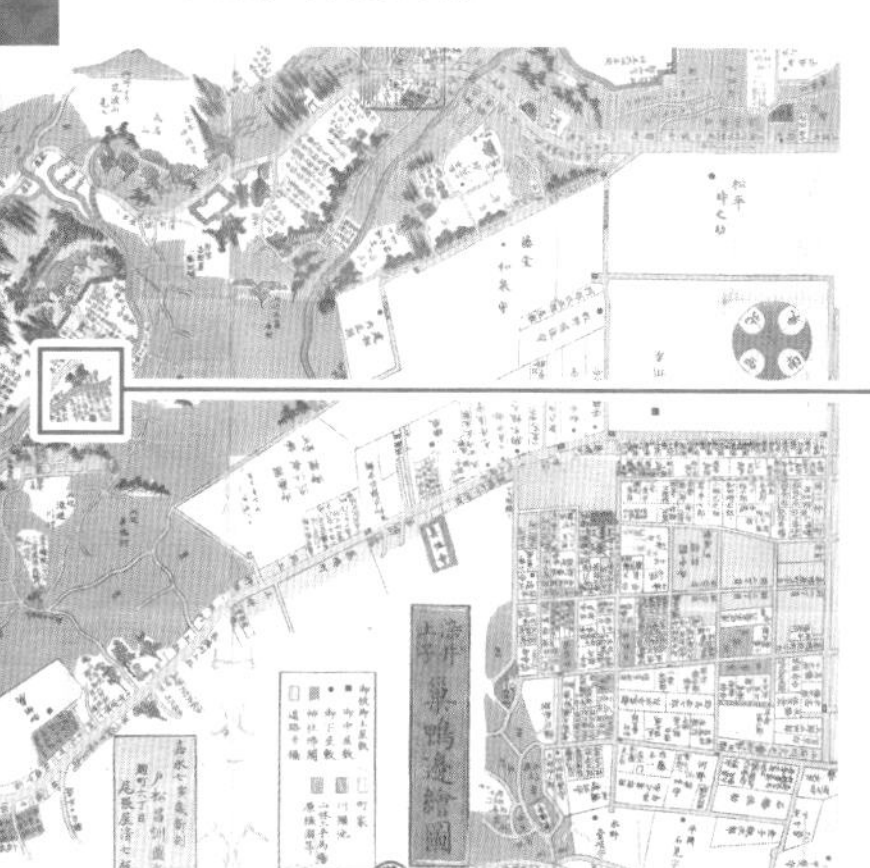

『江戸切絵図 染井王子巣鴨辺絵図』（国立国会図書館蔵）

滝そのものは描かれていないが「飛泉アリ」とある。音無川はこのあたりの石神井川の別名。

北区立名主の滝公園に復元された滝と渓流。

五八）のこと、この地に霊瀑があることを夢で知った学仙坊という僧が滝で不動明王の行を修していたところ、水中に光る不動尊像を見つけた。感激した学仙坊は像を草庵に安置して供養した。

このように風光明媚であった王子を変えたのは、この地に屋敷をもっていた渋沢栄一であった。渋沢はこの地に製紙工場を設立し、洋紙の本格的な製造に乗り出したのだ。これをきっかけに王子の都市化が始まったのである。

正受院（しょうじゅいん）

東京都北区滝野川2-49-5
03-3910-1778
JR・南北線・荒川線王子駅より徒歩約10分

MAP ▶ P.166 04

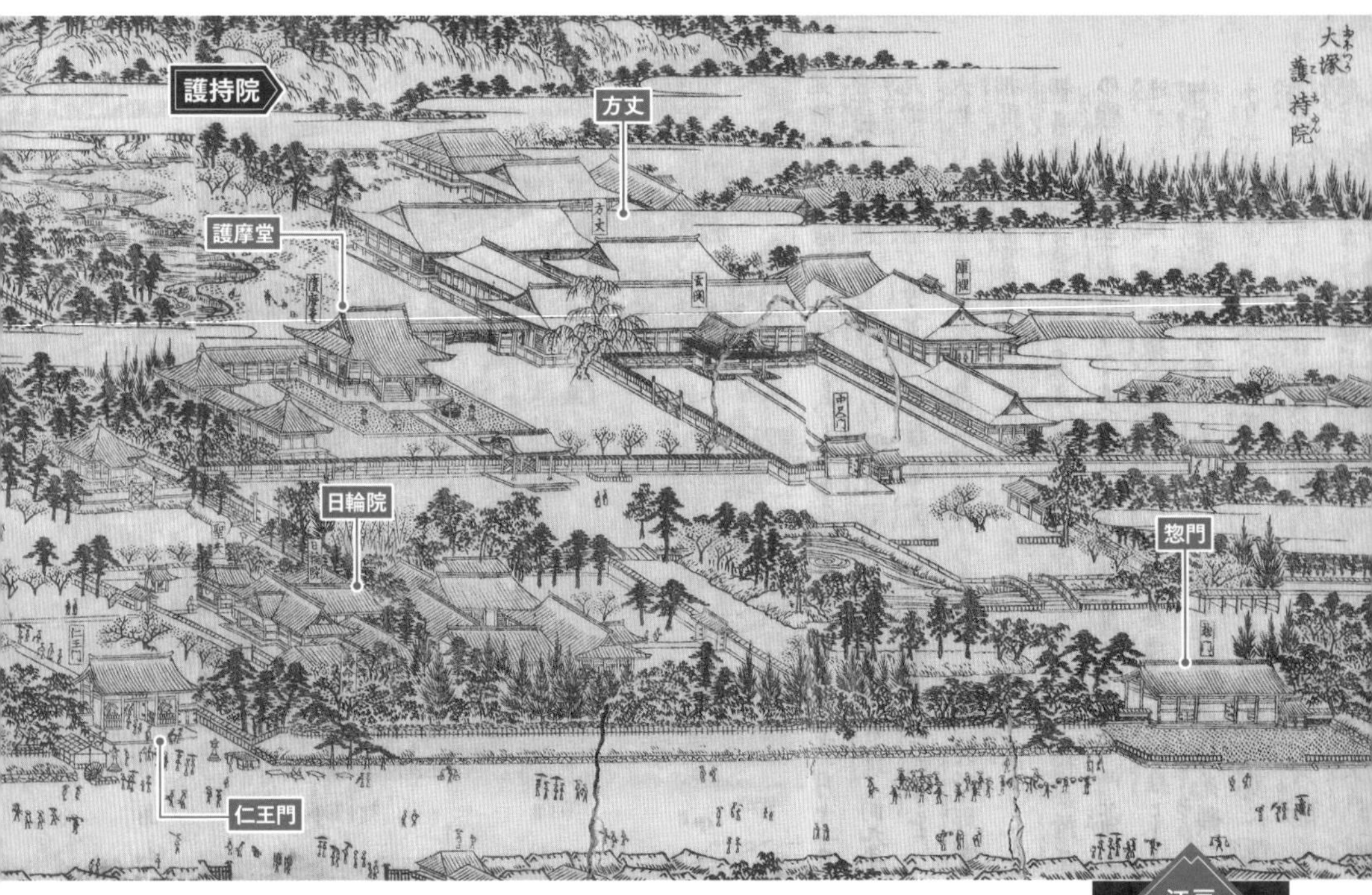

『江戸名所図会』の護国寺（左）と護持院の図。二つの大寺が並び建っていたのがよくわかる。護国寺はほぼ変わらない形で残るが、護持院は完全に消滅した。

江戸 -05-

護持院・護国寺西国札所

ごじいん・ごこくじさいごくふだしょ

数奇な運命をたどった綱吉ゆかりの大寺

幕府の方針転換に翻弄された大寺

地下鉄の駅名にもなっている護国寺は、真言宗豊山派の大本山で天和元年（一六八一）に創建された。

初代住職には第五代将軍綱吉の母・桂昌院が深く帰依していた高崎の大聖護国寺の亮賢が迎えられており、護国寺創建には桂昌院の意向が強く働いていたことがうかがわれる。綱吉と桂昌院が親子で護国寺を参拝することもしばしばあったという。

一方、護持院も綱吉ゆかりの寺院であった。綱吉は湯島にあった知足院の住職・隆光を篤く信奉しており、知足院を神田橋外（今の千代田区神田錦町）に移転、大々的に拡張して創建したのが護持院であった。

しかし、隆光は宝永六年（一七〇九）の綱吉の死去によって失脚、護持院も享保二年（一七一七）の大火で全焼すると、現地での再興は許されなかった。

幕府は護持院を護国寺境内に移転し、護持院住職が護国寺住職を兼ねることとした。わかりにくい釈然としない処

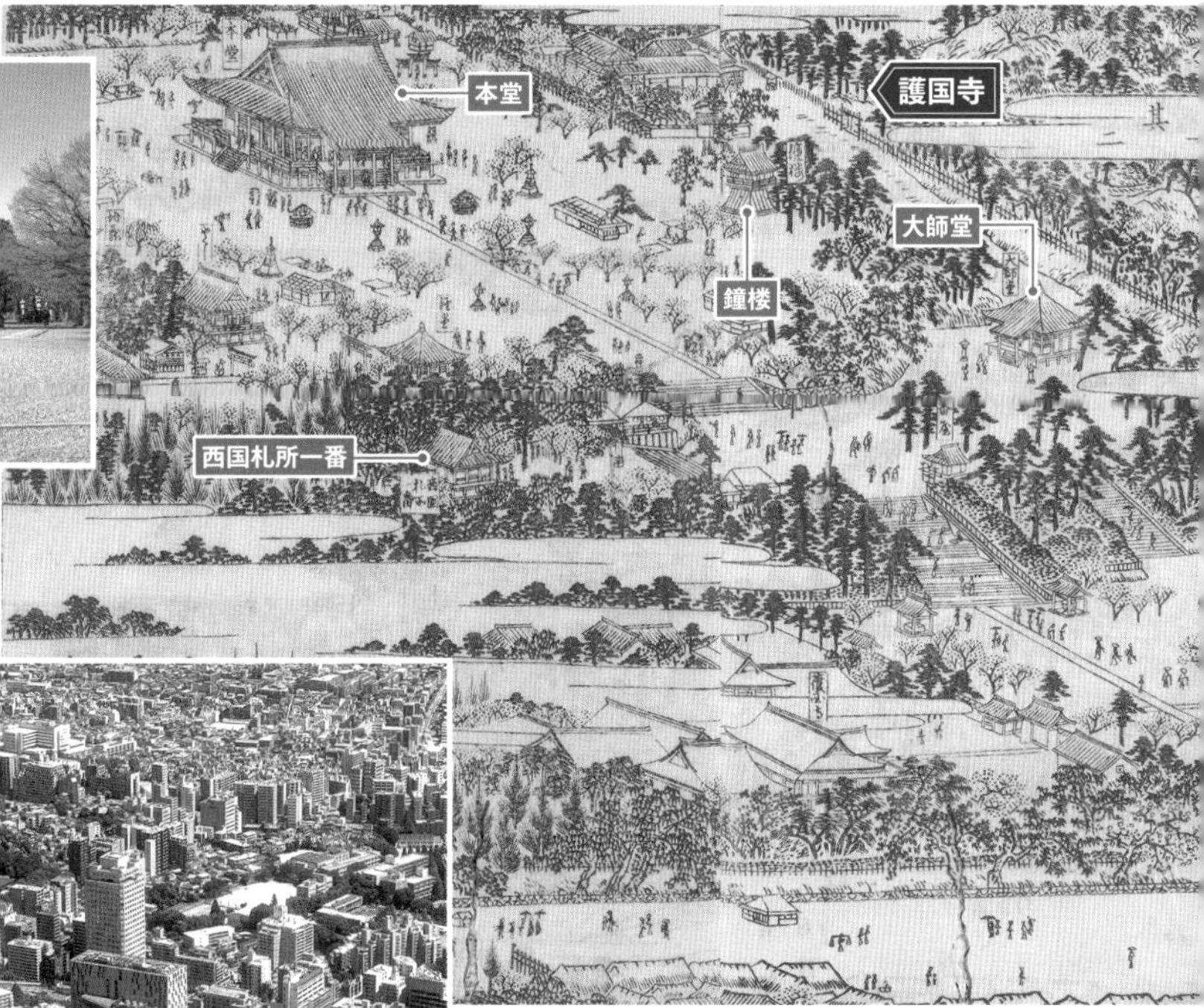

現在の護国寺本堂。十七世紀末のもので重要文化財に指定されている。

中央左の緑色の大きな屋根が護国寺本堂。その上の緑が豊島岡墓地。

『江戸切絵図 音羽絵図』（国立国会図書館蔵）

嘉永六年（一八五三）の切絵図。この頃、西国札所はすでに廃絶している。

分であるが、綱吉が創建させた寺院を廃寺にするわけにはいかなかったのだろう。

こうして大寺が並び建つ光景が生まれることになったのである。この状況が幕末まで続いた。

明治維新で廃寺 皇族専用の墓所に

明治維新とともに護持院の運命は暗転する。

明治元年（一八六八）、護国寺と統合された上で廃寺となり、伽藍が建っていた土地は政府に上地（召し上げ）されたのだ。

その後、護持院があった場所は皇室専用の墓所として整備され、豊島ヶ岡御陵（のちに豊島岡墓地と改称）と名づけられた。

『江戸名所図会』に5ページにわたって描かれた護国寺の西国札所写。33の西国札所寺院の本堂を模した堂が山の中腹に点在しており、西国巡礼を気軽に疑似体験できるようになっていた。

50年で廃絶したミニ西国三十三所札所

観音菩薩像を安置する霊験寺院や弘法大師ゆかりの寺院をめぐる巡礼は、平安後期頃より始まったとされる。中でも関西圏の33の寺院を巡拝する西国三十三所札所は人気が高く、全国から巡礼者が集まった。

関東には坂東三十三所札所や秩父三十四所札所もあったが、やはり西国札所が名高く、憧れの対象であった。しかし、西国巡礼は体力的にも金銭的にも負担が大きく、誰もができるものではなかった。

こうした人たちのために「写」と呼ばれるミニ巡礼地が各地に作られた。写には地域の33の寺院を西国札所に見立てるもの（四国霊場の写の場合は88の寺院）と、一つの敷地に33の堂を建てて西国札所を再現するものがあった。護国寺の写は後者の代表例である。

町人の寄進によって建設された33の堂

護国寺の西国札所写は天明二年（一七八二）に着工され、寛政六年（一七九四）に完成した。

造営に12年もの歳月を必要としたのは、資金調達に苦労した面もあるようだが、本物の西国札所にできるだけ似せようと手の込んだ工夫をしたためのようだ。『江戸名所図会』の挿絵を見ても、各札所の堂が本物の札所寺院の本堂に似せて建てられていることがわかる。ユニークなことに、

三十三番

「西国三十三所写」の石碑。現在は本堂の裏にあるが、かつては札所写の入口に立っていた。

豊島岡墓地の入口。明治六年（一八七三）開園。皇室の墓所なので一般の立ち入りは禁止。

巡礼路の中央には富士山まで造られている。

　日本建築の専門家である光井渉氏によれば、護国寺の西国札所は「江戸時代中期以降に勃興した町人資本を積極的に導入して、遊興地として『開発』されたもの」（『都市と寺社境内』）だという。現代のテーマパークに似た面があったと考えていいだろう。

　しかし、それゆえにまた資金繰りに苦労し、50年弱で廃絶してしまったらしい。今は石碑が残るのみだ。

護国寺

東京都文京区大塚5-40-1
03-3941-0764
有楽町線護国寺駅より徒歩約1分

MAP ▸ P.167 05

江戸 -06-

浅草寺（せんそうじ）

大きく変わりながらも江戸の風情を今に残す

創建は飛鳥時代？関東屈指の古寺

浅草寺周辺は今も江戸の風情をよく残している地域といえよう。筆者も中高生の頃、落語や時代劇で描かれるような景色を求めて、よく歩き回ったものだ。そうしたこともあって浅草寺というと江戸時代のイメージが強いが、実はその創建は古い。

寺伝によると、創建は推古天皇三六年（六二八）とされる。本堂周辺から奈良時代の遺物も発掘されており、実際に創建が飛鳥時代までさかのぼる可能性を示唆している。

興味深いのは、古い時代は参道の向きが今とは異なっていたことだ。現在は雷門が建つ雷門通りから北に向かう道が表参道になっているが、かつては隅田川べりから西に向かう道が参道になっていた。これは隅田川が重要な交通路であったことによるらしい。

参道が今の形になったのは江戸時代のことで、江戸中心部が都市化し、南側から浅草寺へ向かう人が増えたことによるものと思われる。

浅草寺の境内および門前町に遊興施設が増え繁華街と

『江戸名所図会』より「金龍山浅草寺」。10ページ続く挿絵の最初の4ページ。雷門前から弁天山あたりまで。

なっていったのも江戸時代のこと。『江戸名所図会』に描かれた頃は、その最盛期ともいえる時期であった。

実は大きく変わった現代の浅草寺

一見、『江戸名所図会』の挿絵は現代の浅草寺と大きく違っていないように見える。これは当時をモデルに浅草寺が復興したためで、実は『江戸名所図会』刊行後、浅草寺は関東大震災と東京大空襲という二度の大災害により大きな被害を受けたため当時の建物はほとんど残っていない。

このため挿絵は詳細に見ると、今と異なっているところが少なくない。たとえば参道に並ぶ仲見世もその一つだ。『江戸名所図会』の挿絵でも

『東都名所　浅草金龍山』（国立国会図書館蔵）。歌川広重画。五重塔は仁王門（宝蔵門）の右にある。また境内に露店が多いのもわかる。本堂のうしろ（北側）にある念仏堂は現存しない。

参道の両脇に仲見世が並んでいるが、今のようなちゃんとした建物ではなく小屋掛けであることがわかる。お祭の時の露店が常設化したようなものといったらよいだろうか。仲見世が恒久的な建物になったのは明治以降のことだ。

仲見世の奥の建物も今とは違っている。現在では参道周辺は商業地になっているが、挿絵では参道に面して並んでいるのは浅草寺の支院（付属寺院）だ。これらも明治期に多くが移転または廃絶している。

位置が反対になった再建五重塔

変わったことが一目瞭然なのが五重塔の位置だ。『江戸名所図会』は「山門の内右の方にあり」と説明しており、

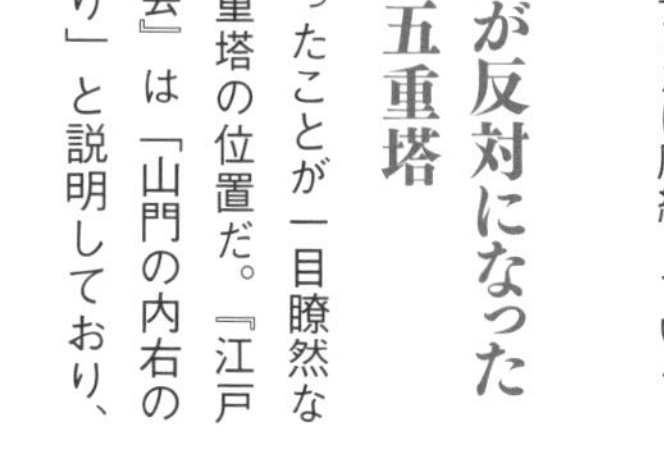

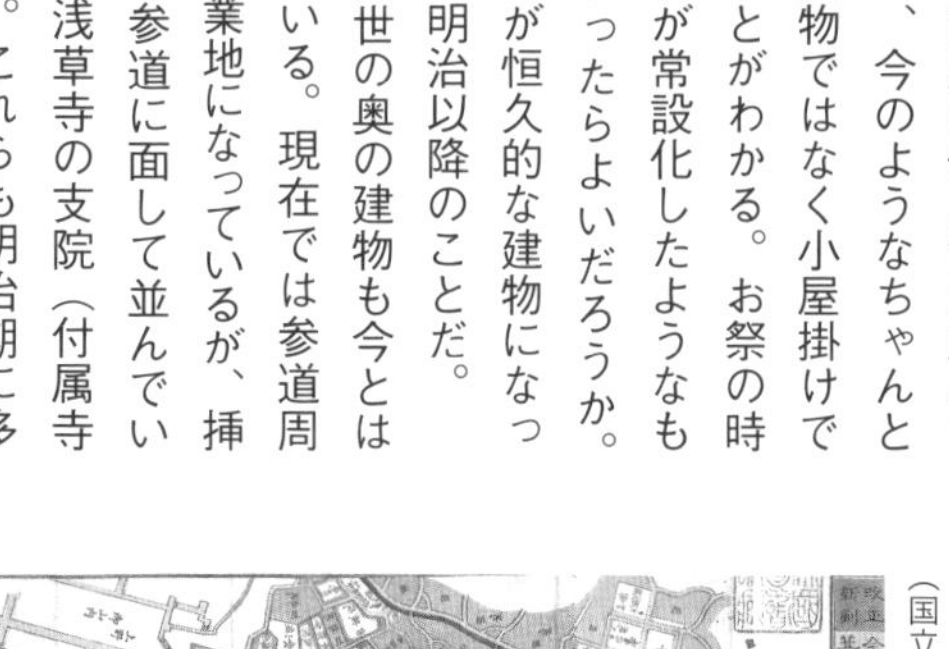

『江戸切絵図 今戸箕輪浅草絵図』（国立国会図書館蔵）

嘉永六年（一八五三）の切絵図に描かれた浅草寺。参道脇に子院が並んでいるのがわかる。

仁王門（宝蔵門）の手前から本堂裏の念仏堂までを描いた挿絵。27ページの歌川広重の浮世絵とほぼ同じ場所を描いている。

本堂
浅草神社
五重塔
宝蔵門
弁天山
雷門

現在の浅草寺。宝蔵門からまっすぐ続く緑の屋根が仲見世。五重塔は門の西側にある。

挿絵でもそのように描かれているが、現在は宝蔵門を入った左側に建っている。

境内に露店が多いのも今と異なり、250軒以上あったという。露店は飲食店のほか、お歯黒などに使う楊枝の店が多かった。また芝居小屋・見世物小屋などもあった。

このように露店が多かったのは日常的に参詣者が多かったからで、光井渉氏によれば「こうした多数の参拝客がもたらす賽銭収入は莫大なもので、本堂の分だけでも一九世紀中期文政期には年間で二千三百両となり、同時期の三井越後屋の収入に匹敵していた」（『都市と寺社境内』）という。これが節分会や歳の市といった祭事になると境内は身動きもできないほどになった。

浅草寺境内の北西隅。楊弓場（射的）が並んでおり、遊興場になっていることがわかる。

こうした浅草寺の境内が大きく変わることになったのは、やはり明治維新の影響であった。明治政府は寛永寺・増上寺と同様、境内地を上地し、公園としたのだ。

しかし、上野公園や芝公園のようにならなかったのは、場所の性質に従って6区画（のちに1区画増加）に分けて管理されたことによる。たとえば、本堂周辺の第一区、雷門周辺の第二区といった具合で、これが結果として浅草寺の景色を守ることになった。

第六区は延焼防止のための空き地（火除地）だったところで、ここに本堂北西一帯（奥山と呼ばれていた）にあった芝居小屋などを集めた結果、この地区は歓楽街として発展することになった。いわゆる浅草ロックの誕生である。

『実写奠都五十年史』（国立国会図書館蔵）より、明治初年の仲見世。まだ小屋掛けの店が並ぶ。明治一八年（一八八五）に西洋風の煉瓦造りとされ、恒久的な施設となった。

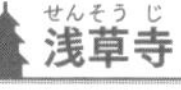

浅草寺

東京都台東区浅草2-3-1

03-3842-0181

東武・銀座線・浅草線・TX浅草駅より徒歩約5分

MAP ▶ P.166  06

関東大震災と空襲を乗り越えて

江戸は火事が多いところであった。浅草寺も一〇七九年・一三七八年・一四六二年・一四九三年・一五三五年・一五七二年・一六三二年・一六四二年・一七七二年・一八六五年に火災に遭った記録が残る。近代以降も関東大震災と東京大空襲という大災害に見舞われている。

大正一二年（一九二三）の関東大震災では浅草区の大部分が焼失し、三千人以上の死者・行方不明者を出し、凌雲閣もへし折れたが、浅草寺の本堂や五重塔などは延焼を免れた。境内のイチョウが火を防いだともいわれている。

だが、昭和二〇年（一九四五）の大空襲では、伽藍の大部分を失ってしまった。被害はあまりに大きかったが、信者の寄進などによって復興を成し遂げた。

『六十余州名所図会 江戸 浅草市』（国立国会図書館蔵）。浅草市とは12月17・18日に行われた年の市のこと。正月用品が売られ江戸一の繁昌といわれた。

『江戸名所図会』に描かれた浅草寺の節分会の様子。柱の上からお札をまいている。

江戸 -07-

三十三間堂（さんじゅうさんげんどう）

弓矢の練習場だった江戸の三十三間堂

信仰と武術鍛錬が背中合わせに

　三十三間堂といえば京都市東山区にある蓮華王院（れんげおういん）の国宝の本堂を指す。後白河（ごしらかわ）法皇によって長寛（ちょうかん）二年（一一六四）に創建されたもので、千体の千手観音を安置するため横に長大な形をしている（余談であるが、当時仏像を千体造ることが流行し千体阿弥陀堂などがあったが、現存するのは三十三間堂だけだ）。江戸時代になると、この特殊な堂の構造を利用して通し矢が行われるようになった。通し矢は

三十三間堂跡に建つ石碑とレリーフ。

『江戸名所図会』より三十三間堂の正面を描いた挿絵。右端が堂の中央にあった入口。参詣者の姿が見える。

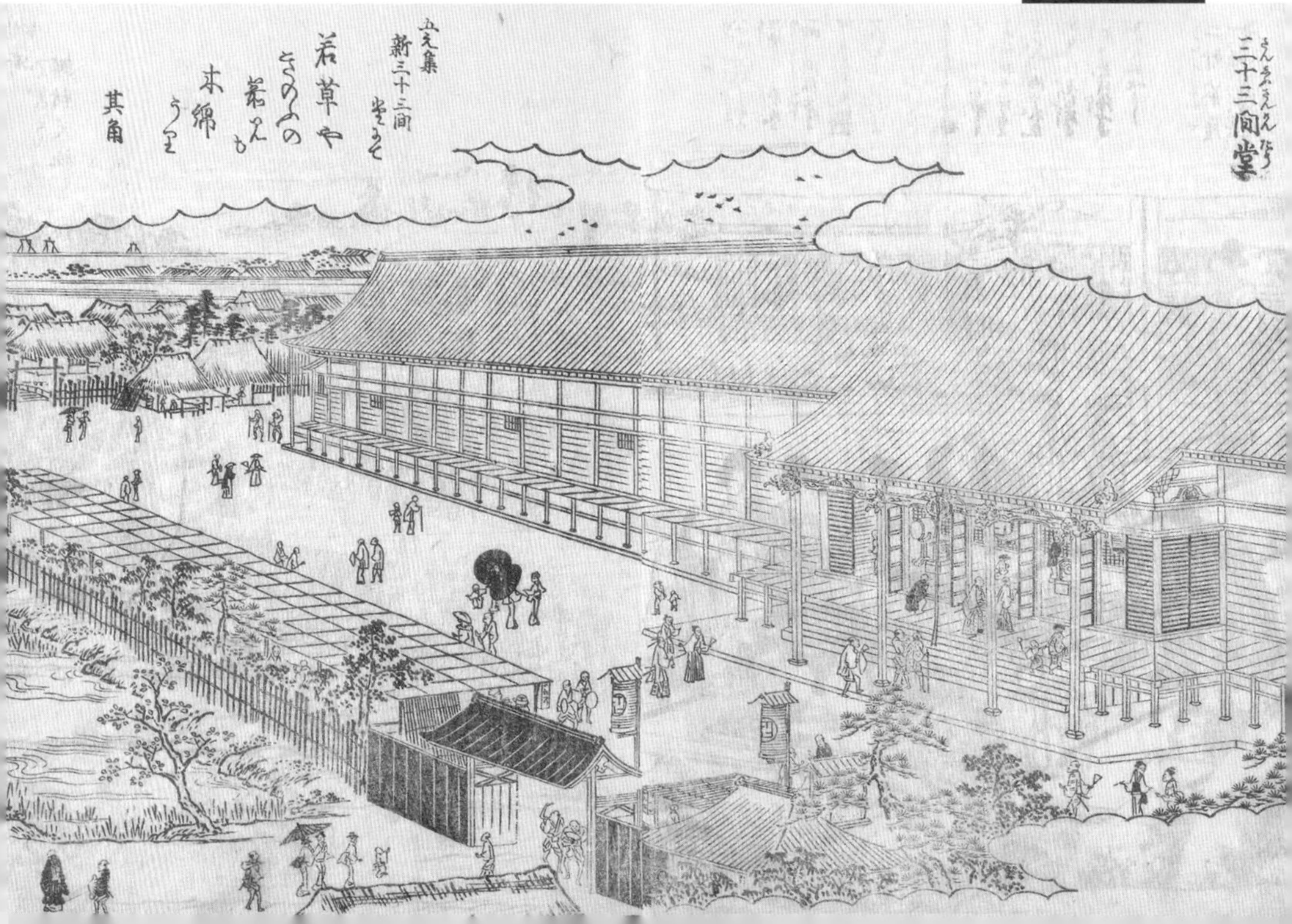

『名所江戸百景 深川三十三間堂』（国立国会図書館蔵）。堂の長さが約120メートルもあったので画面からはみ出ている。

三十三間堂の軒下を南から北へ矢を射通す競技。剛腕でないと難しい技で、各国の武芸者が挑戦した。これを江戸でも行うために建てられたのが江戸の三十三間堂であった。

発願したのは弓師（弓作りの職人）の備後で、幕府の許可を得て寛永一九年（一六四二）に浅草に造営した。しかし、備後が材木代を支払えなかったため、普請を請け負った鹿塩久右衛門に下げ渡され、以後同家が堂守を務めた。

火災で深川へ移転 明治五年の解体

浅草の三十三間堂は元禄一一年（一六九八）の大火で焼失。その地での再建が許されず、亀戸か富岡への移転が求められた。堂守は富岡を選んだが、これは武門の神を祀る富岡八幡宮の近くだったからかもしれない。

深川の三十三間堂も千手観音を本尊としており、『江戸名所図会』の挿絵には参詣する人の姿も描かれているが、その主たる目的は弓術の鍛錬場であった。各藩の腕に自信がある者が訪れては通し矢に挑戦した。記録に残る最高記録は8850本射って3222本通したものという。

こうした事情から倒壊した際などは諸大名からの寄進によって再建された。しかし、そうした時代も維新と共に終わり、明治五年（一八七二）には廃棄解体された。本尊は近くの寺院に移されたが、関東大震災で焼失してしまった。今は石碑が残るのみだ。

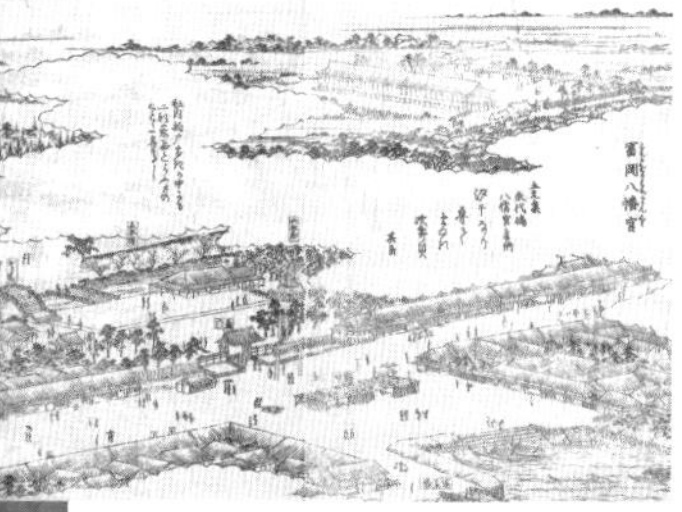
『江戸名所図会』に描かれた富岡八幡宮。右上に三十三間堂が描かれている。

三十三間堂跡

東京都江東区富岡2-4付近
東西線門前仲町駅より徒歩約8分

MAP ▶ P.166 07

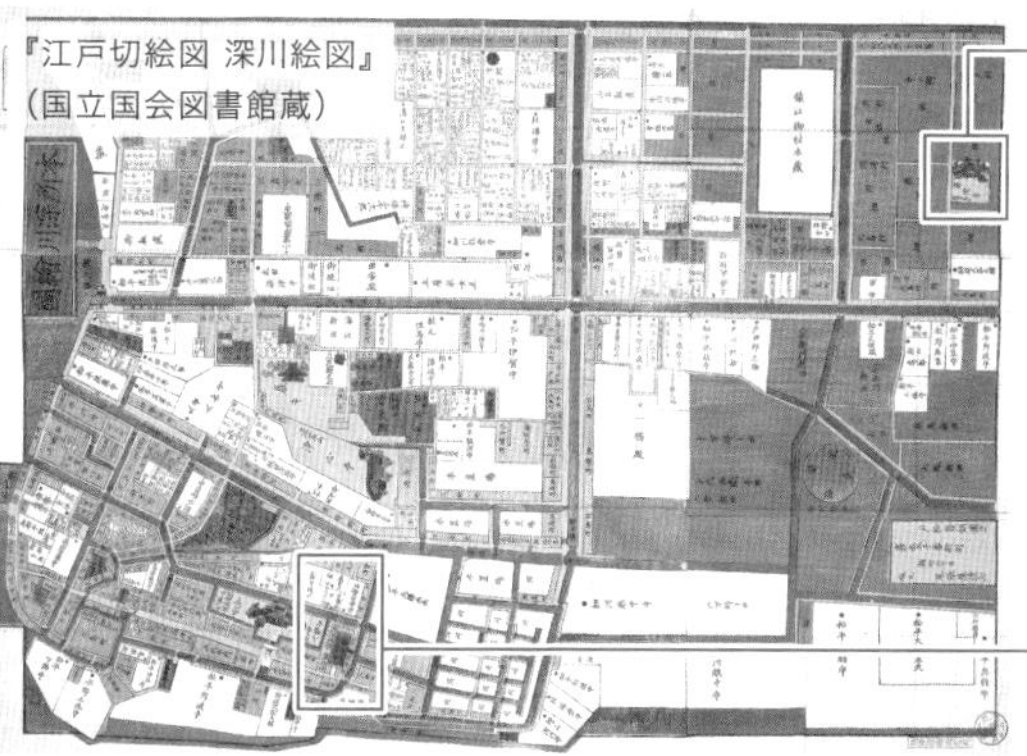
『江戸切絵図 深川絵図』（国立国会図書館蔵）

五百羅漢寺（34ページ）

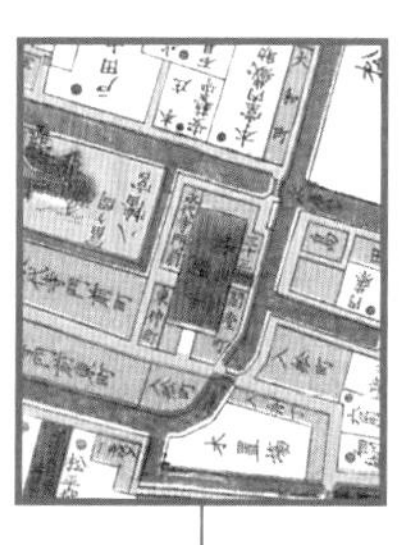
切絵図に描かれた三十三間堂。富岡八幡宮境内のすぐ近くにあったことがわかる。

江戸 08

五百羅漢寺

五百羅漢像と栄螺堂で人気を博した本所の名所

江戸庶民に人気があったのは五百羅漢と栄螺堂であった。

五百羅漢寺の羅漢像は松雲元慶禅師が独力で彫り上げたもので、本尊の釈迦三尊なども含め536体あった（現存するのは305体）。『江戸名所図会』は10ページを費やして堂内を描き、その壮観さを表している。

栄螺堂は向きが異なる二つの螺旋状の階段を設えて、一方通行で上り下りができるようにした堂のことで、三匝堂ともいう。現存するものでは会津の旧正宗寺三匝堂が有名だが、五百羅漢寺のものは18

葛飾北斎も描いた「本所のらかんさん」

名作として名高い葛飾北斎の「富嶽三十六景」の一枚に「五百らかん寺　さゞゐどう」という題の作品がある。五百羅漢寺にあった栄螺堂（右遶三匝堂）を題材としているのだが、栄螺堂からの景色が大きく描かれて栄螺堂そのものは二階の縁しか見えない。

富士山好きの北斎には眺望の方が気に入ったのだろうが、

『東都名所 五百羅漢さゞゐ堂』（国立国会図書館蔵）。四角錐の屋根が栄螺堂。内部は上りと下りの階段が交わらない二重螺旋構造で、堂内をぐるりと一巡できた。

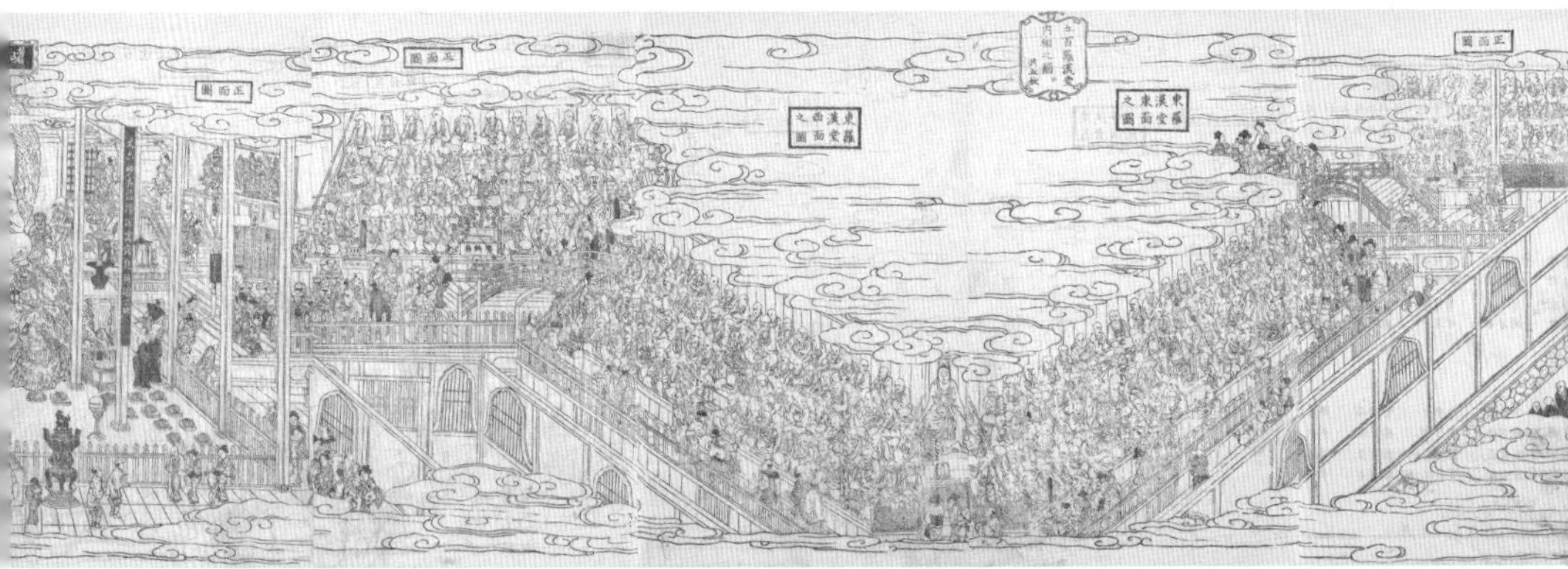

大雄宝殿と東羅漢堂・西羅漢堂はコの字形に並んでいた。その内部が立体的にわかるように描かれている。

中央の交差点の右上が跡地。新宿線西大島駅の真上にある(出典：国土地理院ウェブサイト)。

五百羅漢寺全景。大雄宝殿と東西の羅漢堂に続いて安永九年(一七八〇)に栄螺堂が完成した。

世紀半ばの建築で栄螺堂としては最古の部類に入る。堂内には西国・坂東・秩父札所の本尊が安置され、堂内を一周すれば百観音巡礼のご利益が得られるとされていた。

幕末の地震や高潮で羅漢堂や三匝堂は大きな被害を受け、明治時代にはすっかり荒廃していた。三匝堂は破却され、百観音像は売却されてしまった。その後、五百羅漢寺は下目黒に移転、復興の気運は徐々に高まっていった。そして、昭和五六年（一九八一）、現在の堂塔が完成した。

松雲元慶禅師が300年以上前に造った五百羅漢像は、今、現代建築の中に安置されている。不思議なことに、違和感はまるでなく、像一体一体の特徴が際立って荘厳な雰囲気を醸し出している。

五百羅漢跡

東京都江東区大島3丁目付近（現・羅漢寺付近／大島4丁目の江東区総合区民センター前に「五百羅漢跡」の石碑あり）

新宿線西大島駅より徒歩1分未満

MAP ▶ P.166 08

現在の五百羅漢寺(目黒区下目黒)。現代的なデザインが目を惹く。

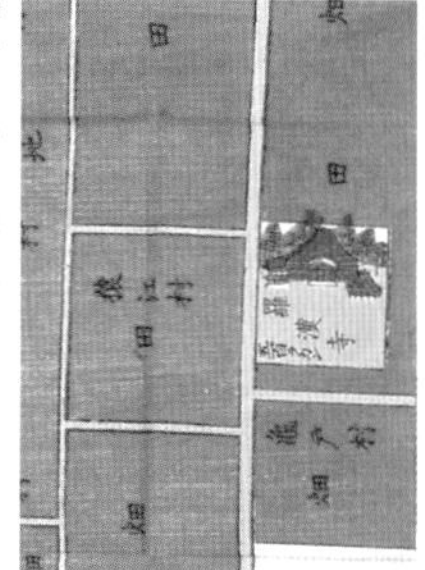

『江戸切絵図 深川絵図』に描かれた五百羅漢寺。当時は今の江東区大島にあった(切絵図全体図は33ページ参照)。

江戸 -09-

水天宮（すいてんぐう）

『東都名所 芝赤羽根増上寺』（国立国会図書館蔵）。歌川広重が描いた有馬藩邸（右側）。幟が立っている所に水天宮があり、その奥に見える火の見櫓の高さでも有名だった。

有馬（ありま）藩の邸内社から免震構造の現代建築の社殿へ

「情け有馬の水天宮」と呼ばれて人気に

本書はさまざまな理由から消えてしまった「名所図会」に描かれた信仰の風景をテーマとしているが、実は逆のケース――「名所図会」が刊行された頃は小さな堂・社殿に過ぎなかったが、今は立派な建物がそびえる――も存在している。そうした例を二つ、ご紹介しよう。

東京では水天宮というと「日本橋に鎮座する安産祈願で有名な神社」と思う人が多いが、江戸の神社は分社で、本宮は福岡県久留米（くるめ）市にある。

久留米の水天宮は、建久（けんきゅう）元年（一一九〇）に創建されたという。代々の久留米藩主は水天宮を崇敬し、特に信仰が篤かった第九代藩主の有馬頼徳（よりのり）は江戸の上屋敷（現在の港区三田（みた）付近）にもその分霊を祀った。

藩邸内の社であるから庶民の参拝は許されていなかったのだが、なぜかそのご利益が広まり、塀越しに賽銭を投じる者が絶えなかったという。

そこで藩主は毎月五日に限り庶民の参拝を許すことにした。感激した江戸っ子たちは「情け有馬の水天宮」と藩主の気前のよさを褒め称えた。

これを機に水天宮の名声はさらに高まり「火の見より今は名高き尼御前」という川柳も作られた。二位の尼が安徳天皇と母の高倉平中宮を祀ったことに始まるとされること

有馬邸(久留米藩上屋敷)があった三田1丁目付近。高層のビルが並び、昔の面影はない。

『名所江戸百景 増上寺塔赤羽根』(国立国会図書館蔵)増上寺の塔越しに見る有馬邸。絵図内ほぼ中央の木立の中に水天宮の幟が立っているのが見える。

『江戸切絵図 芝高輪辺絵図』(国立国会図書館蔵)

「有馬中務大輔」(有馬家上屋敷)の隅に「水天宮」と書かれている。「元神明」(天祖神社)は同じ場所に現存している。

から尼御前とも呼ばれていた水天宮が、高いことで有名だった久留米藩邸の火の見櫓より名高くなったというのだ。

明治維新で移転しさらに発展

明治維新に伴い有馬氏は屋敷を移転することになり、水天宮とともに青山、次いで蛎殻町(現在の中央区日本橋蛎殻町)へと移った。だが、庶民の信仰は薄れることなく、さらに篤くなっていた。明治九年(一八七六)に描かれた浮世絵を見ると、水天宮はすでに立派な神社のていをなしていたことがわかる。

平成二八年(二〇一六)、水天宮はさらに発展した。免震構造をもつ現代建築の上に伝統的な社殿を載せたモダンな神社に生まれ変わったのだ。

現在の水天宮(中央区日本橋蛎殻町)。伝統建築の本殿は屋上に鎮座(写真提供:水天宮)。

水天宮跡

- 東京都港区三田1丁目付近(住友不動産麻布十番ビル付近)
- 大江戸線赤羽橋駅より徒歩約3分、南北線・大江戸線麻布十番駅より徒歩約6分

MAP ▶ P.166 09

金刀比羅宮（ことひらぐう）

『江戸名所図会』が語らない謎の名所

『江戸名勝図会 虎の門』（国立国会図書館蔵）。題は「虎の門」だが江戸城の虎之御門は描かれず、溜池から流れ出る水と丸亀藩邸の金毘羅大権現が大きく表現されている。

職人が裸参りで技能向上を祈願

歌川広重の連作「名所江戸百景」に「虎の門外あふひ坂」（165ページ参照）という作品がある。人工の滝がある水辺を褌（ふんどし）姿の男二人が歩く夜景画である。男たちは見習いの職人で、技能向上を願って裸参りの寒行（かんぎょう）をしているのだ。男たちの参拝先が金毘羅大権現（今の金刀比羅宮）であったことは、手にしている提灯からわかる。

39ページ上にあげた広重画「東都名所坂つくしの内　葵（あおい）坂（ざか）之図」は「虎の門外あふひ坂」と同じ場所を描いたもの。左に見える坂が葵坂で、中央の滝は溜池（ためいけ）（44ページ参照）から流れ落ちる水、そして、手前の幟が並ぶところが金毘羅大権現だ。

上にあげた「江戸名勝図会 虎の門」と同様、参拝者で賑わい、路上に露店も出ているので、一〇日の風景だとわかる。丸亀（まるがめ）藩は毎月一〇日にかぎり庶民の参拝を許したからだ。

なお、『江戸名勝図会 虎の門』の左下に描かれている銅鳥居は、虎ノ門金刀比羅宮の境内に現存している。

『江戸切絵図 芝愛宕下絵図』（国立国会図書館蔵）

『東都名所坂つくしの内 葵坂之図』(国立国会図書館蔵)と現在の葵坂付近(赤坂一丁目交差点から虎ノ門二丁目西交差点付近)。溜池は埋め立てられ、高低差もなくなっており当時の面影は残っていない。

江戸に祀られた讃岐のこんぴらさん

虎ノ門の金毘羅大権現の本宮は、言うまでもなく讃岐(香川県)の金刀比羅宮だ。大物主神を祀り、もとは航海の安全などを守る海の神であったが、商売繁昌、殖産興業・開運招福の神として信仰が広まった。

江戸には丸亀藩主・京極高和が芝・三田の藩邸に万治三年(一六六〇)に勧請した。虎ノ門には延宝七年(一六七九)に遷座している。『江戸名所図会』は「東都名所坂つくしの内　葵坂之図」とほぼ同時期の刊行だが、なぜか金毘羅大権現には触れていない。水天宮にも言及していないので、藩邸内の名所を書くのは遠慮したのだろうか。溜池や葵坂は書いているのに不思議なことだ。

金毘羅大権現は明治の神仏分離を機に神社として独立し、金刀比羅宮と改称。鎮座する虎ノ門がオフィス街になった今も街に溶け込んでいる。

『最新東京名所写真帖』(国立国会図書館蔵)より、明治時代の金刀比羅宮。中央に写っているのが現在もある銅鳥居。

⛩金刀比羅宮

- 東京都港区虎ノ門1-2-7
- 03-3501-9355
- 銀座線虎ノ門駅より徒歩約1分、丸ノ内線・千代田線・日比谷線霞ヶ関駅より徒歩約5分

MAP ▶ P.166 ⑩

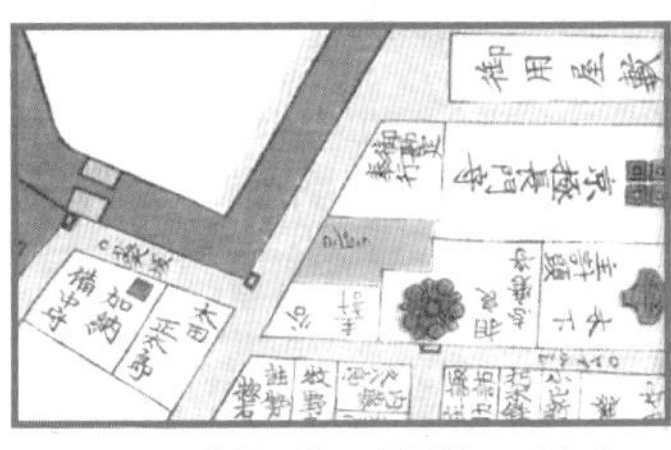

葵坂の下、京極邸の一画に「コンピラ」とある。

現在の金刀比羅宮。銅鳥居は文政四年(一八二一)に奉納されたもの(写真提供：金刀比羅宮)。

江戸
-11-

築地本願寺

海を埋め立てて造られた大伽藍

幕府が移転先として与えた土地は……

築地本願寺は京都にある西本願寺（正しくは本願寺。浄土真宗本願寺派の本山）の直轄寺院で、元和三年（一六一七）に浅草で創建された。このため当初は浅草御堂などと呼ばれた。

しかし、御堂は明暦三年（一六五七）の明暦の大火で焼失してしまった。幕府は区画整理を理由に元の土地での再建を許さず、代替地として指定したのは八丁堀沖の海上であった。

戦国時代には大名に匹敵するほどの勢力をもった浄土真宗に対する警戒から、このような処置となったという説もあるが、門徒（浄土真宗の信者）たちはその程度のことではくじけなかった。佃島の門徒が中心となって海を埋め立て、そこに新たな御堂を建てたのだ。

この地は、海岸に土地を築いたことから「築地」と呼ばれるようになり、御堂は築地御坊または築地門跡と呼ばれるようになった（『江戸名所図会』や切絵図は西本願寺と記している）。

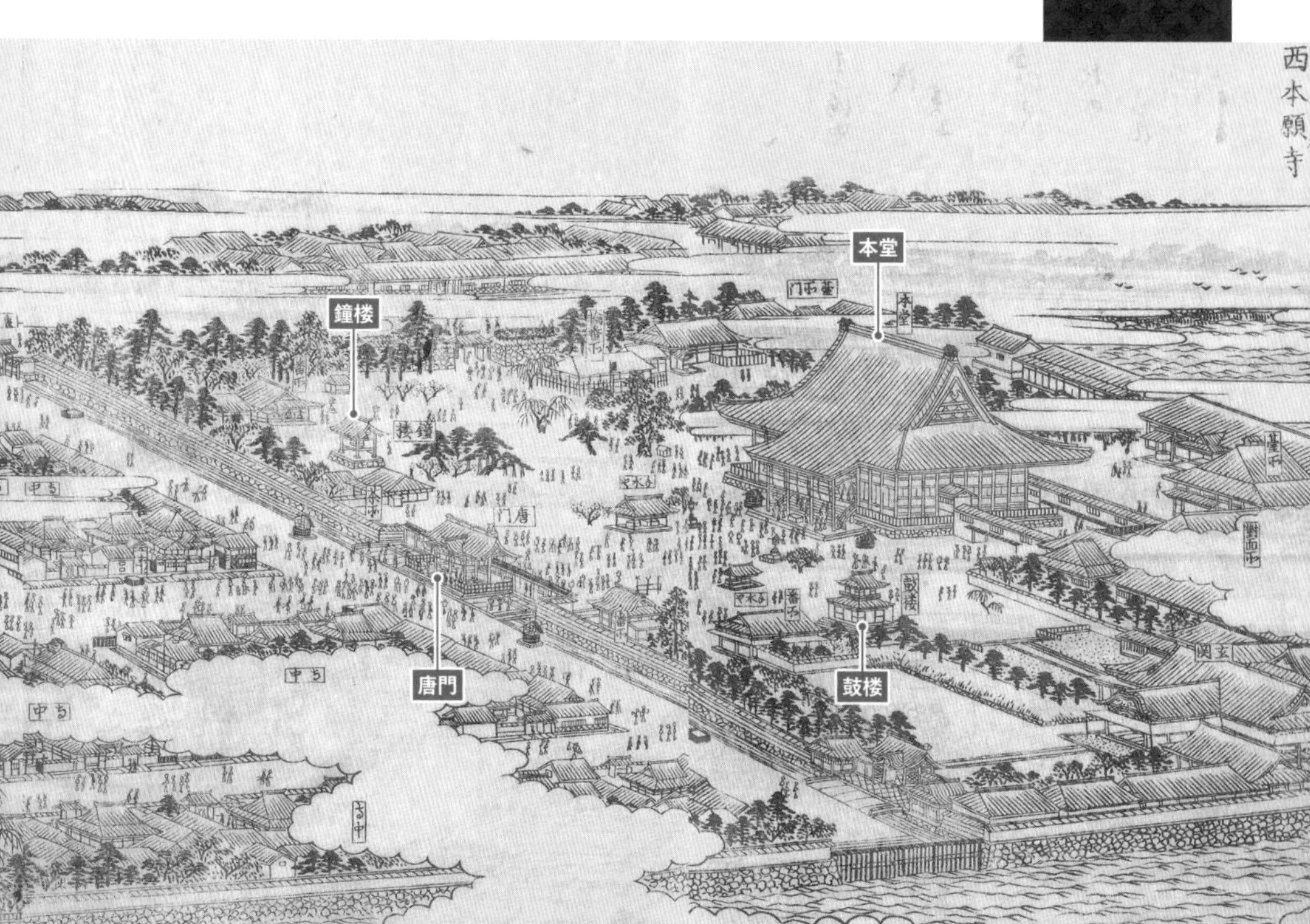

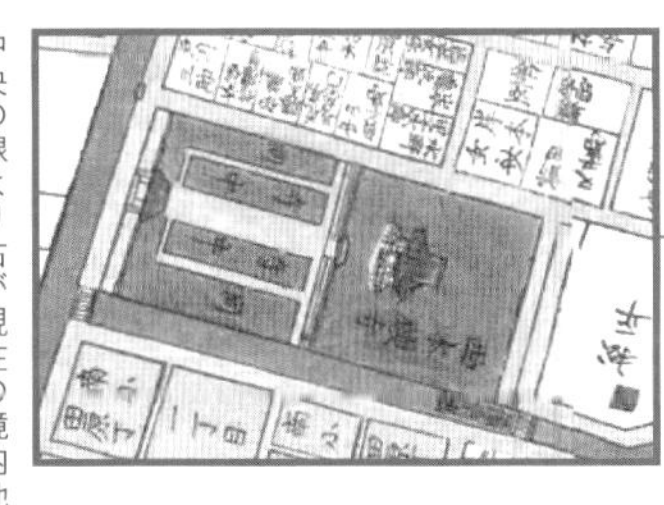

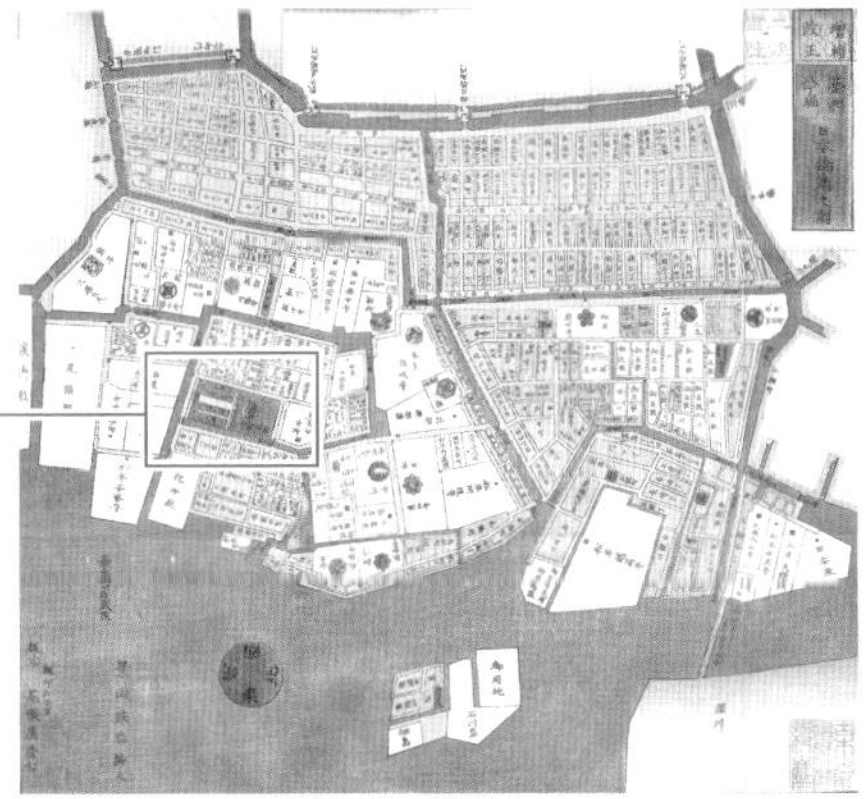

中央の線より右が現在の境内地。左は場外市場となっている。現在は正面が北西向きだが、かつては南西向きだった。

『江戸切絵図 築地八町堀日本橋南絵図』（国立国会図書館蔵）

築地場外市場もかつては本願寺境内

こうして築かれた境内は広大で、切絵図と現代の地図を見比べると、現在の境内に加えて築地場外市場のあたりまであったことがわかる。

境内の中には58の本願寺派の寺院が林立し、寺内町（じないちょう）と呼ばれる独特の風景を作り出していた。『江戸名所図会』の挿絵も画面の三分の二を使って寺内町を描いている。

ちなみに、当時の本堂は南西向きになっており（現在は北西向き）、参拝者はかつての築地市場のあたりから東に向かって参道を歩いて本堂に赴いた。参道の突き当たりには唐門（からもん）があり、これをくぐると阿弥陀如来（あみだにょらい）を本尊とする巨大な本堂が眼前にそびえていた。

空から見た築地本願寺。かつてこのあたりは海であった。

右端の大きな屋根が本堂。その斜め前にある二層の建物が鼓楼。本堂の前の門が唐門。

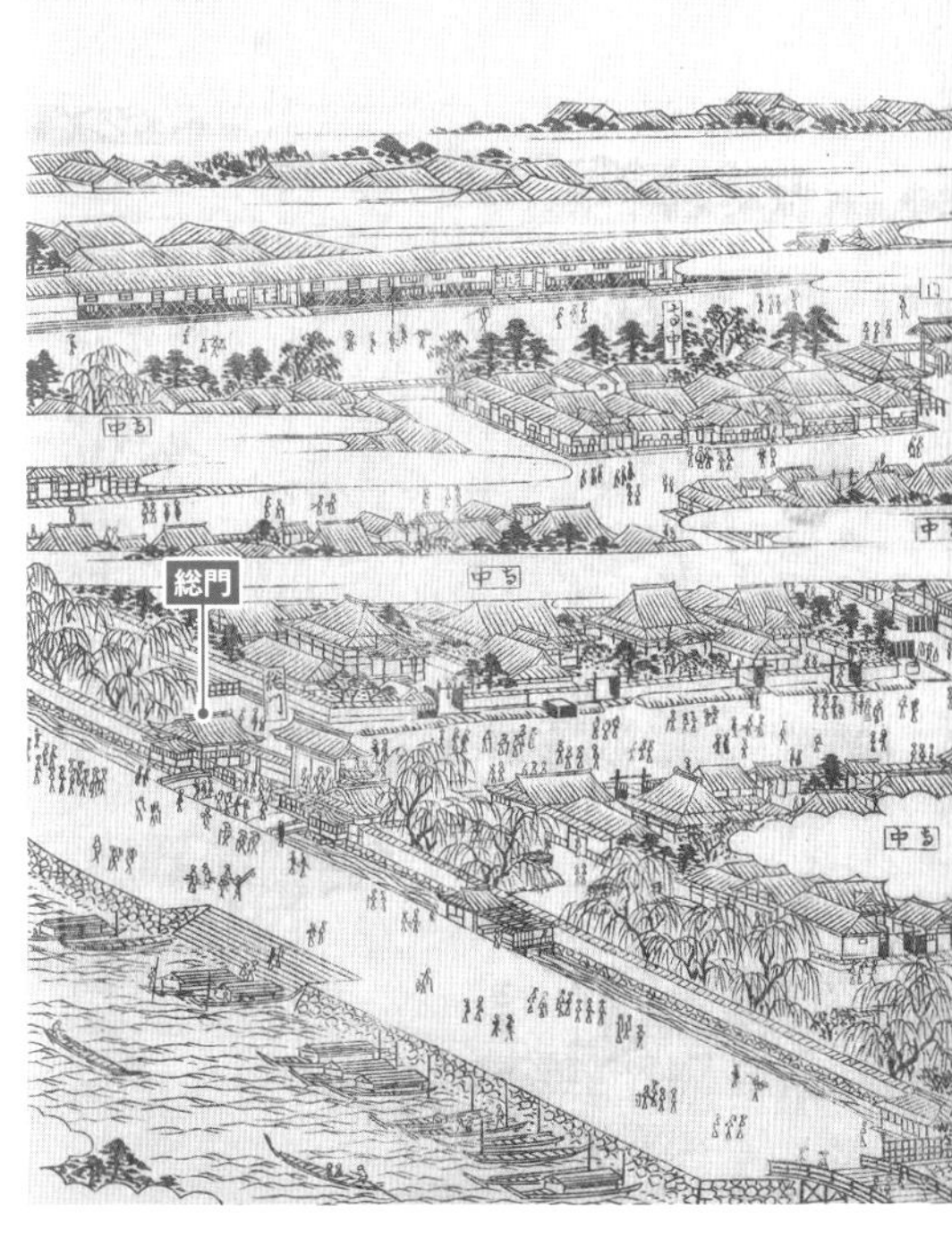

第一章 ✿ 江戸

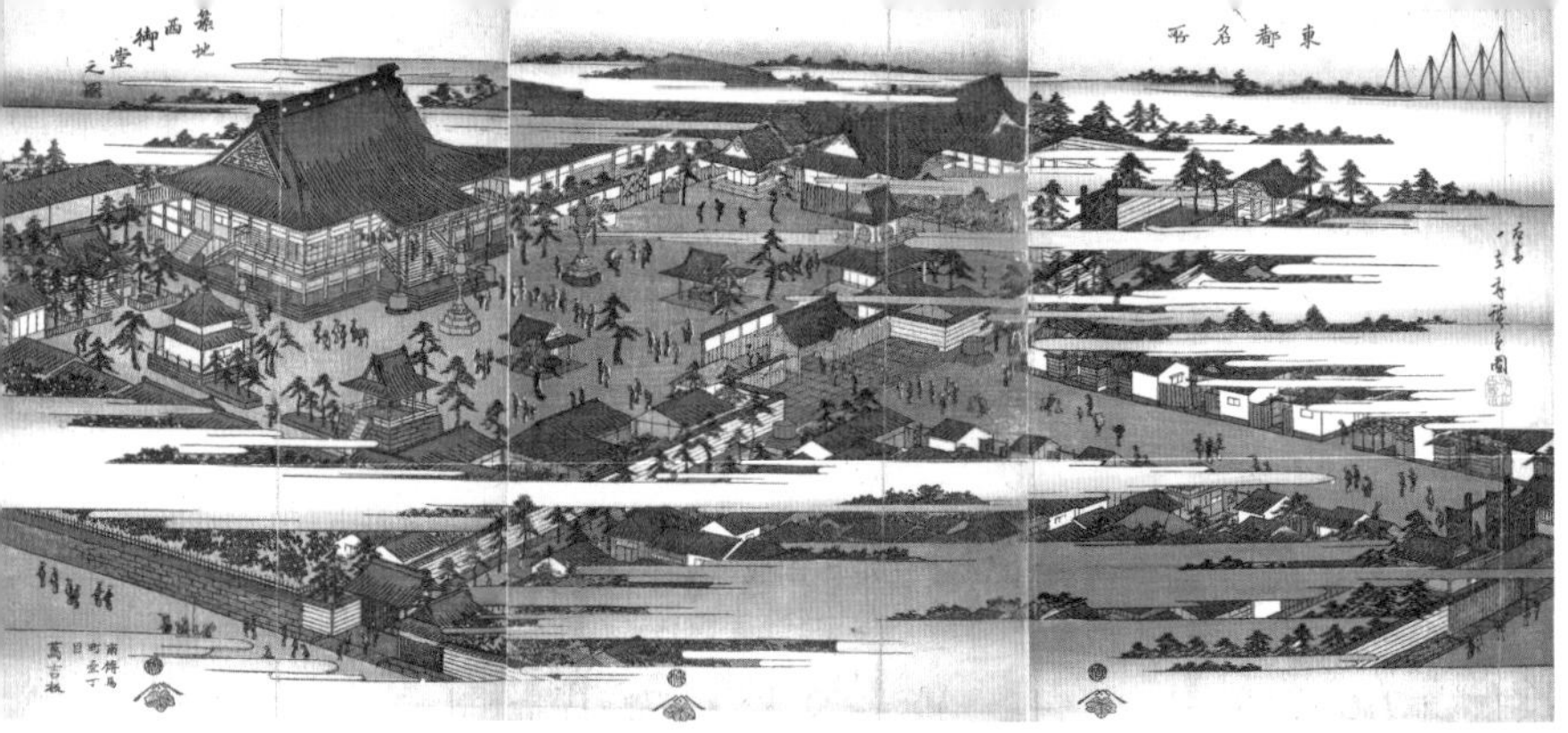

『東都名所 築地西御堂之図』（国立国会図書館蔵）。『江戸名所図会』とは逆の位置から俯瞰している。本堂の大きさがよくわかる。

西本願寺をモデルにした境内の構成

『江戸名所図会』の挿絵や当時の浮世絵に描かれた築地本願寺の境内を見ると、本山である京都の西本願寺をモデルに建物群が造られていることがわかる。

とくに巨大な本堂と二層になった鼓楼（太鼓楼とも。内部に太鼓があって、これを叩いて時刻を知らせた）、入口の上に上向きの弧を描いた庇がついた唐門が印象的で、これらによって京都の本願寺にいるような気分にさせたと思われる。

これは地域の中心的な役割を果たした浄土真宗寺院の特徴で、たとえば大阪府貝塚市の願泉寺や富山県高岡市の勝興寺も同じような伽藍構成になっている。

西本願寺は巨大な御堂が横に並ぶのが最大の特徴なのだが、そこまで模すのは難しかったのだろう。築地本願寺の本堂は阿弥陀堂・御影堂両方の機能を備えている。

なお、築地本願寺の巨大な屋根は海からもよく見えたそうで、江戸湊に入る目印にされたという。

これらの伽藍が当時のまま残っていれば文化財指定は疑いないところだが、大正一二年（一九二三）の関東大震災で焼失してしまった。

本堂をインド様式で再建した伊東忠太

本堂再建にあたって設計を任されたのが、東京帝大教授

『東京景色写真版』より明治期の築地本願寺外観と、『東京風景』より当時の本堂内部。内部も西本願寺を模していたことがわかる（国立国会図書館蔵）。

『江戸百景余興 鉄炮洲築地門跡』（国立国会図書館蔵）。西本願寺の巨大な大屋根は築地のランドマークだった。

『江戸名勝図会 築地門跡』（国立国会図書館蔵）。唐門を描いた浮世絵。門には見事な彫刻が施されていた。

で近代日本を代表する建築家・伊東忠太であった。

その選任に至るいきさつが実にユニークで、「法隆寺の源流を求めて中国からインドへとロバの背に揺られて踏破している途中、彼（伊東）は、西本願寺門主・大谷光瑞が派遣した大谷探検隊と出会った。これが縁で帰国後、光瑞の知遇を得て、（略）後には大作・築地本願寺をデザインする」（藤森照信『日本の近代建築（下）』）という、まさに運命的なものだった。

そのデザインがさらにユニークで、鉄筋コンクリート造の近代建築でありながらインド仏教様式の外観となっている。さらにはステンドグラスやさまざまな動物の彫刻もあり、東西が融合したものとなっている。

築地本願寺

東京都中央区築地3-15-1

0120-792-048

日比谷線築地駅より出口1直結、有楽町線新富駅・浅草線東銀座駅・大江戸線築地市場駅より徒歩約5分

MAP ▶ P.166 11

現在の築地本願寺本堂。『日本の近代建築』はこのデザインを「日本建築史上に前代未聞」と評している（写真提供：築地本願寺）。

『江戸名所図会』より溜池。日枝神社の下あたりから虎ノ門あたりまで広がるひょうたん型の池だった。

江戸 12

溜池白山祠

ためいけはくさんのやしろ

『江戸名所図会』掲載後間もなく撤去された祠

断片的な資料しか残されていない小祠

溜池白山祠については不明な点が多い。『江戸名所図会』が挿絵で紹介している以上、人気の信仰スポットだったと思われるが、由緒や場所などはっきりしたことは何もわかっていない。

そのように不明な点が多いのは、『江戸名所図会』が挿絵を載せながら一言も説明していないことに加え、掲載されて間もない天保一三年（一八四二）に撤去されてしまったことによる。

それゆえ『江戸名所図会』の挿絵と断片的な資料から類推していかねばならない。

まず溜池について説明しておこう。現在も地名として残っているが、明治時代までは今の赤坂三丁目から霞ケ関三丁目あたりにかけて実際に池が存在していた。慶長一一年（一六〇六）に和歌山藩主浅野幸長が造ったとされ、玉川上水ができるまで江戸の水道用水をまかなってきた。

浅野幸長が池を築造した際、堤に植えたとされる榎があり、白山祠はその榎の根元（今の榎坂周辺）にあったらしい。

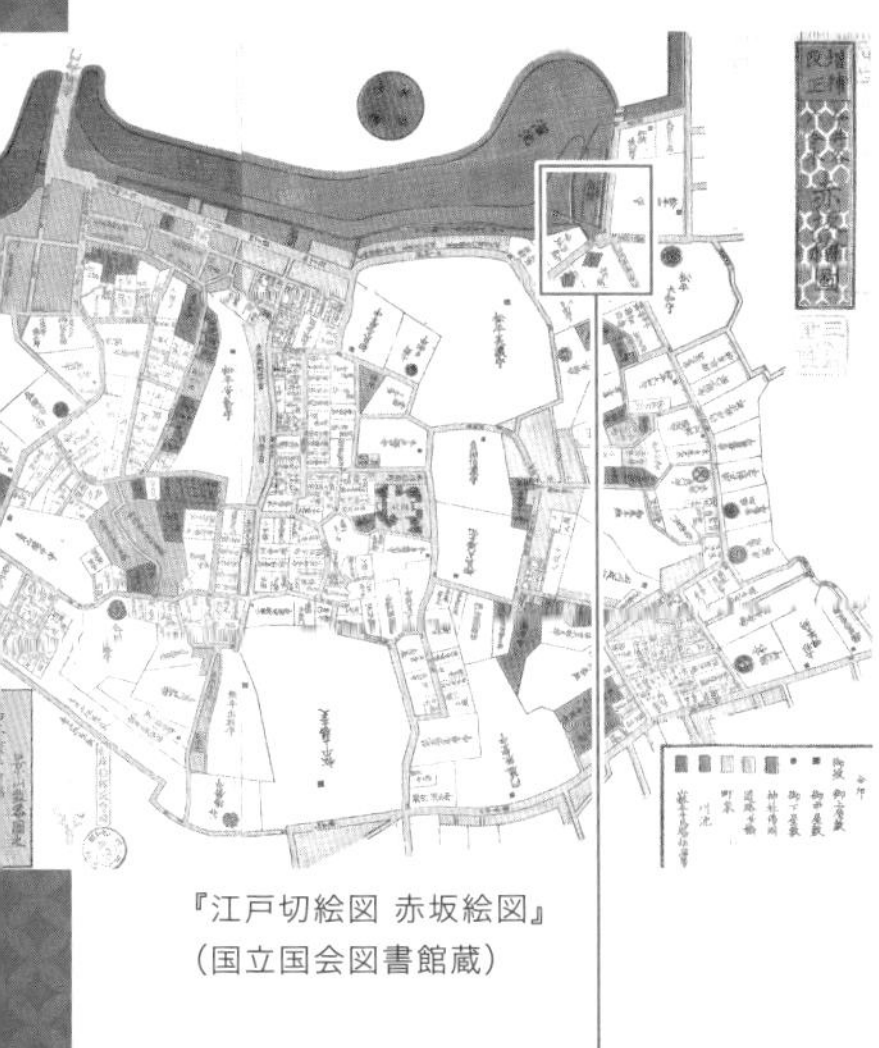
『江戸切絵図 赤坂絵図』（国立国会図書館蔵）

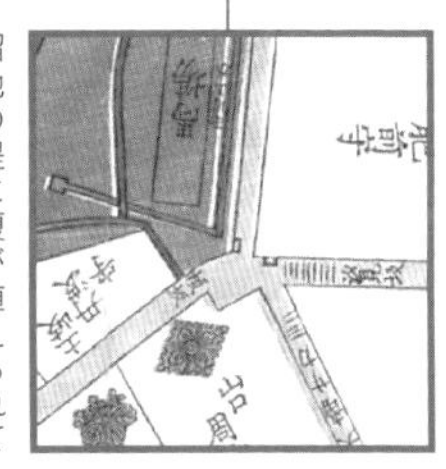
溜池の堤に榎が植えられていたことから榎坂の名が起こった。白山祠はその榎の根方にあった。

『江戸名所図会』より「溜池白山祠」。祠の後ろの木が、浅野幸長が植えたという榎。その背後の蓮が浮かぶ水面が溜池。

白山大権現が歯痛にご利益がある理由

挿絵では賽銭箱の前に短い縦線がたくさん描かれている。断言はできないが、これは歯痛治癒を願って奉納された楊枝と思われる。なぜ白山大権現で歯痛かというと「語呂合わせで、ハクサン（歯臭）」（宮田登『江戸のはやり神』）であったからという。

白山祠周辺には茶店などあったのだが、天保（てんぽう）の改革の風俗統制で白山祠もろとも撤去されてしまった。

⛩ 溜池白山祠跡（ためいけはくさんのやしろ）

- 東京都港区赤坂1丁目付近（榎坂の麓付近［推定地］）
- 銀座線・南北線溜池山王駅より徒歩約8分

MAP ▶ P.166 ⑫

かつて溜池の東端だった赤坂一丁目交差点付近。白山祠はアメリカ大使館北側の榎坂付近にあったらしい。

『溜池開墾之図 明治三庚午年八月』（国立国会図書館蔵）。明治三年（一八七〇）の溜池。幕末から埋め立ては始まったが明治に入り一気に進んだ。

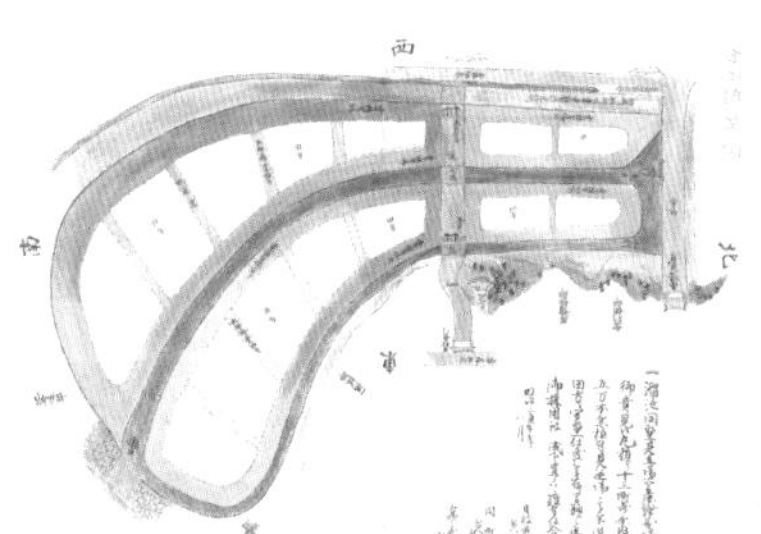

『名所江戸百景 紀の国坂赤坂溜池遠景』（国立国会図書館蔵）。溜池の畔をゆく大名行列を描いている。

日枝神社

「江戸第一の大社」と呼ばれた江戸城鎮守の神社

日枝神社は江戸城の鎮守として幕府から篤く崇敬されたが、その創建は徳川家康の江戸入府よりずっと古く、鎌倉時代にさかのぼる。

関東南部を開拓した江戸氏が川越上戸の新日吉神社の御分霊を祀ったのが始まりとされ、室町時代の太田道灌は当社を江戸城の鎮守とした。江戸幕府もこれを受け継ぎ当初は江戸城内で祀っていたが、城の拡張工事に伴い城外で祀ることになった。

日枝神社が現在地に鎮座したのは万治二年（一六五九）のことである。

平安時代創建の江戸城の鎮守

外堀通りを見下ろすように立つ山王鳥居（上部に山形の飾りがついた鳥居）は、東京を象徴する宗教的風景の一つといえよう。訪れるたびに見とれてしまうが、ここは表参道ではない。境内の東側に回ると、山王鳥居からまっすぐ神門に続く石段がある。これが表参道で、こちらから参拝すると、境内の基本的な構成が『江戸名所図会』の挿絵と大きく変わっていないことがわかる。

『江戸名所図会』より「日吉山王神社（※）」。神門にまっすぐ続く表参道の石段と、その左のなだらかな女坂は現存している。

本社　拝殿　鼓楼　鐘楼　随身門　二王門

表参道に立つ山王鳥居。石段の上には神門が見える。

境内のすぐ南側は溜池(44ページ参照)だった。対岸から丘陵上の境内が望めた。

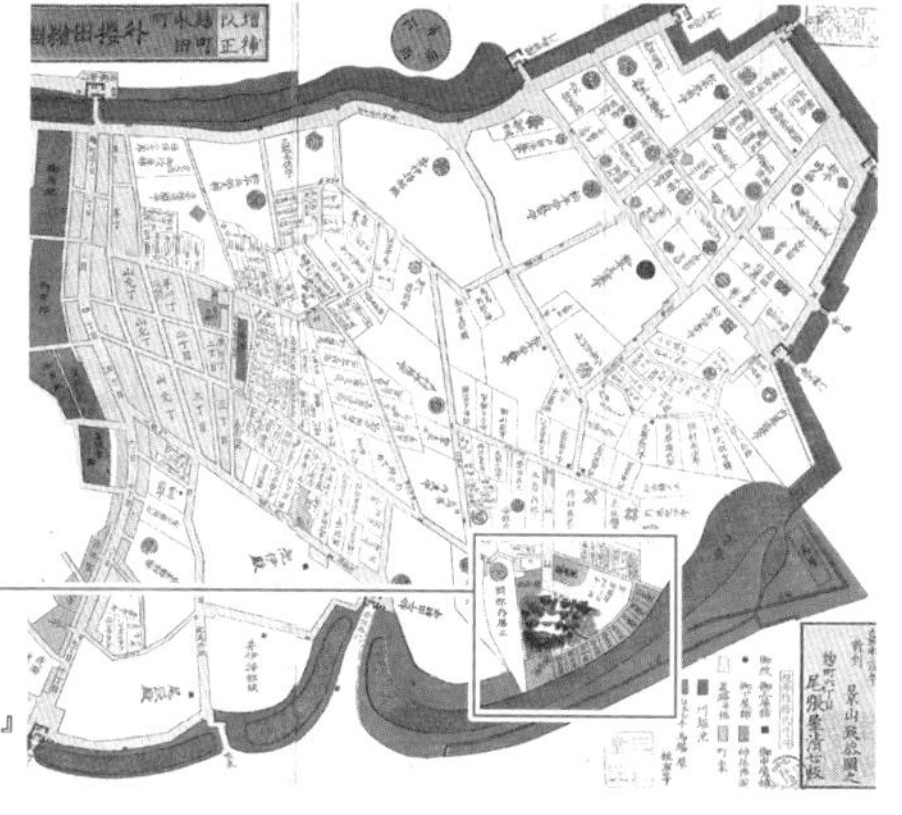

『江戸切絵図 外桜田永田町絵図』(国立国会図書館蔵)

空襲で焼失した家綱造営の社殿群

日枝神社を当地に移した第四代将軍家綱(いえつな)は、幕府の威信をかけて荘厳な社殿を造営した。『江戸名所図会』は「御造営ありしより江府（江戸のこと）第一の宮居となれり」「江戸第一の大社」と述べている。

しかし、その壮麗な社殿群も昭和二〇年（一九四五）の空襲で末社の山王稲荷神社を残して焼失してしまった。なお、万治二年（一六五九）造営の山王稲荷神社社殿は、今も本殿の北側に建っている。

戦後には、氏子を中心として復興事業が行われ、昭和三三年（一九五八）に本殿などの主要社殿が再建された。

その後も境内整備は進み、東京の中心部にふさわしくモダンな参道が外堀通り側に造られた。参道には巨大な山王鳥居が立ち、エスカレーターも設置された。ホテルや商業ビルのエントランスを思わせる参道となっている。

境内のすぐ東側には議員会館や国会議事堂が。まさに東京の中心地だ。

日枝神社(ひえじんじゃ)

東京都千代田区永田町2-10-5

03-3581-2471

千代田線赤坂駅、銀座線・南北線溜池山王駅より徒歩約3分

MAP ▶ P.166 ⑬

『絵本江戸土産』（国立国会図書館蔵）の挿絵。溜池の向こうの木立が日枝神社。

外堀通りに立つ巨大な山王鳥居。右側にはエスカレーターも見える(写真提供:日枝神社)。

※日吉山王神社…『江戸名所図会』はこの社号で描かれているが、幕府の公式記録には「江戸山王大権現」という社号で記されている。

「名所図会」に見る江戸の祭①

山王祭

さんのうまつり

其二

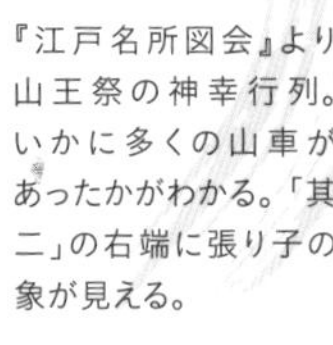
『江戸名所図会』より山王祭の神幸行列。いかに多くの山車があったかがわかる。「其二」の右端に張り子の象が見える。

江戸城内に渡御が許された天下祭

山王祭は、日枝神社（46ページ参照）の大祭で、六月一五日を中心に現在も行われている。その規模は東都随一と称され、日本三大祭の一つとも称された。

文献などに山王祭の神幸（ご祭神の神霊を乗せた神輿などを中心とした行列）のことが現れるのは元和二年（一六一六）以降のことで、寛永一二年（一六三五）には三代将軍家光が城内から神幸を上覧している。このように江戸城内への渡御が許されたことから、神田祭とともに天下祭と呼ばれた。また、幕府が祭の費用を支出したため御用祭ともいう。

しかし、祭があまりに華美に

『江戸名所図会』より「山王祭」。かつての山王祭はこうした山車が中心の祭であった。図は麹町が出した神使の猿の山車。

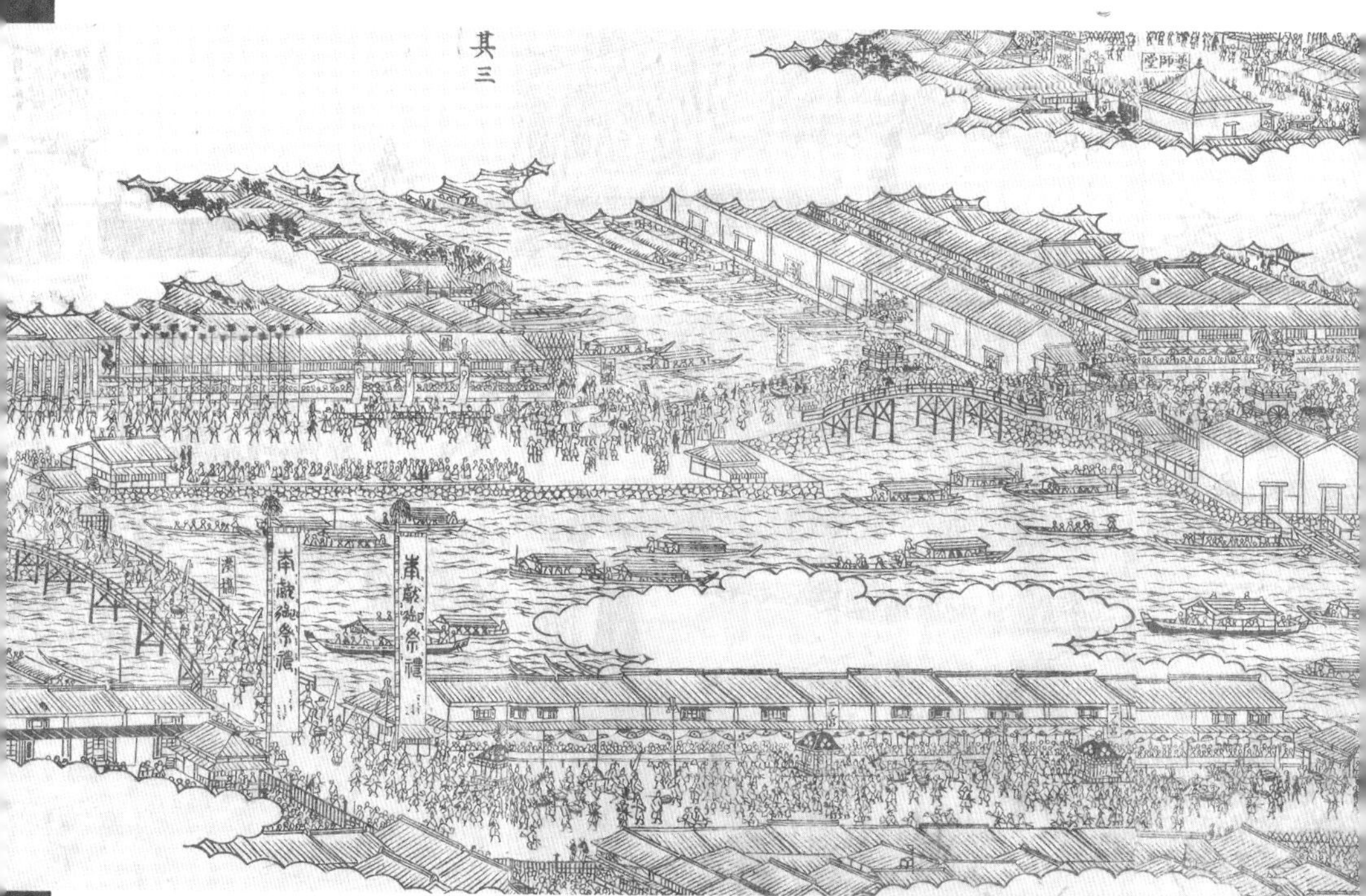

其三

なったため、天和元年（一六八一）以降、神田祭と交替に隔年で行うこととなった。

ご存じの方も多いと思うが、山王祭も神田祭も現在も行われている。賑わいも江戸時代と変わらないように見えるが、大きく変わった点がある。近代に入って祭の中心が山車から神輿になったのである。

山車の巡行がなくなったのは町中に張り巡らされた電線に邪魔されて背の高い山車が通れなくなったためだ。

ちなみに江戸時代は山車の数が45台と定められており、静御前・神功皇后・加茂能人形などの山車に人気があった。このうち神功皇后の山車人形が日枝神社宝物殿に残されている。また、石橋の山車は千葉県佐倉市の佐倉秋まつりで今も巡幸している。

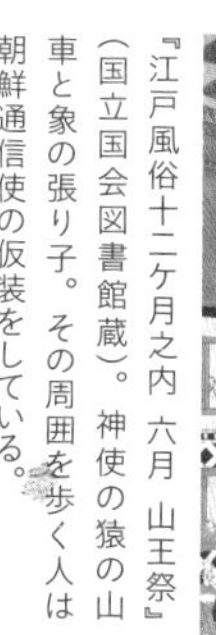
『江戸風俗十二ケ月之内　六月　山王祭』（国立国会図書館蔵）。神使の猿の山車と象の張り子。その周囲を歩く人は朝鮮通信使の仮装をしている。

現在の山王祭。鳳輦二基、宮神輿一基、山車六基が巡行する。

「名所図会」に見る江戸の祭②

神田明神祭礼（神田祭）

かんだみょうじんさいれい（かんだまつり）

『江戸名所図会』より「神田明神祭礼」。一枚目の酒呑童子退治の山車は人が担いでいるが、「其四」の山車は牛が曳いている。

『神田大明神御祭図』（国立国会図書館蔵）に描かれた神田祭の山車。いずれも背が高いことがわかる。最前列右から一番の鶏、二番の猿、三番の翁、四番の龍神と順番が決まっていた。

徳川家康が奨励？もう一つの天下祭

神田祭は神田明神（神田神社）の例大祭で、旧暦時代は九月一五日に行われていた。

その起源は徳川家康が江戸幕府を開く前にさかのぼる。伝承によると、慶長五年（一六〇〇）の神田祭は関ヶ原の戦いと重なったため遠慮すべきという意見もあったが、徳川家の許可を受けて執行したところ、戦は大勝利に終わった。これを喜んだ家康は以後祭を断絶してはならぬと言ったという。

山王祭同様、江戸城渡御が

『東京神田神社祭礼之図』（国立国会図書館蔵）より明治初めの神田祭。この頃はまだ江戸時代のような神幸が見られた。中央は『三国志演義』の関羽、その後ろは義経伝説に登場する熊坂長範らしい。

許され、将軍が上覧した天下祭であった。『東都歳事記』は「およそ東都の祭礼は六月十五日山王の御祭礼を首とし、当社これにつぐ、故に合わせて両祭礼と称す」としている。また、山車などの練り物（神幸行列の出し物）の立派さについて「審美を尽し、壮麗鄙人（田舎の人）の目を驚かしむ」と述べている。

神田祭というと勇壮な神輿のイメージが強いが、『江戸名所図会』の挿絵からわかるように神幸は山車が中心であった。しかも牛が曳くものが多かったので、のんびりした渡御であったようだ。山王祭と同様、こうした神幸は電線の普及とともに変わっていき、さらに大正一二年（一九二三）の関東大震災で山車の大部分が焼失してしまった。

江戸 -14-

祇園会大伝馬町御旅所／小舟町御旅所

ぎおんえおおでんまちょうおたびしょ／こぶなちょうおたびしょ

江戸に鎮座する牛頭天王（須佐之男命）の祭

神田明神から出発する二つの祇園様の渡御

祇園祭といえば京都の夏の風物詩であり、日本を代表する祭でもある。疫病を追い払うために行われるものであるが、その華やかさから各地に伝わり根づいていった。あまり知られていないが、江戸でも祇園祭が行われていた。

『江戸名所図会』より「祇園会大伝馬町御旅所」。上部に俳諧師の宝井其角の「里の子の夜宮にいさむ鼓かな」の句が書かれている。

京都の祇園祭は八坂神社の祭であるが、江戸の祇園祭は神田明神（神田神社）の境内社の祭であった。実は神田明神の境内には祇園信仰に関わる神社が三社あり、三天王と呼ばれていた。天王というのはご祭神が牛頭天王（須佐之男命）であるからだ。

三天王は江戸神社・大伝馬町八雲神社・小舟町八雲神社のことで、二つの八雲神社が神幸を行っていた。それぞれ大伝馬町・小舟町に御旅所（神幸の途中で神霊を乗せた神輿が休む場所）をもっていた。不思議なことにこの二社は祭日が異なり、別々に神幸

『江戸名所道化尽　十七　壱丁目祇園会』（国立国会図書館蔵）。通一丁目（今の中央区日本橋一丁目）を渡御する祇園祭（天王祭）の神輿。道の右側に白木屋が見える。

『日本之名勝』（国立国会図書館蔵）より明治時代の通旅籠町（大丸呉服店前）。大伝馬町御旅所はこの近くにあった。

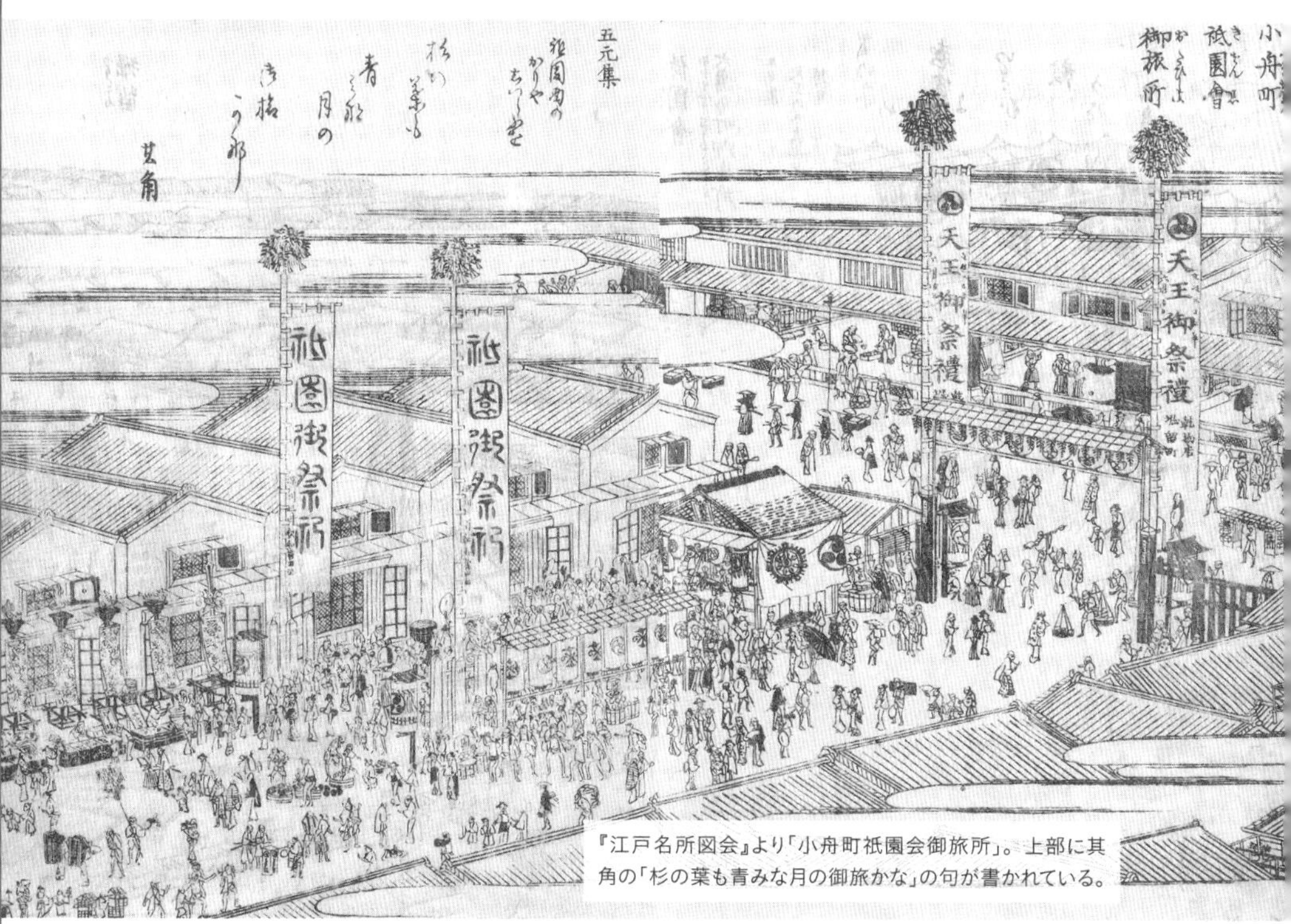

『江戸名所図会』より「小舟町祇園会御旅所」。上部に其角の「杉の葉も青みな月の御旅かな」の句が書かれている。

を行っていた。『江戸名所図会』にはこうある。

「毎歳六月五日本社よりこ(大伝馬町御旅所)に神幸ありて、同八日帰輿す。又小舟町を旅所とするものは、同十日に神幸ありて同十三日帰社なり」

本家の京都には及ばないものの、江戸の祇園祭も多くの参拝者を集めた。『東都歳事記』(一八三八年)は「参詣の貴賤わくがごとくにして、街の繁昌さらに筆舌に及ぶべからず」と述べている。

『東都歳事記』の挿絵を見ると小舟町御旅所には随神像を置いた仮設の楼門なども設置されており、大規模な祭であったことがわかる。

しかし、明治以降の再開発でこのあたりは道筋も変わってしまい、当時の面影はない。

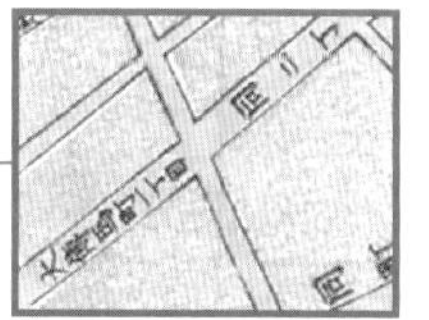

大伝馬町御旅所は今の日本橋大伝馬町2丁目。

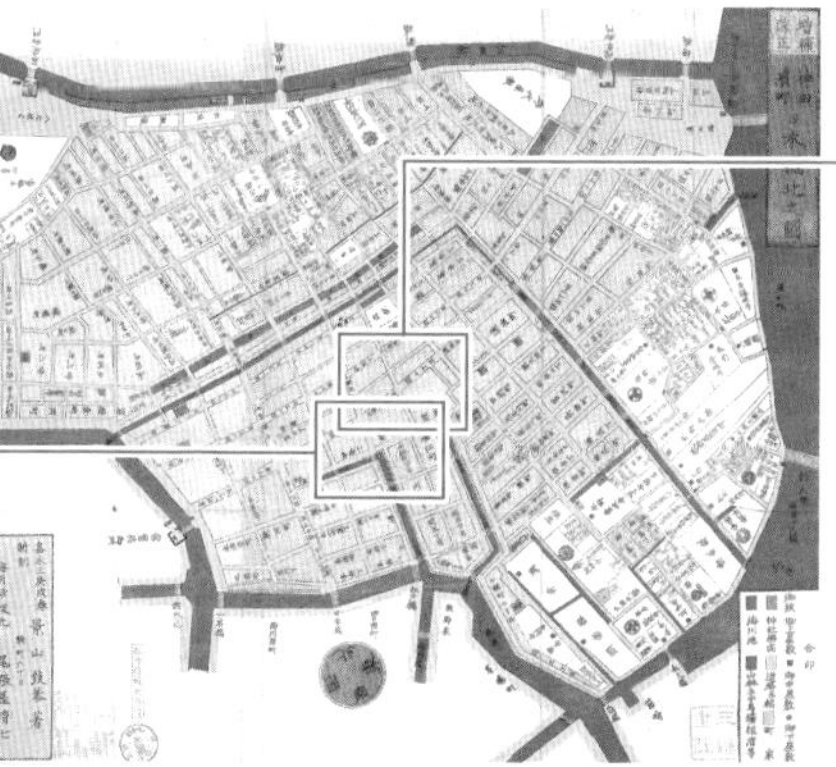

『江戸切絵図 日本橋北神田浜町絵図』(国立国会図書館蔵)

小舟町御旅所は日本橋小舟町4丁目付近。

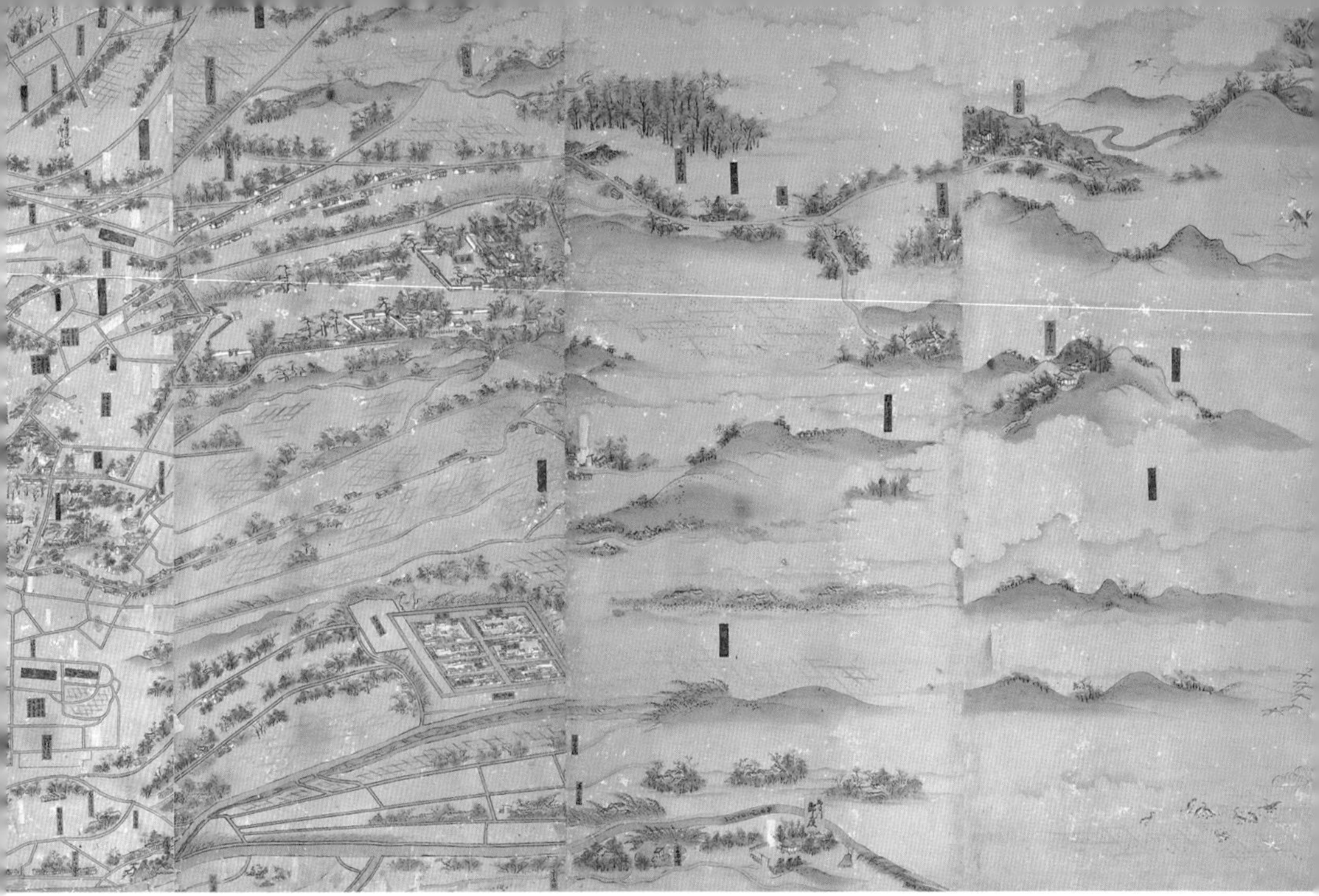

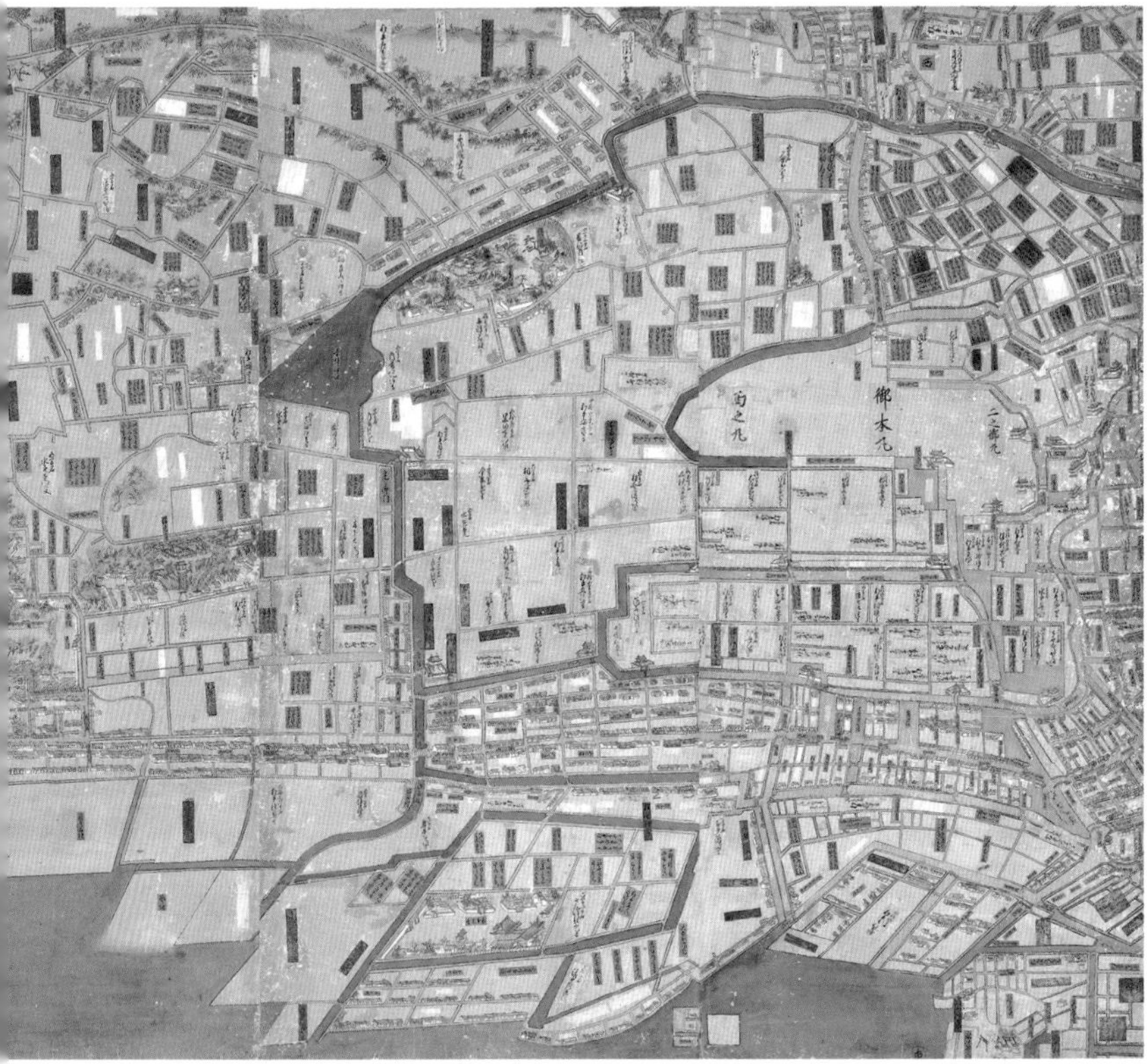

『江戸絵図(右隻・左隻)』(国立国会図書館蔵)

江戸時代前期の江戸の様子を描いた貴重な屏風絵。『江戸名所図会』に描かれた江戸は成熟した都市であるが、ここには発展途上の江戸が見られる。右隻には露坐の大仏がある寛永寺や浅草寺の近くの三十三間堂が、左隻には増上寺がひときわ大きく描かれている。

御殿山

江戸 15

増上寺

東京大空襲で惜しくも焼失した絢爛豪華な徳川家代々の霊廟群

1万人以上の官軍に占拠された増上寺

慶応四年（一八六八）、江戸を無血開城させた官軍は、府内の大寺院や大名屋敷を駐屯地とした。このうち増上寺が受け入れた兵は1万人を超えていたという。

驚くべき数だが、当時の増上寺にはそれだけの数を受け入れるだけの広さと施設があった。

現在の増上寺は三解脱門（『江戸名所図会』は山門と表記）が面している日比谷通り

『東都名所 芝神明増上寺全図』（国立国会図書館蔵）。一九世紀初めの増上寺。中央の小振りの門が大門で、これより内側が増上寺境内だった。

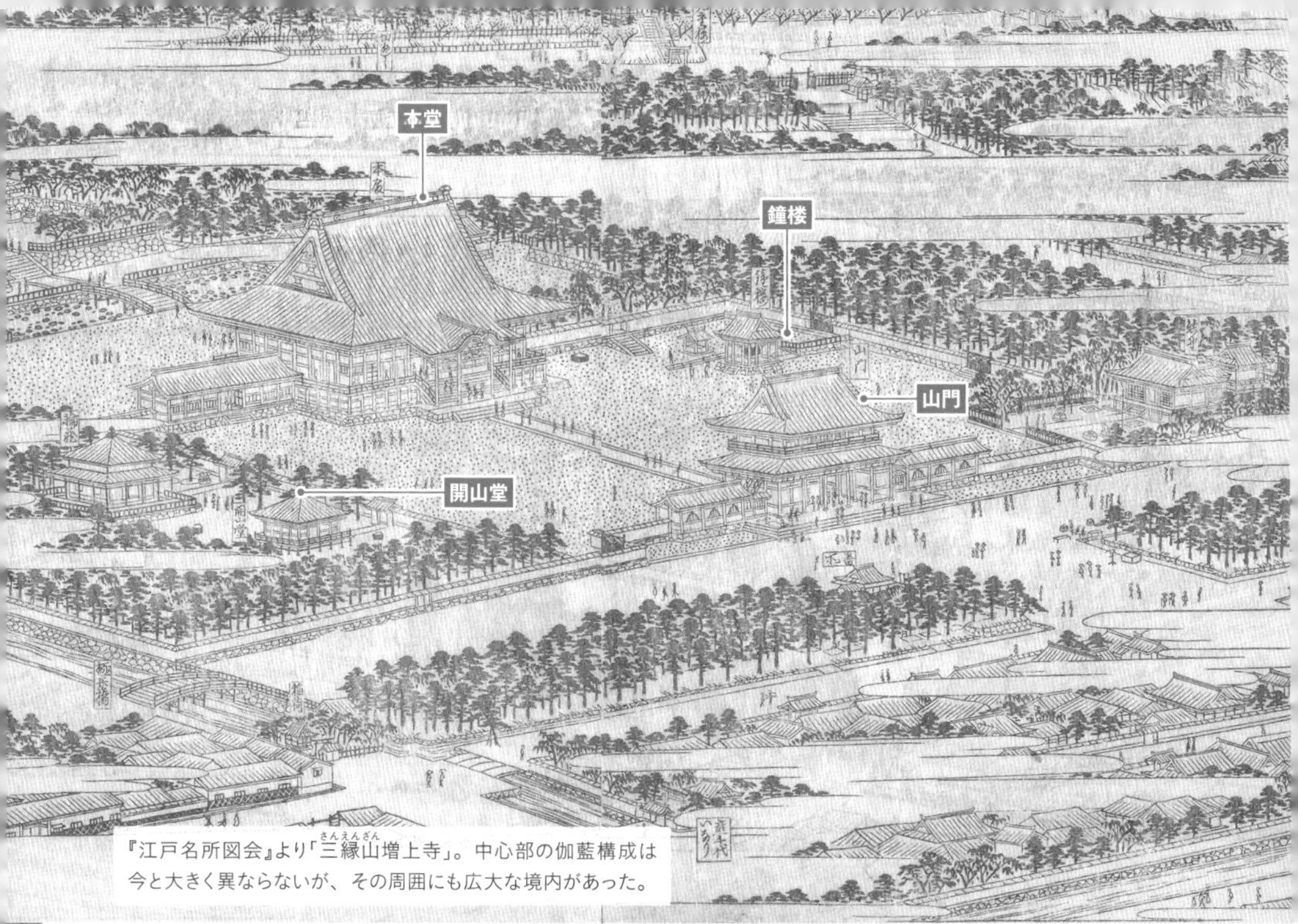

『江戸名所図会』より「三縁山増上寺」。中心部の伽藍構成は今と大きく異ならないが、その周囲にも広大な境内があった。

を東の境界としているが、かつては250メートルほど東を通る東海道のところまで境内であった。また、増上寺の北や南、西側に広がる芝公園も増上寺の境内であった。

増上寺がこのように広大であったのは、寛永寺（10ページ参照）と並ぶ徳川将軍家の菩提寺であったことが大きい。東海道を通る大名に幕府の権威を見せつけるためもあって、増上寺に立派な堂塔が建てられたのである。

寛永寺と並ぶ将軍の廟所に

増上寺は明徳四年（一三九三）に今の千代田区平河町付近に創建されたという。その後、浄土宗の学問寺として発展するが、浄土宗の檀家であった徳川家康が江戸での菩提寺を増上寺にしたことから将軍家との結びつきができた。さらに葬礼は増上寺で行うべしと家康が遺言したことから、その権威が定まった。

第二代将軍の秀忠も増上寺で葬儀を行い、廟（墓）も増上寺境内に造られた。

現在の増上寺。東京タワーより下の一帯はおおむね増上寺の境内だった。

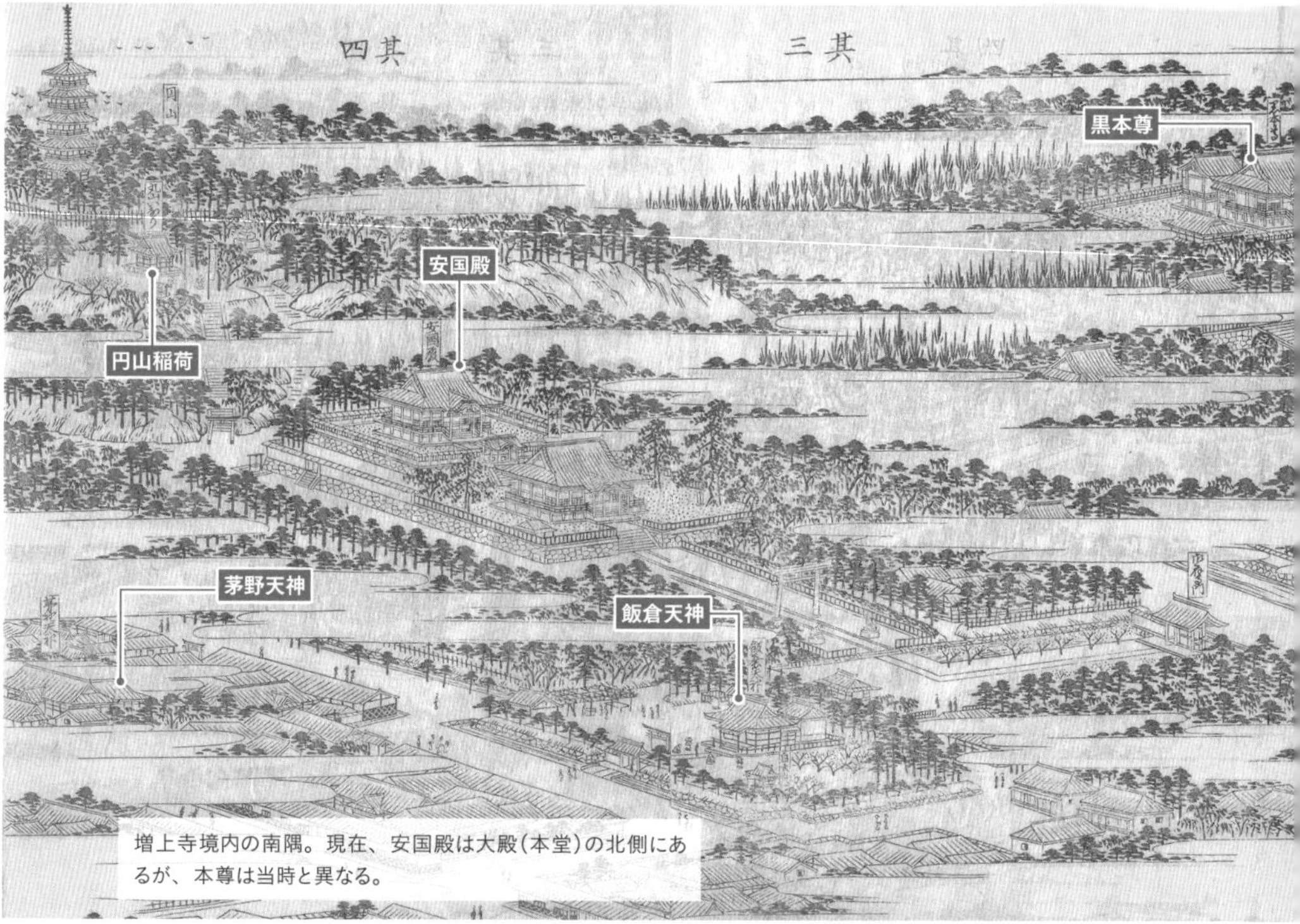

増上寺境内の南隅。現在、安国殿は大殿（本堂）の北側にあるが、本尊は当時と異なる。

増上寺を公園化して公開した明治政府

江戸時代を通して、将軍の埋葬は増上寺と寛永寺でほぼ交互に行われた（一四代までの六人ずつが増上寺と寛永寺に、二人が日光に埋葬されている）。

こうした将軍の廟（墓）は門や回廊などを備え絢爛豪華な装飾を施されたもので、明治中期の名所案内には「壮観なること日光山の霊廟と殆ど径庭なし」（日光東照宮と同じくらいの壮観さだ）と述べられている。

維新後、増上寺の境内は寛永寺や浅草寺（26ページ参照）と同様、公園化され芝公園と名づけられた。寛永寺のように戦場とはならなかったので、主要伽藍や徳川家の霊

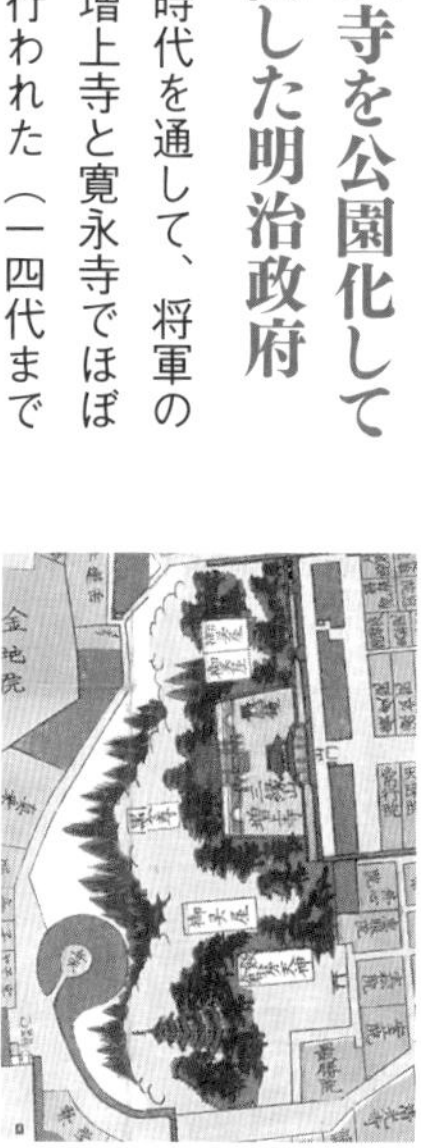

『江戸切絵図　芝愛宕下絵図』に描かれた増上寺。三解脱門と大殿、五重塔、弁財天社が描かれている（切絵図全体図は38ページ参照）。

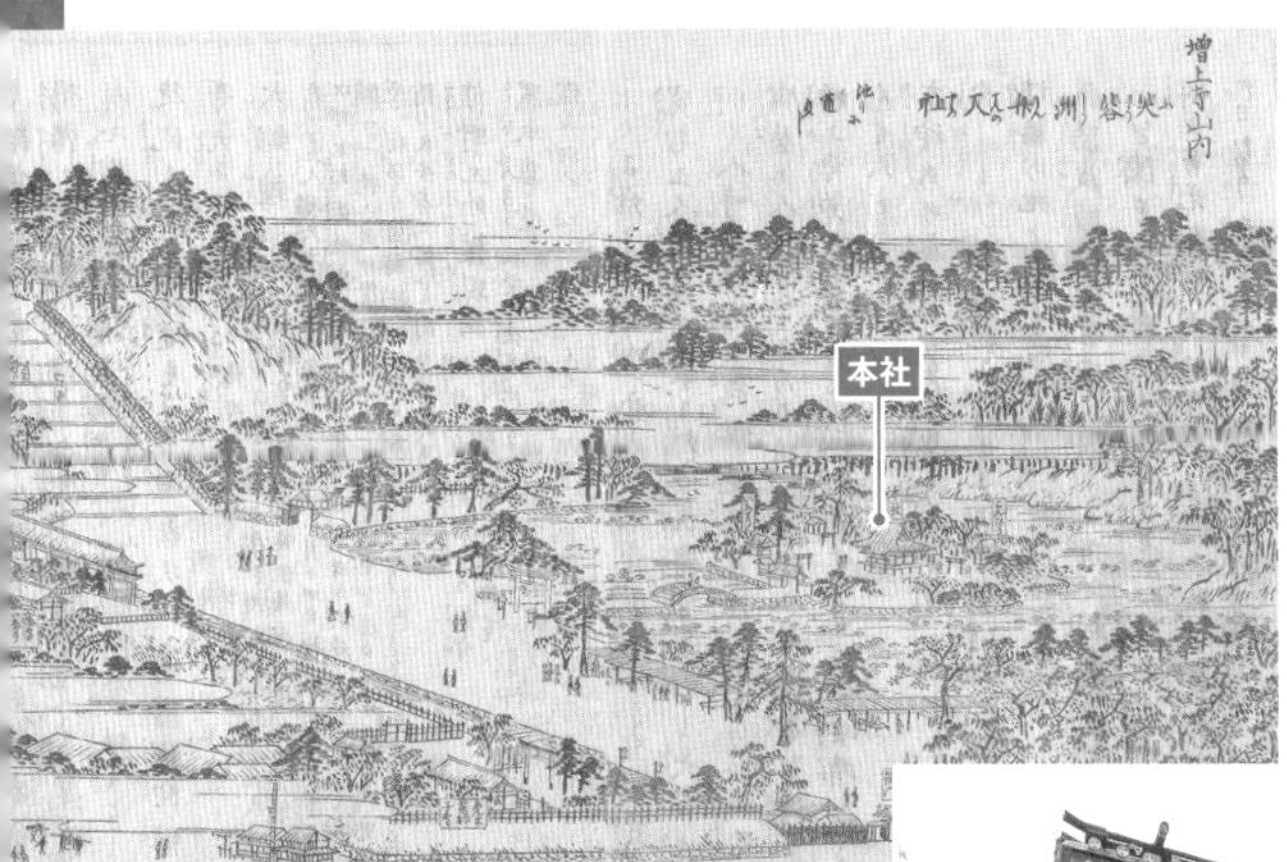

境内の南西隅にあった芙蓉洲弁天社（弁財天社）。『江戸名所図会』によれば本尊は智証大師円珍の作という。

焼失した霊廟の遺骨は徳川家墓所に再埋葬されている。写真は二代将軍秀忠とその正室お江の方の合葬墓。

焼け残った有章院霊廟の二天門。広目天と多聞天の像が安置されている。重要文化財。

廟などは壊されずに残ったのだが、境内を分断するように道路が造られたりした。

増上寺を襲った最大の悲劇は、昭和二〇年（一九四五）三月一〇日と五月二五日の空襲であった。これによって伽藍と霊廟の大部分が焼け落ちてしまったのだ。焼失した堂宇には国宝（今の重要文化財にあたる）に指定されていたものも多かった。日光東照宮にたとえられた霊廟の美しさは焼け残った一部の門などから想像するしかない。

大殿と東京タワー。外国人にも人気ある撮影スポットだ。

増上寺（ぞうじょうじ）

東京都港区芝公園4-7-35

03-3432-1431

三田線芝公園駅・御成門駅より徒歩約3分、浅草線・大江戸線大門駅より徒歩約5分

MAP ▶ P.166 ⑮

『東京風景』（国立国会図書館蔵）より焼失前の有章院廟。手前の門は勅額門。その右の屋根は鐘楼。

『千代田之御表 芝増上寺初御成ノ図』（国立国会図書館蔵）。増上寺にある有章院（七代将軍家継）の廟を訪れた八代吉宗を描いている。

当時の麻布は緑深い丘陵地だったことがわかる。本堂の斜め前、石垣の上に立つイチョウは現存する。

江戸 -16-

善福寺（ぜんぷくじ）

アメリカ公使館が置かれた江戸で二番目に古い寺

弘法大師が創建し親鸞聖人が布教

現在は高級住宅地といったイメージもある麻布だが、『江戸名所図会』が刊行された一九世紀初めは、上の図からわかるように、草深い近郊といった感じの場所であった。

さらにさかのぼった平安初期ともなれば、この地は鄙びた農村であっただろう。伝承によれば、そんな時代に真言宗の開祖、弘法大師空海が訪れ、当寺を創建したのだという。ここから江戸では浅草寺に次いで古い寺とされる。か

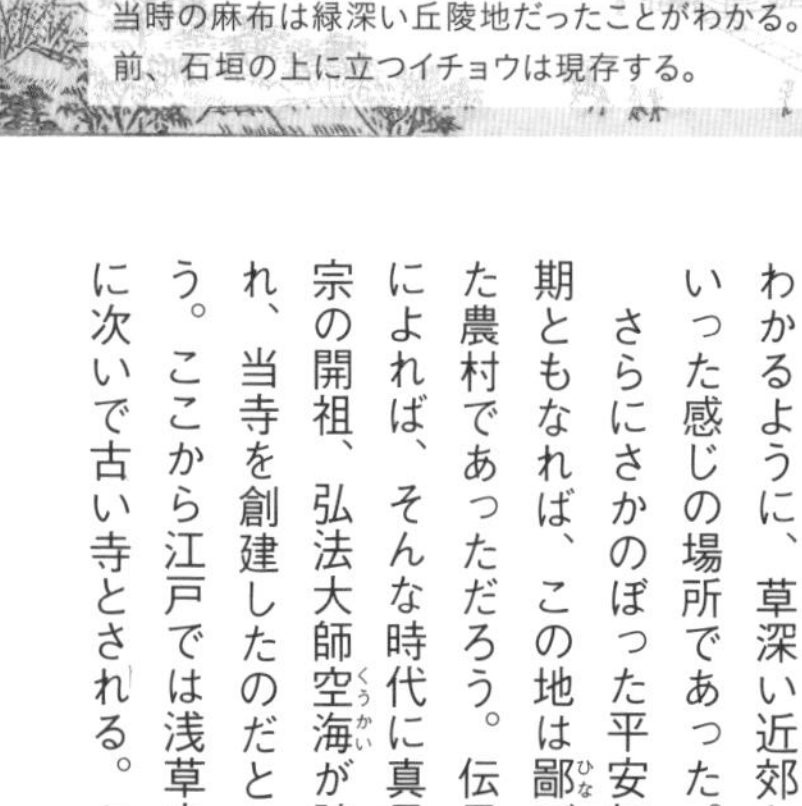

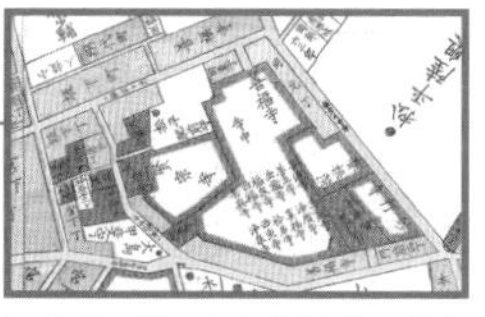

切絵図に描かれた善福寺。境内の中に12もの子院があったことがわかる。

『江戸切絵図 麻布絵図』（国立国会図書館蔵）

本堂

今はすっかりビルに囲まれている善福寺。しかし、よく見ると『江戸名所図会』に描かれた地形の名残も見て取れる。

つては空海が湧かしたという霊泉も参道の途中にあった。

大空襲で全焼した善福寺の伽藍

鎌倉初期には親鸞聖人も当寺を訪れ、布教をしたという。教えに感銘した当寺の住職は、寺を真言宗から浄土真宗に改めたと伝わる。

境内に立つイチョウの古木は親鸞が地面に突き刺した杖が根づいたものとされ、逆さ銀杏・杖銀杏と呼ばれている。

しかし、そうした伝承よりも、安政六年（一八五九）に日本初のアメリカ公使館が置かれたことで善福寺の名を記憶している人も多いだろう。

このため攘夷派浪士の襲撃を受けることもあった。この時の被害は庫裡と書院を焼くものであったが、昭和二〇年（一九四五）五月の空襲ではすべての伽藍を燃失した。

戦後、門信徒中心に復興が進められ、大阪から本堂が移築されるなどして威容を取り戻した。

現在の本堂。徳川家康が東本願寺八尾別院（大阪府八尾市）本堂として一七世紀初めに建てたもの（写真提供：善福寺）。

善福寺

東京都港区元麻布1-6-21

03-3451-7402

南北線麻布十番駅より徒歩約5分、大江戸線麻布十番駅より徒歩約8分

MAP ▶ P.166 16

天現寺（広尾毘沙門堂）
てんげんじ（ひろおびしゃもんどう）

広大な野っ原に創建された毘沙門天の御堂

源氏武将が崇敬した毘沙門天像

筆者は都立中央図書館で調べ物をする時などに広尾を訪れるのだが、公園で遊ぶ子どもたちが英語で話していたりして、日本ではないような気がすることがある。

ところが、２００年ほど前の広尾は、広大な野っ原であった。『江戸名所図会』に載せられた「広尾原」という挿絵では、見渡すかぎりのススキ野原が描かれている。また、ツクシがたくさんとれたことから土筆ヶ原という呼び名もあった。

現在はひっきりなしに車が行き交う天現寺橋交差点に面している天現寺も、かつては広尾原に臨んでいた。

天現寺が広尾で創建されたのは享保（きょうほう）四年（一七一九）とされるが、本尊の毘沙門天像はそれより千年以上前のものとされる。縁起書（寺の歴史書）によれば、毘沙門天像は聖徳太子の作とされ、その後、源氏の祖といわれる多田満仲（ただのみつなか）（源満仲）の念持仏（ねんじぶつ）となったという。以後、代々の源氏武将の崇敬を受けてきた。

しかし、在家の屋敷に安置

『江戸名所図会』より「広尾毘沙門堂」。当時の広尾は広大な野で、『江戸名所図会』には「広尾原」と題したススキ野の挿絵もある。

廣尾毘沙門堂

光孝天皇御陵石燈籠

毘沙門堂

しておくのは畏れ多いということから、天現寺の創建につながったと伝えられる。

大名屋敷の町から大使館の町へ

実は『江戸名所図会』が刊行された頃、広尾の都市化は進んでいた。江戸市街地の拡大に伴い、寺町や武家屋敷が麻布・広尾地域に進出してきたのだ。磐城棚倉藩や備中足守藩などの屋敷が建てられ、広尾は大名屋敷の町となっていった。

明治維新後、そうした大名屋敷のいくつかは大使館へと姿を変えた。湿気が少ない高台であったことと、広い敷地が確保できたことが、大使館建設に適していた。

広尾もまた空襲の被害を受け、天現寺は伽藍を焼失した。しかし、戦後すぐに復興活動が始まり、昭和二六年（一九五一）には仮本堂と諸堂が完成した。

『名所江戸百景　広尾ふる川』（国立国会図書館蔵）。歌川広重が描いた広尾。天現寺から渋谷川（古川）を北に進んだところで、手前に見える橋は四之橋（相模殿橋）。

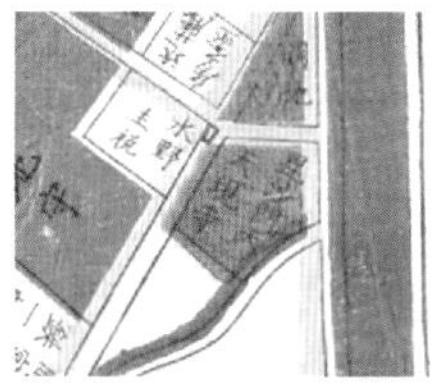

『江戸切絵図　麻布絵図』に描かれた天現寺。右側の川は今も残る渋谷川（古川）（切絵図全体図は60ページ参照）。

天現寺

東京都港区南麻布4-2-35
03-3446-3333
日比谷線広尾駅より徒歩約7分

MAP ▶ P.167 17

現在の毘沙門堂。毘沙門天の使いの虎が堂前に控えている。

現在の天現寺橋交差点付近。上に見えるのは首都高目黒線。右下に斜めに通る道は明治通り。写真の中央付近が天現寺。

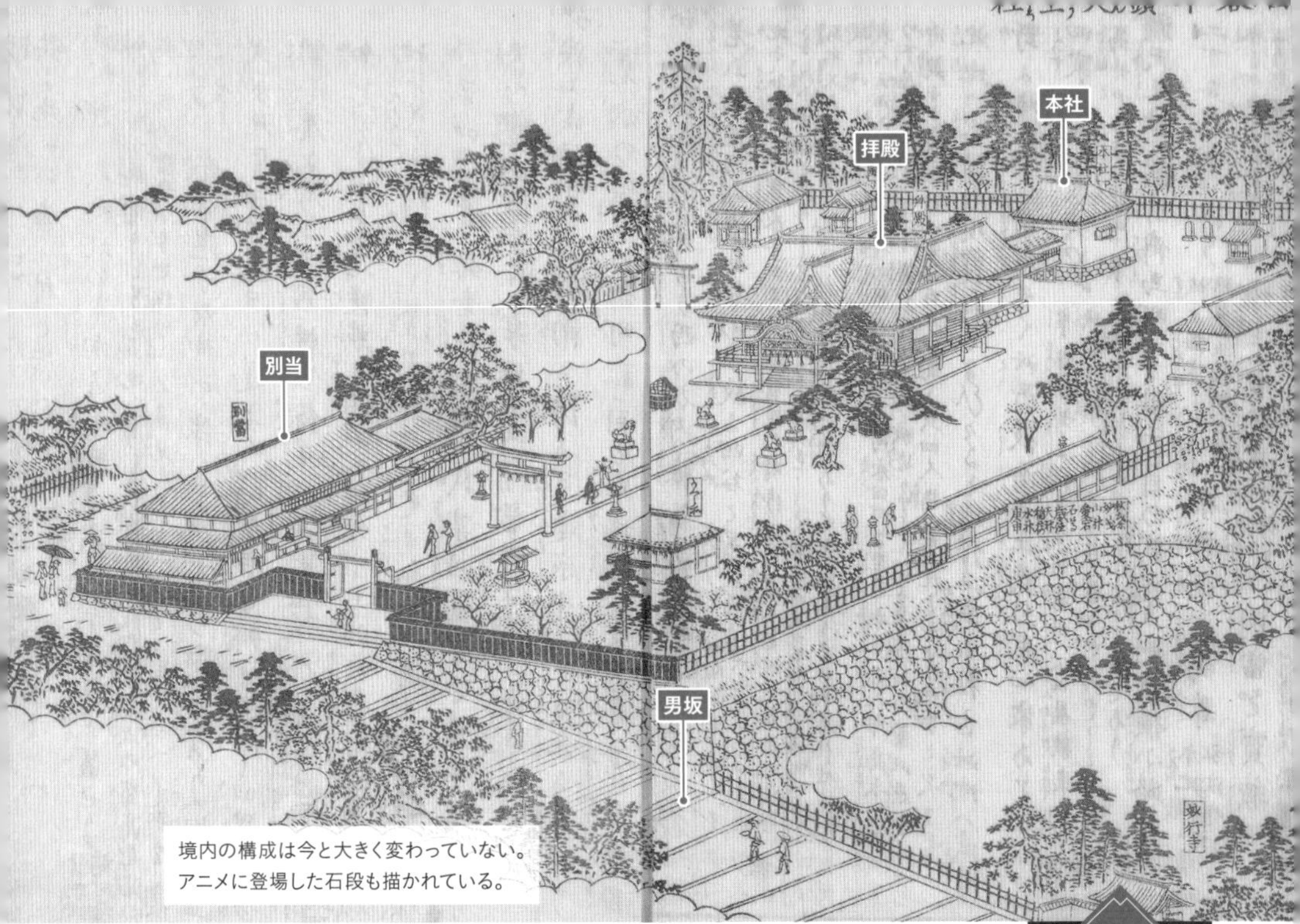

境内の構成は今と大きく変わっていない。アニメに登場した石段も描かれている。

江戸 -18-

須賀神社（四谷牛頭天王社）

すがじんじゃ（よつやごずてんのうのやしろ）

『江戸名所図会』にも描かれていた〝アニメの聖地〟

もとは稲荷社だった四谷の牛頭天王社

四谷の牛頭天王社といっても知っている人はいないだろうが、須賀神社といえば聞き覚えがある人も多いだろう。新海誠監督のアニメ『君の名は。』のラストシーンに参道の石段が使われたことで、今や「聖地」となっているからだ。

興味深いことに『江戸名所図会』も参道の石段を描いている。現在の参道（男坂）はこれほど道幅がなく、もっと急な石段であるが、切絵図を見るとやはり狭い道なので、

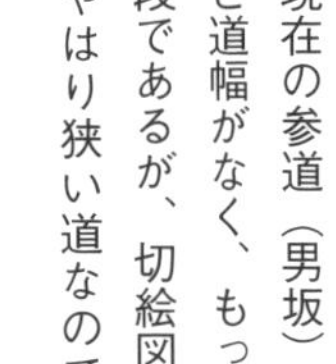

『江戸切絵図 四ツ谷絵図』（国立国会図書館蔵）

中央が須賀神社。「稲荷山宝蔵院 天王社」と書かれている。

映画『君の名は。』の舞台となった男坂。『江戸名所図会』の挿絵の石段と同じ場所と思われる。

現在の須賀神社。正面に見える拝殿は戦後に建てられたもの。

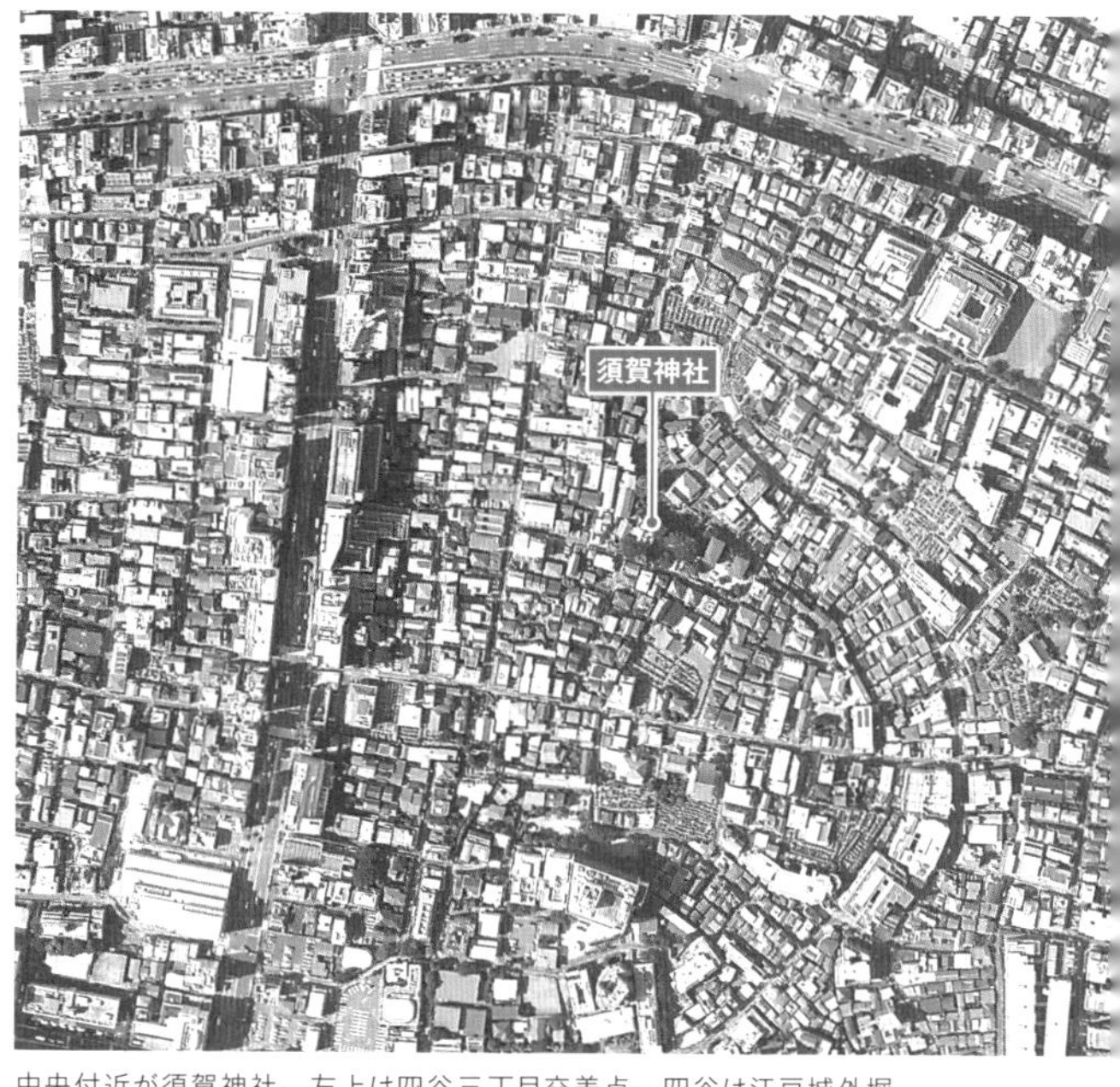

中央付近が須賀神社。左上は四谷三丁目交差点。四谷は江戸城外堀工事で麹町から退去した社寺の移転先とされた。須賀神社もその一つ（出典：国土地理院ウェブサイト）。

これは『名所図会』特有の誇張なのであろう。

『江戸名所図会』当時は牛頭天王の社として知られていたが、もともとは稲荷神社で今の港区赤坂に鎮座していたという。現在地に移ったのは寛永一一年（一六三四）のことで、江戸城の外堀工事に伴うものであった。

牛頭天王（須佐之男命）が合祀されたのはその直後の寛永一四年で、島原の乱で軍功をあげた馬込勘解由が神田明神より勧請したと伝えられる。

須佐之男命の言葉が由来となった社名

牛頭天王については前にも述べた（52ページ参照）が、疫病を祓う神で須佐之男命のことだとされる。須佐之男命はヤマタノオロチを退治した後、出雲に宮を建てて鎮座されたと伝えられ、その際、「わが心すがすが（須賀須賀）し」と言われたとされる。須賀神社の社名は、この言葉に由来する。

須賀神社も空襲の被害を受けたが、奇跡的に文化一一年（一八一四）から15年かけて造営された本殿や金色の御内陣宮殿などは焼失を免れた。

切絵図を見ると、当時の須賀神社は大小の寺院に取り囲まれているが、今は住宅街となっている。

⛩ 須賀神社

東京都新宿区須賀町5

03-3351-7023

丸ノ内線四谷三丁目駅より徒歩約7分

MAP ▶ P.167 ⑱

『江戸名所図会』に描かれた高田富士。頂上を三山に表しているが、実際にそうであったかは疑問。

江戸 -19-

高田富士（たかだふじ）

早稲田（わせだ）大学のキャンパスとなった江戸最古の富士塚

早稲田大学と土地を交換した水稲荷（みずいなり）神社

この挿絵の見出しには六つの名所が並べられていてなかなか賑やかだが、この項の対象となるのは、右上に描かれた「富士山」（高田富士）とその前の「いなり」（高田稲荷）だ。

高田稲荷の境内には縁台で休む人や茶を運んでいるらしい人がいるので、ここで富士山を眺める人が多かったのだろう。だが、この富士山は登ることもできた。

江戸時代、庶民の間に富士山信仰が急速に広まった。登

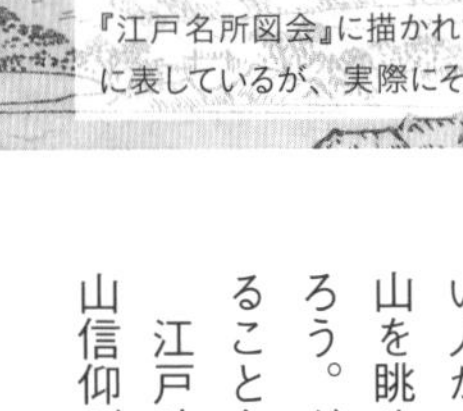

『江戸切絵図 大久保絵図』（国立国会図書館蔵）

中央に高田富士。高田稲荷は「水稲荷社」と書かれている。

歌川広重（一部は二世広重）が挿絵を描いた江戸の名所案内記『絵本江戸土産』（国立国会図書館蔵）より「高田富士山」。「宝泉寺水稲荷の境内にあり」とある。

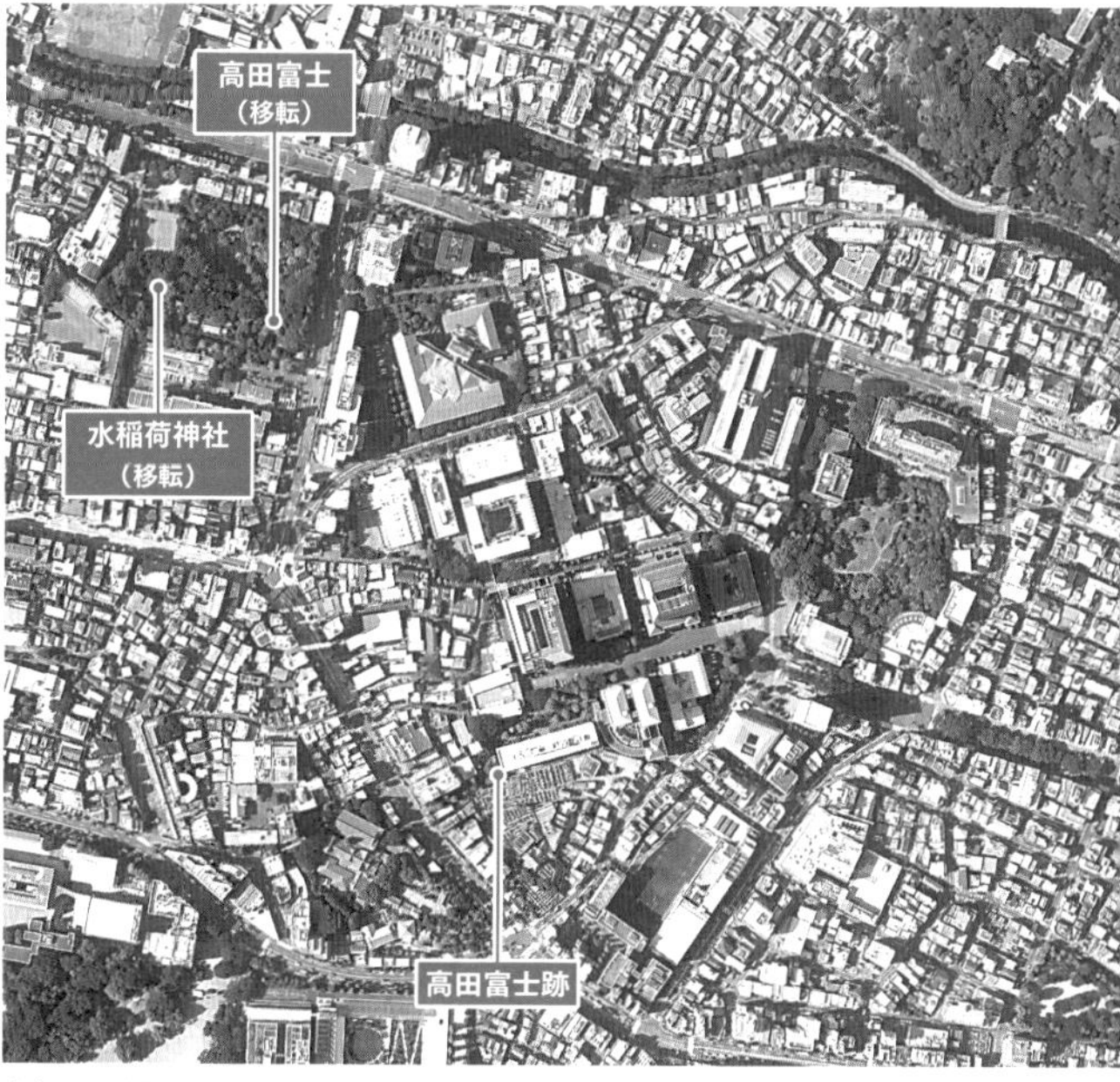

右側が早稲田大学、道をはさんだ四角い緑の一画が水稲荷神社。かつての高田富士は今の早稲田大学早稲田キャンパス9号館の場所にあった（出典：国土地理院ウェブサイト）。

『早稲田』（国立国会図書館蔵）より移転前の高田富士。よく見ると中腹に烏帽子岩や小御嶽らしきものなどがあるのがわかる。

拝する者も増えたが、年寄りや子どもには無理であったし、女人は入山すらできなかった。そこで誰でも富士登山を疑似体験できるよう、各地にミニ富士山が造られた。これを富士塚という。富士塚には烏帽子岩や小御嶽、お胎内といった富士山の名所・信仰ポイントが造られるのが決まりで、高田富士にも造られていた。

この高田富士は安永九年（一七八〇）に完成したといい、江戸最古の富士塚とされる。

霊泉が湧いて水稲荷神社と改称

一方、高田稲荷は藤原秀郷が天慶四年（九四一）に創建したと伝えられるが、元禄一五年（一七〇二）に眼病に効能がある霊泉が湧いたことから水稲荷神社と呼ばれるようになった。しかし、キャンパスの拡大を図っていた早稲田大学からの要望により、昭和三八年（一九六三）、清水徳川家の屋敷跡に高田富士とともども移転した。

⛩ 高田富士

東京都新宿区西早稲田3-5（水稲荷神社境内）

荒川線面影橋駅より徒歩約3分、東西線早稲田駅より徒歩約10分

MAP ▶ P.166 ⑲

※上記は旧所在地より移設された現在の高田富士の情報です

江戸 -20-

目白不動尊（めじろふどうそん）

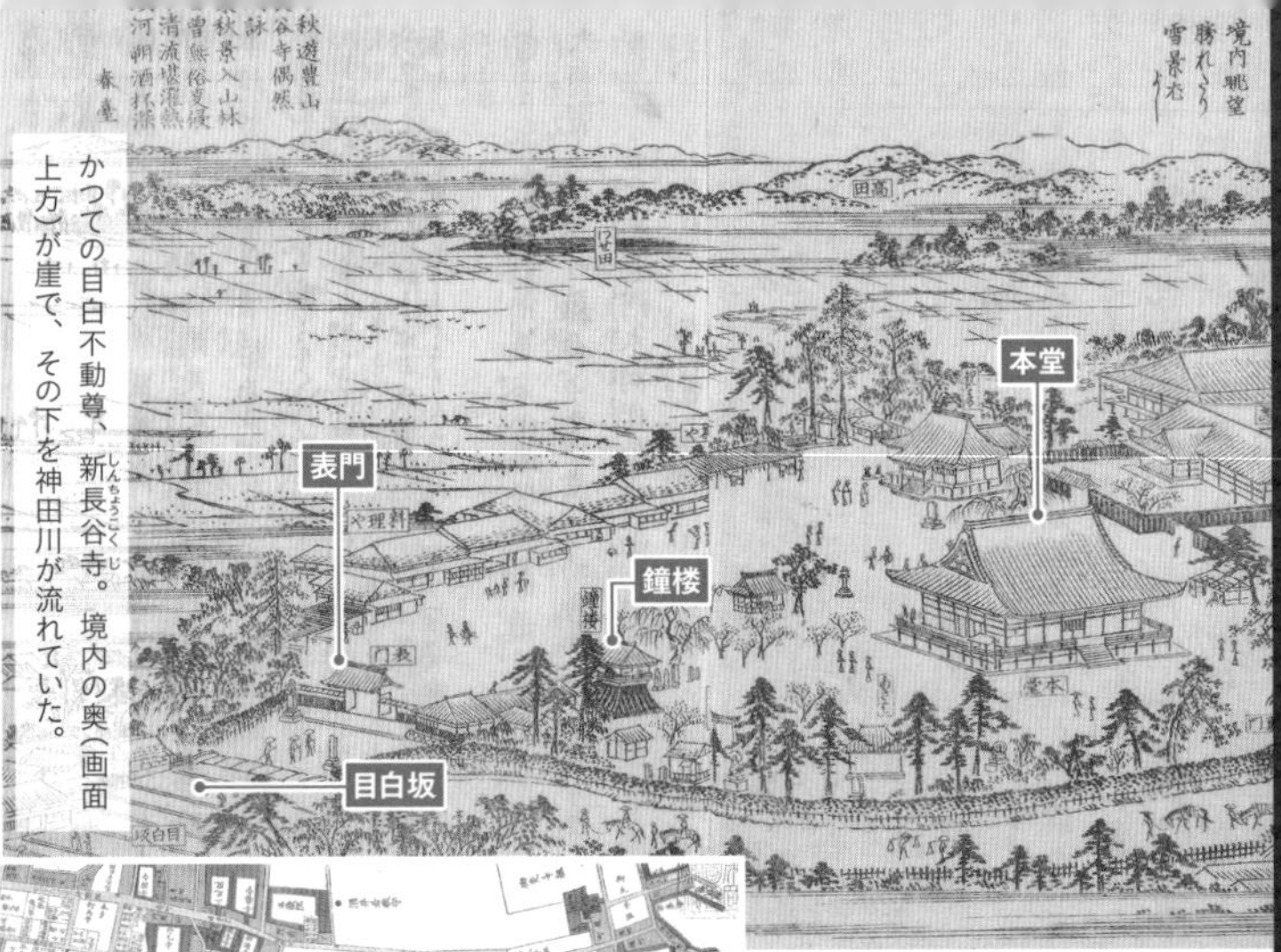

かつての目白不動尊、新長谷寺（しんちょうこくじ）。境内の奥（画面上方）が崖で、その下を神田川が流れていた。

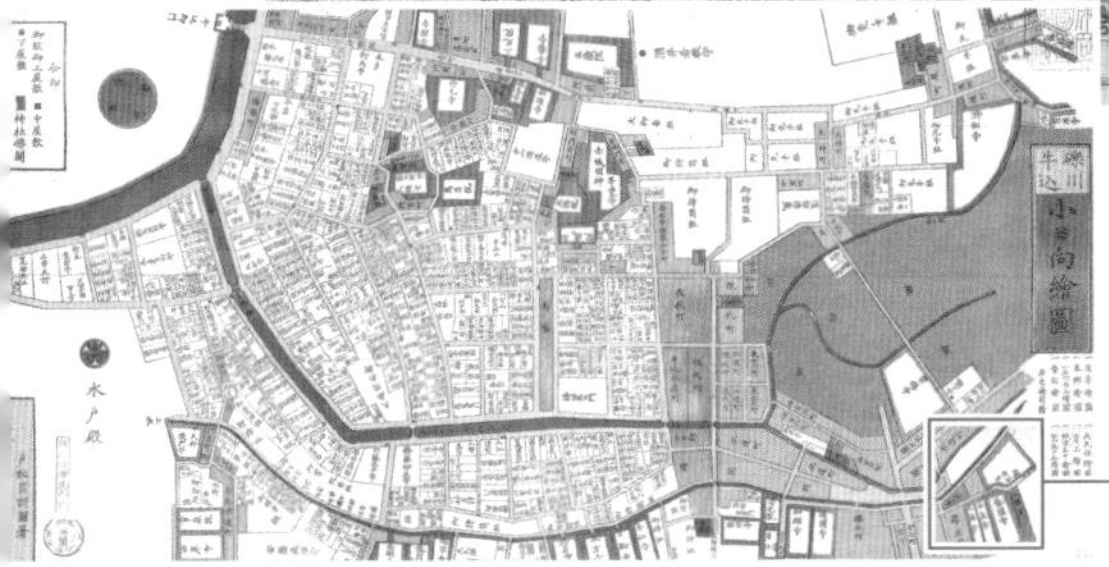

本堂
表門
鐘楼
目白坂

切絵図に描かれた目白不動尊。下の道が『名所図会』で手前に描かれている道。

『江戸切絵図 小日向絵図』
（国立国会図書館蔵）

寺院は消滅したが受け継がれた不動信仰

弘法大師作の二つの仏像

現在は目白不動尊といえば豊島区高田（たかだ）の金乗院（こんじょういん）のことであるが、戦前までは別の寺のことであった。その寺は新長谷寺といい、神田川（かんだがわ）（神田上水（じょうすい））の堰を見下ろす高台に鎮座していた。

本尊の不動明王像は弘法大師空海の作と伝えられ、古くからこの地の寺に安置されていた。しかし、寺はその後衰亡、元和（げんな）四年（一六一八）に奈良・長谷寺の秀算（しゅうさん）が再興した。秀算は長谷寺の十一面観音を模した像も安置し、寺号を新長谷寺と改めた。寛永（かんえい）年間（一六二四～四四）には将軍家光から目白不動の名を授かり、以後、五色不動の一つとして信仰を集めてきた。

ところが空襲により新長谷寺は全焼、不動明王像は金乗院に移され、現在に至る。

目白不動尊（めじろふどうそん）

東京都豊島区高田2-12-39（金乗院境内）
03-3971-1654（金乗院）
荒川線学習院下駅より徒歩約3分

MAP ▶ P.166 20

※上記は旧所在地より移転後の現在の目白不動尊の情報です

金乗院は一六世紀後半に創建された古刹。目白不動尊（写真）は境内の一隅に建つ堂に安置されている。

江戸 21

東山稲荷神社（藤森稲荷社）

ひがしやまいなりじんじゃ（ふじもりいなりしゃ）

東山稲荷社

拝殿前には何本もの幟が立ち、川辺から続く参道の脇には茶店が3軒ある。参拝者が絶えなかったことがわかる。

平将門の乱平定のきっかけとなった稲荷神社

いつしか忘れられた源氏興起の古社

『江戸名所図会』の挿絵に描かれた東山稲荷神社（藤森稲荷社）は農村の鎮守めいた風情だが、よく見ると参道には3軒の茶店もあり、日常的に参拝者があったことがわかる。

『江戸名所図会』も「霊験あらたかなりとて、頗る参詣の徒多し」と述べている。

東山稲荷神社社務所が境内に立てた説明板によると、当社の創建は延長五年（九二七）のことという。

平将門の乱の際には源氏の祖である源経基（?～九六一）にご祭神の託宣があり、これによって軍功をあげることができたことから、以後源氏の崇敬を受けたとされる。しかし、天領であった裏のおとめ山が明治以降に荒廃したこともあり、東山稲荷神社の名もしだいに忘れられていった。

現在、おとめ山は新宿区立公園となっており、賑わいを取り戻しつつある。

⛩ 東山稲荷神社（ひがしやまいなりじんじゃ）

- 東京都新宿区下落合2-10-5
- 03-3951-3646（氷川神社）
- JR・新宿線・東西線高田馬場駅、JR目白駅より徒歩約10分

MAP ▶ P.167 21

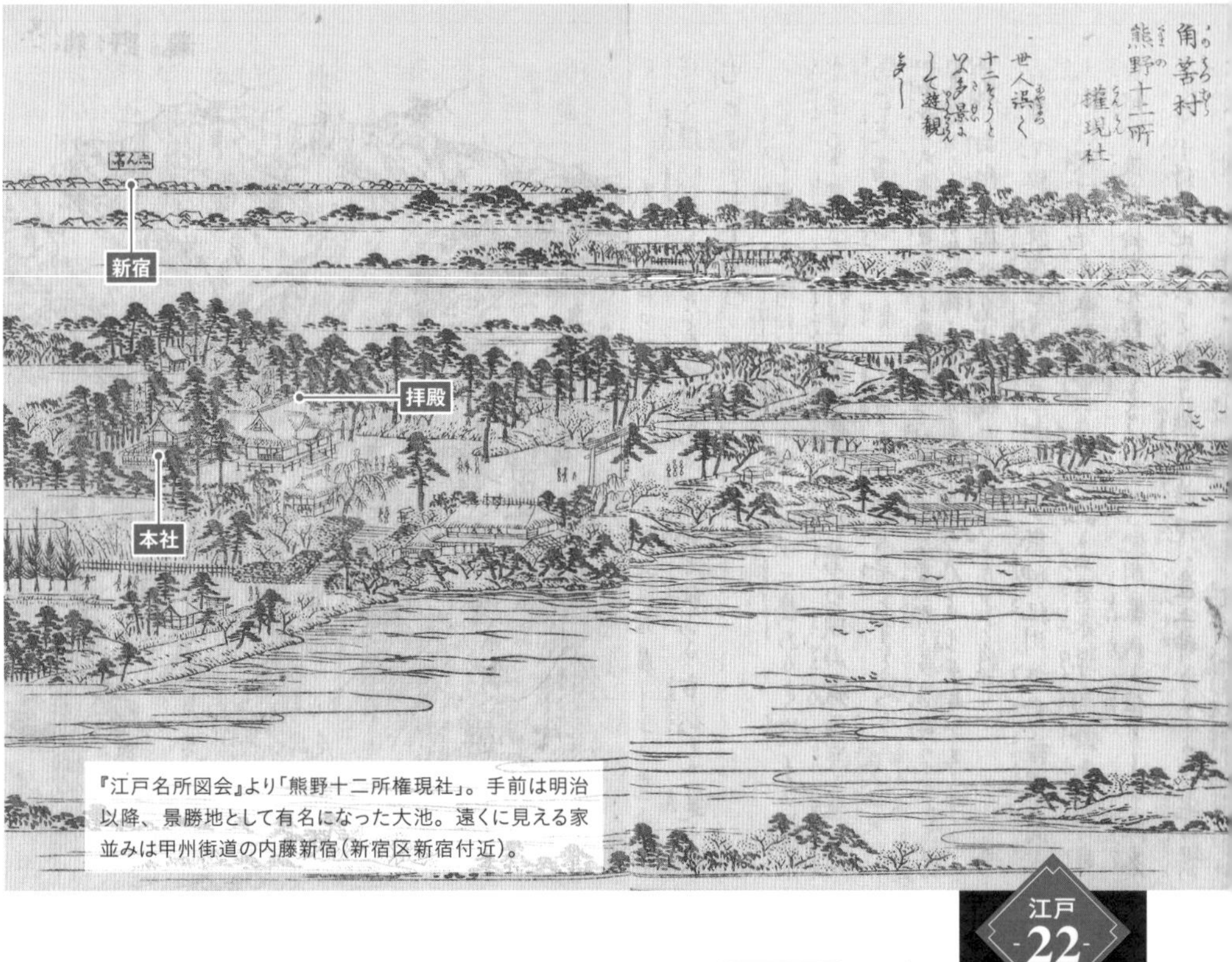

『江戸名所図会』より「熊野十二所権現社」。手前は明治以降、景勝地として有名になった大池。遠くに見える家並みは甲州街道の内藤新宿（新宿区新宿付近）。

江戸 22

十二社熊野神社

じゅうにそうくまのじんじゃ

農村、景勝地、浄水場、副都心と変貌した角筈

高層ビル群から新宿駅までの総鎮守

新宿は新宿駅を境界に西側と東側に分かれていると現代のわれわれは思いがちだが、かつては新宿駅・歌舞伎町周辺から西側、十二社熊野神社のあたりまでを角筈村といった。その東側が甲州街道最初の宿場の内藤新宿、北側が淀橋、南側が代々木村であった。

この角筈の総鎮守として古くから崇敬されてきたのが、十二社熊野神社である。

社伝によると当社は、紀州熊野の神職の末裔という鈴木

切絵図に描かれた熊野神社。大池も描かれている。画面下が今の新宿駅方面。

『江戸切絵図 内藤新宿千駄ヶ谷絵図』（国立国会図書館蔵）

『名所江戸百景 角筈熊野十二社俗称十二そう』（国立国会図書館蔵）。広重が描いた熊野神社周辺。広い水面が大池で、左下が神社。小屋で釣りをする人がいる。

現在の西新宿。中央の緑が新宿中央公園で、この上部左端に熊野神社が鎮座する。右側の高層ビル群が淀橋浄水場跡で、その先の新宿駅・歌舞伎町までが熊野神社の氏子区域だ。

九郎（中野長者）が応永一〇年（一四〇三）に創建したという。熊野三山の12柱の神様を祀ることから熊野十二所権現または十二社と呼ばれた。「社」を「そう」と読ませるところが独特で、神社一帯を呼ぶ地名としても用いられた。

江戸時代の角筈は農村地帯であったが、明治に入ると灌漑用の池や滝（もっとも大きいものは熊野滝と呼ばれ『江戸名所図会』にも挿絵がある）が名所となり、池の周辺には料亭や茶屋が軒を並べた。

角筈の風景が一転したのは明治三一年（一八九八）の淀橋浄水場の完成によってであった。広大な浄水場の出現によって、新宿の繁華街は駅東側に移っていった。

この状況を再転換したのが、昭和四〇年（一九六五）以降の副都心計画であった。浄水場を東村山に移転するとともに、その跡地に都庁をはじめとした高層ビル群を建設するというものだ。これにより熊野神社はマンモス駅と高層ビル群を氏子区域とする神社となった。

現在の熊野神社。まさに都心の神社であるが、境内は神域としての清々しさを保っている。

熊野神社

東京都新宿区西新宿2-11-2

03-3343-5521

大江戸線都庁前駅より徒歩約4分

MAP ▸ P.167 22

江戸 -23-

こんのうはちまんぐう
金王八幡宮

〝渋谷〟の由来となった城跡の八幡様

難攻不落と謳われた渋谷城跡に鎮座

渋谷という地名は、平重家が堀河天皇より渋谷の姓を賜わったことに始まる。重家の父の武綱は後三年の役（一〇八三～八七）で軍功をたてたことから今の渋谷の地を得て、ここに城を築いて八幡宮を祀っていた。重家が渋谷姓を賜わったことにより、この城も渋谷城と呼ばれるようになり、ここの地名ともなった。

城は大永四年（一五二四）の戦で焼かれてしまうが、八幡宮は存続し、渋谷・青山の総鎮守として崇敬されてきた。

社号の「金王」は重家の子の金王丸常光に由来する。常光は源義朝の家臣として名をあげ、義朝戦死の後は出家していたが、源頼朝の命により義経討伐に向かい戦死したという。その活躍は『平治物語』や『源平盛衰記』などに語られており、広く知られていた。そこでゆかりの当社も金王八幡宮と呼ばれるようになったという。

なお、余談であるが、筆者は平重家を始祖とする渋谷氏の出身ではない。

『江戸名所図会』より「金王八幡社」。渋谷とは思えない風景。画面の左上あたりが今の渋谷駅。本殿裏が六本木通りに当たる。

金王八幡宮

東京都渋谷区渋谷3-5-12
03-3407-1811
JR・銀座線・半蔵門線・東急東横線・田園都市線・井の頭線渋谷駅より徒歩約5分

MAP ▶ P.166 23

『名所図会』によると近くに金王丸の産湯に使ったという霊泉の池があった。

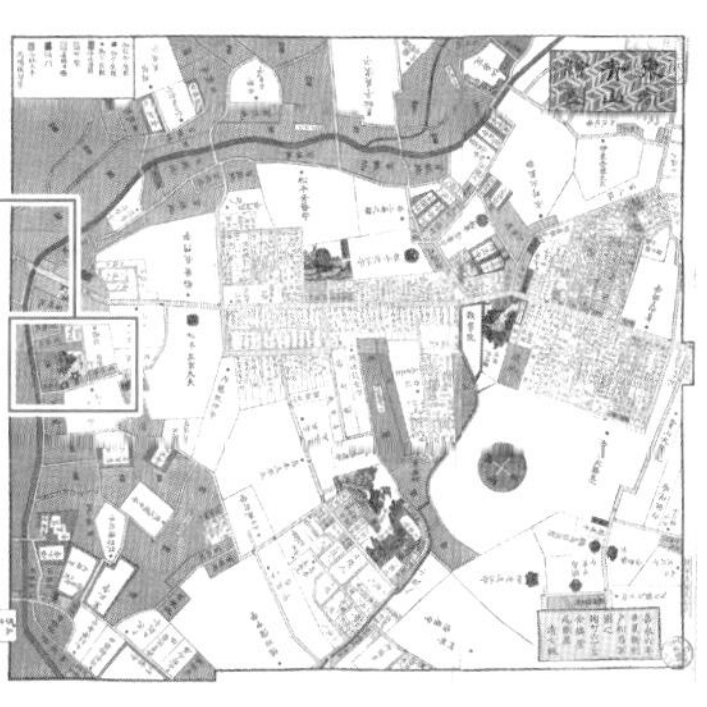

『江戸切絵図 青山渋谷絵図』（国立国会図書館蔵）

江戸時代の渋谷は、円山町に大山街道の宿場があるほかは田畑が広がる農村地帯であった。

明治以降は山手線に続いて今の東急東横線・京王井の頭線・東京メトロ銀座線などが開通し、ターミナルとして急速に発展していった。

徐々に若者の街へと変貌していった渋谷

多数の路線が走り、駅前に百貨店が建つようになっても、渋谷はまだ東京の郊外という位置づけであった。そうしたイメージが大きく変わるのが一九七〇年代であった。

渋谷は東急グループによって開発されてきたが、セゾングループがPARCOを開店したことにより両グループの競合の場となり、若者を対象とした店舗が次々と造られていった。

これによって多くの若者が集まる街となり、新宿に代わって若者文化の発信地となったのである。

現在の金王八幡宮。社殿は慶長一七年（一六一二）に建てられたもの。

現在の渋谷。右下に小さく写る緑が金王八幡宮。中心部が渋谷駅で、右上の緑は代々木公園。

『絵本江戸土産』（国立国会図書館蔵）より「渋谷金王桜」。金王桜は名木と謳われていた。

『江戸名所図会』より「金毘羅社」。中央に茅葺きと思われる建物と瓦葺きらしい建物とが並ぶが、左の茅葺きが高幢寺で右の瓦葺きが金毘羅社。

江戸 -24-

金毘羅社（こんぴらしゃ）

坂に名前を残して消滅した目黒（めぐろ）の名所

禅寺の鎮守として創建した金毘羅社

『江戸名所図会』は本文の見出しも挿絵の題も「金毘羅社（大権現）」となっているので神社のように思えるが、正確には金毘羅社は高幢寺（こうとうじ）という禅寺の鎮守であった。高幢寺創建の事情は19世紀初頭に編纂された地誌『新編武蔵風土記稿（しんぺんむさしふどきこう）』に記載されている。

それによると、高峯（こうほう）という禅僧が正徳（しょうとく）年間（一七一一〜一六）にこの地に庵を結び、のちに寺院として高幢寺と名づけた。以前より金毘羅大権

「金毘羅大権現」とあるが、絵図によっては高幢寺を併記しているものもある。

雉子神社（76ページ）

『江戸切絵図 目黒白金辺図』（国立国会図書館蔵）

現在の金毘羅坂。金毘羅社はこの道の左側にあったと思われるが、何の痕跡も残っていない。

二〇世紀初頭の30年ほど金毘羅坂上に競馬場があったことを記念する碑。

金毘羅社跡（推定）
金毘羅坂
目黒不動尊（瀧泉寺）

下の緑は目黒不動尊。上の大きな交差点から左に続く道が金毘羅坂（出典：国土地理院ウェブサイト）。

現を祀ることを念願としていた高峯は、高幢寺に金毘羅社を建てたという。

虎ノ門の金刀比羅宮の項（38ページ参照）でも述べたが、金毘羅信仰は江戸時代に非常に盛り上がりをみせ、総本宮である讃岐（香川県）の金毘羅大権現（金刀比羅宮）はもちろん、各地の分社にも多くの参拝者が集まった。目黒の金毘羅社（高幢寺）も同様で、とくにご開帳の時は賑わった。

『新編武蔵風土記稿』には金毘羅社のことも記述されている。「境内にあり。（略）神像は木像、作知れず。長一尺五寸。祭礼年々十月十日、神楽を奏す。御城鎮護の神と仰ぎ、九条家より鎮護社の三字を賜わり、今寺に納む」

しかし、明治の神仏分離により金毘羅社は廃絶に追い込まれることになった。神仏分離は神社から仏教的要素を排除するもので高幢寺は対象外であったが、金毘羅社は神社と判断されたようだ。

高幢寺を経済的に支えていた薩摩藩が、明治維新に先駆けて廃仏毀釈を行ったほど神仏分離に熱心だったことも影響したようだ。

明治三二年（一八九九）、高幢寺の住職は歴代住職の位牌や金毘羅社の神像などをもって北海道へ移住。金毘羅の存在は坂の名として残った。

⛩ 金毘羅社跡

東京都目黒区目黒3丁目付近（金毘羅坂）

JR・東急・南北線・三田線目黒駅、東急不動前駅より徒歩約15分

MAP ▶ P.167 ㉔

江戸25 雉子神社（雉の宮）

ビルの谷間に呑み込まれた将軍の狩場

家光の鷹狩りに現れた白い雉

雉子神社のことを『江戸名所図会』の挿絵は「雉の宮」と平安文学を思わせる雅な呼び方をしている（本文の方では「雉子宮」）。しかも本文には江戸初期の歌学者・戸田茂睡の「かりにくる人も名なしのきじの宮　里遠き野と宿さだむらん」という和歌まで載せている。

水墨画のような挿絵と相まって、まるで都を遠く離れて東国をさまよう貴人を描いた『伊勢物語』を読んでいるような気分になるが、残念ながら今の現地にはビルが林立する都心の風景があるばかりで、いくら想像力をたくましくしても挿絵のような風景と結びつかない。

雉子神社の起源は明確ではないが、江戸開府以前にさかのぼると思われ、古くは元荏原宮、大鳥明神、山神社などと呼ばれていた。

慶長年間（一五九六～一六一五）のこと、三代将軍家光が鷹狩りをしていると白い雉が当社に入ったという。これを瑞祥として「雉の宮」の名が授けられたという（慶長年間では家光が若すぎるようだが社伝に従う）。

こうしたことから霊験ある名所として知られるようになり、また今の品川区上大崎・東五反田・西五反田の鎮守として信仰を集めてきた。

しかし、近代以降の都市化の進行は、雉子神社周辺の豊かな自然を奪っていった。とくに桜田通り（旧中原街道）の拡張は境内の減少を招いた。

こうした環境の変化に雉子神社も対応して、ビルの中に本殿が鎮座しつつ背後には緑も広がるという現代的な神社に生まれ変わっている。

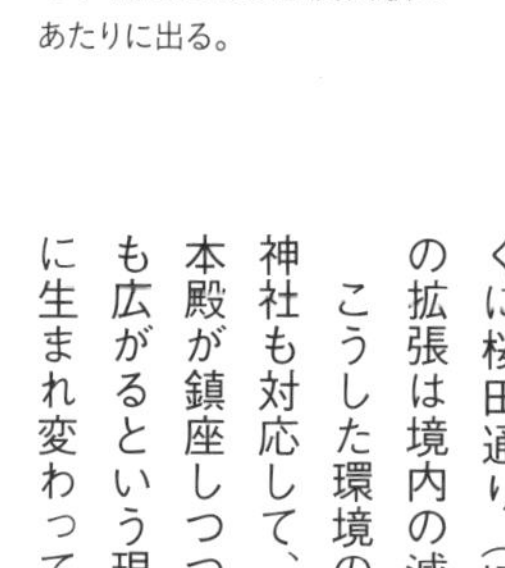

『江戸名所図会』より「雉の宮」。左の道は今の桜田通りで手前に進むと五反田駅のあたりに出る。

切絵図に描かれた雉子神社（切絵図全体図は74ページ参照）。

本社
拝殿
庵

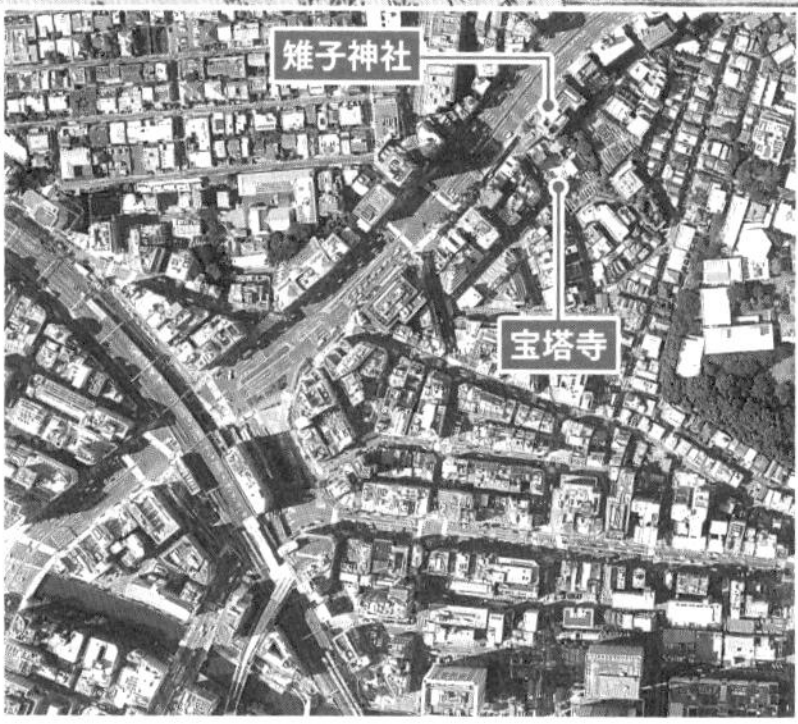

雉子神社
宝塔寺

中央やや左下が五反田駅、そこから斜め上に向かう道が桜田通り(出典:国土地理院ウェブサイト)。

境内入口(写真右)。社殿(写真下)はこの先のビルの中にある。

⛩ 雉子神社(雉の宮)

東京都品川区東五反田1-2-33

03-3441-2331

JR・東急・浅草線五反田駅より徒歩約5分、浅草線高輪台駅より徒歩約7分

MAP ▶ P.166 ㉕

『江戸名所図会』より「東禅寺」。京都の大本山を思わせる東禅寺の伽藍。左下方向が今の品川駅。現在は取り囲む小山が宅地開発され当時の面影はない。

江戸 26

東禅寺

イギリス人記者が記録した攘夷事件の現場

大名の宿舎から英国公使宿館へ

今では品川は東京の中核街の一つだが、江戸時代は江戸を出て東海道を行く旅人が最初に出会う宿場であった。

東禅寺がこの地に建てられたというのも、江戸に近く街道に面した便利な地でありながら、修行場にふさわしい美しい風光と静寂があったからであろう。『江戸名所図会』の挿絵を見ても禅宗寺院らしい凛とした雰囲気が伝わってくる。

東禅寺の創建は慶長一五年（一六一〇）のことで、当時は江戸城外の桜田（今の千代田区霞が関付近）にあった。当地に移転したのは寛永一三年（一六三六）のことである。

幕府も東禅寺のことを重視しており、臨済宗妙心寺派の諸寺院と幕府をつなぐパイプ役である触頭に任じている。

安政六年（一八五九）に英国公使宿館に選ばれたのも、東禅寺のそうした社会的地位と、海に面しているという地の利を勘案してのことであろう（現在、海岸線は東禅寺より一キロ以上離れているが、江戸時代は総門が海に面してい

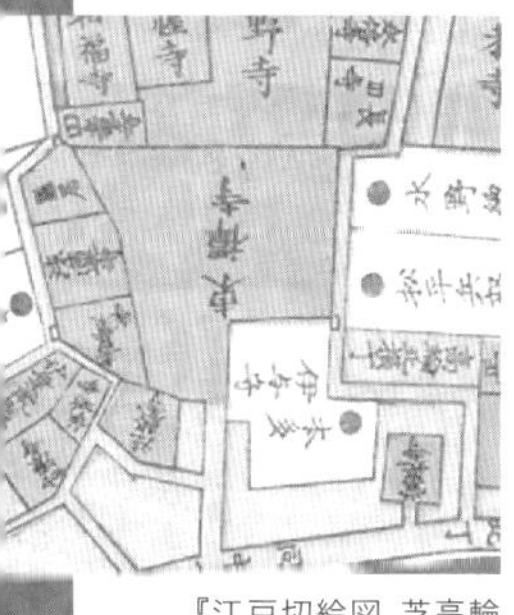

『江戸切絵図 芝高輪辺絵図』(国立国会図書館蔵)に描かれた東禅寺。黄色く塗られた海辺に続く道も境内で、突き当たりに総門があった(切絵図全体図は37ページ参照)。

左の大きな駅が品川駅。中央左下の大きな屋根は高野山東京別院。その左の緑の中に東禅寺の屋根が見える。

現在の東禅寺の山門。『江戸名所図会』の時代はさらに規模が大きい二重門であった。

文久三年(一八六三)頃の高輪風景。小さくだが東禅寺も描かれている(中央左上に「東ぜん寺」と書かれている)。

東禅寺(とうぜんじ)

東京都港区高輪3-16-16

03-3473-3245

JR・京急品川駅、JR高輪ゲートウェイ駅、浅草線・京急泉岳寺駅より徒歩約10分

MAP ▶P.166 26

た)。公使宿館に選ばれるということは、外交の一翼を担うことであり名誉なことなのだが、当時は攘夷思想が公家・大名から浪士に至るまで広まっており東禅寺に対する風当たりも強かった。東禅寺を菩提寺とする大名の中にも檀家をやめるところが出ている。

さらには文久元年(一八六一)五月二八日と翌年の五月二九日の二度、攘夷の実行を目論んだ浪士などの襲撃を受けることになった。第一回目の事件には画家で記者のワーグマンが居合わせており、その緊迫した様子を描いてイギリスの新聞に載せている。

これらの事件により東禅寺は経済的に逼迫することになったが、近代以降は禅の修行寺の姿を取り戻し、現在に至る。

江戸 -27-

羽田弁財天社

はねだべんざいてんのやしろ

空港よりも穴守稲荷よりも先に栄えた弁天社

大人気のご利益 観光地だった羽田

今では羽田というと空港を意味するものとなっているが、戦前までは穴守稲荷神社の鎮座地として知られていた。

かつての穴守稲荷神社の参道は飲食店・旅館のほかさまざまな娯楽施設が軒を並べ、多くの参拝者が日々訪れる、いわばミニ浅草のような場所であった。これに目をつけたのが京浜急行の前身・京浜電気鉄道で、明治三五年（一九〇二）に蒲田駅から穴守駅（今の羽田空港B滑走路付近）まで鉄道を敷き、参拝者の輸送を行った。これが京急空港線の始まりである。

ところが、昭和二〇年（一九四五）九月二一日、穴守稲荷神社近くにあった小規模の空港を接収したアメリカ軍は、この地区一帯の住人に対して48時間以内の退去を命令した。穴守稲荷神社も例外ではなく、現鎮座地（大田区羽田五丁目）に移転した。

この時、移転を余儀なくされた神社がもう一社あった。羽田弁財天社である。

羽田弁財天社は玉川弁財天・要島弁天・弁財天などと

『江戸名所図会』より「羽田弁財天社」。多摩川が運んできた土砂でできた洲に造られた社だとわかる。「しばしば風波の災」があったのもうなずける。

『絵本江戸土産』（国立国会図書館蔵）より「羽田辨財天社」。歌川広重が描いた羽田弁財天社。広重は「江戸近郊八景」でも当社を描いている。

『江戸名勝図会　羽田弁天』（国立国会図書館蔵）。二代目広重画。漁網で社殿が半分隠されている。

も呼ばれていて正式名称がはっきりしない。現在は玉川弁財天と呼ばれているようであるが、ここでは『江戸名所図会』の挿絵に従って羽田弁財天社と呼ぶことにする。

穴守稲荷神社の創建は一九世紀前半とされるが、有名になるのは近代に入ってからで、江戸時代には羽田弁財天社の方が広く知られていた。

その創建について『江戸名所図会』は次のような話を載せている。奥多摩の日原は弘法大師が発見した霊地で、その川の中には宝珠があった。やがて宝珠は川を流れ下って羽田に至り、水中で光を発した。これを土地の者が拾って祀ったのが羽田弁財天社の起源である。また、宝珠が流れたことから玉川（多摩川）という名がついたともする。

羽田弁財天社には弁財天の像も安置されていたが、その由来についても述べられている。それによると、弁財天像も弘法大師の作で、有馬家で祀られていたのだが、宝永八年（一七一一）に夢のお告げがあり、羽田弁財天社に安置することになったのだという。

米軍による強制移転での羽田弁財天社の遷座先は水神社の境内であった。寄寓の形になってしまったが、羽田七福いなりの別格として今も信仰を集めている。

右の社殿が現在の羽田弁財天社（玉川弁財天）。左は境内の主の水神社。

⛩ 玉川弁財天（水神社）

- 東京都大田区羽田6-13-8
- 03-3741-0023（羽田神社）
- 京急天空橋駅より徒歩約8分、京急穴守稲荷駅より徒歩約10分

MAP ▶ P.166 27

※上記は現在の玉川弁財天の情報であり、羽田弁財天社跡の情報ではありません

羽田空港に続く道にかかる弁天橋。橋の名が、かつてこの先に弁財天社があったことを示している。

江戸
-28-

横浜弁財天社（洲干弁財天社）

よこはまべんざいてんしゃ（しゅうかんべんざいてんしゃ）

開港と共に発展し、開発に伴い移転

風光明媚な洲の先に鎮座した弁天様

幕末から近現代にかけて江戸（東京）は景観を大きく変貌させたが、江戸に比べて狭い地域だった横浜は、変化がより先鋭に起こった。横浜弁財天社はそれを象徴するものの一つといえる。

『江戸名所図会』は当社のことを挿絵では「横浜弁財天社」としているが、本文では「洲乾弁財天祠」としている。一般には「洲干弁財天社」と呼ばれていたようだ。

なぜそのように呼ばれたかというと、浜から沖へ弧を描いた洲（砂州）の先端に鎮座していたからだ。開港前の横浜を描いた絵図を見ると、三保（みほ）の松原（まつばら）を思わせる砂州が港の前に突き出していて、その先に弁財天社があったことがわかる。

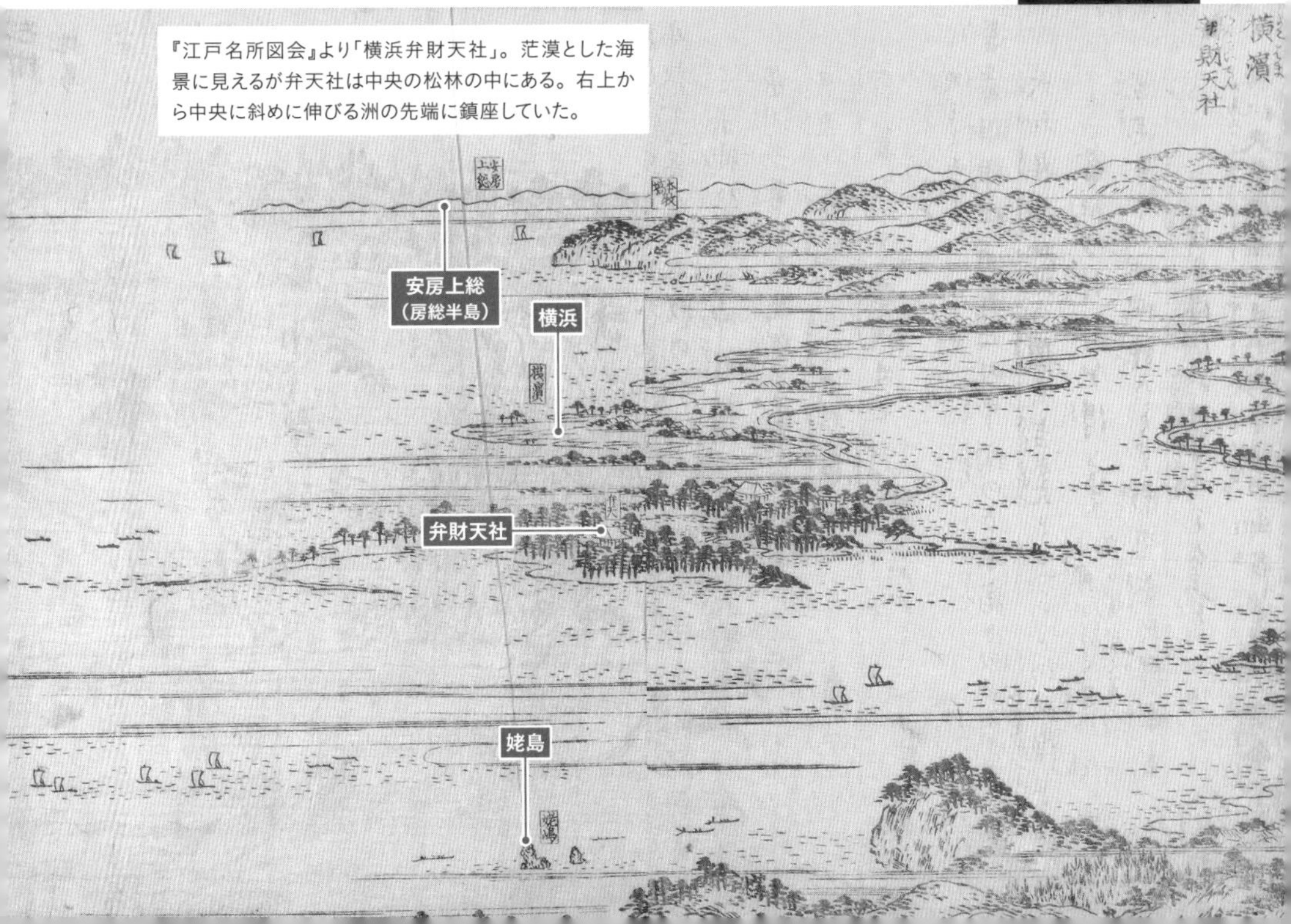

横浜弁財天社

『江戸名所図会』より「横浜弁財天社」。茫漠とした海景に見えるが弁天社は中央の松林の中にある。右上から中央に斜めに伸びる洲の先端に鎮座していた。

安房上総
（房総半島）
横浜
弁財天社
姥島

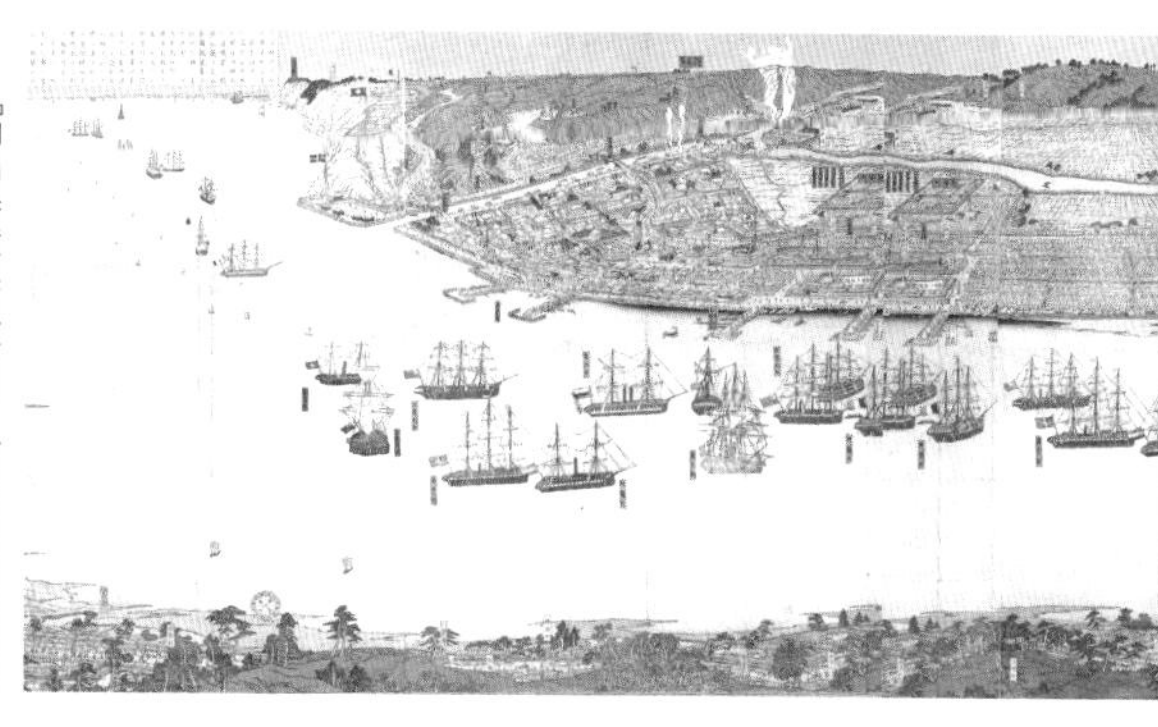
『御開港横浜之全図』（国立国会図書館蔵）。安政六年（一八五九）の横浜。すでに弁財天社は町並みに取り込まれている。

『横浜弁天町鳥居前通り』（国立国会図書館蔵）。浮世絵師の五雲亭貞秀が描いた万延元年（一八六〇）頃の弁財天社。

三保の松原とは比較にならないほど小さなものだったと思われるが、ここも風光明媚であったようで、『江戸名所図会』は「海岸の松風は波濤に響をかわす、佳景の地なり。海中姥島など称する奇巌ありて、眺望はなはだ秀美なり」と述べている。

開港と共に人気観光地に

『新編武蔵風土記稿』は神奈川宿より船で訪れる者が多いと書いているので、江戸後期には名所として知られていたことがわかる。しかし、人気が広まったのは横浜港が開港してからのことであった。

埋め立てが進んで砂州が町に取り込まれたことに加え、参道の料理屋や茶店が増えたことが参詣者増につながった。

イギリス人カメラマンのベアトが境内各所の写真を残したのも、人気の観光スポットであったからだろう。

しかし、さらなる埋め立てのため明治二年（一八六九）には今の伊勢佐木町付近に移転することとなった。

イギリス人カメラマンのフェリーチェ・ベアトが撮った弁財天社（横浜開港資料館蔵）。

弁財天社は神仏分離のため明治元年（一八六八）に厳島神社と改称、翌年現在地に移転した。

現在の横浜。弁財天社は手前やや右の横浜市役所から神奈川県立博物館にかけての弁天通り付近にあった。

⛩ 横浜弁財天社跡

- 神奈川県横浜市中区弁天通6丁目付近
- みなとみらい線馬車道駅より徒歩約3分、JR桜木町より徒歩約6分

MAP ▶ P.167 ㉘

column

「名所図会」で旅する①

まだまだほかにもある「名所図会」
たくさんの挿絵で江戸時代の旅人気分を楽しもう

江戸時代にもあった旅行ブーム

当時、船以外に遠距離移動の交通機関はなく、街道にはあちこちに関所があって通行人を厳しくチェックしていた。関所を通過するには名主などが発行した手形が必要で、しかも社寺参詣や湯治といった正当な理由が必要であった。

このように江戸時代の旅はさまざまな苦労がつきものだった。それにもかかわらず、江戸時代には空前の旅行ブームが起こった。人々は種々の難関を乗り越えて西へ東へと旅をした。

旅行ブームともなれば、さまざまな旅行グッズが売られるのは今も昔も変わらない。名勝・名所を描いた浮世絵は、今でいえば旅のグラビア誌みたいなものであろう。もちろん、さまざまなガイドブックも刊行された。「名所図会」もそうしたものの一つと言っていいだろう。

『都名所図会』から始まった名所図会ブーム

「名所図会」と題された本の最初は、安永九年（一七八〇）に刊行された『都名所図会』だとされる。この成功に刺激されて『拾遺都名所図会』『大和名所図会』『住吉名所図会』『東海道名所図会』といった類書が続々と刊行された。

ブームは一九世紀初頭にやや沈静化するが、『江戸名所図会』（天保五年〈一八三四〉）の刊行を機に再び盛り上がりをみせた。

ちなみに、十返舎一九の『東海道中膝栗毛』は享和二年（一八〇二）、広重の浮世絵「東海道五十三次」は天保五年（一八三四）頃のものだ。

広重は『東海道名所図会』の挿絵を参照したという説があるが、『膝栗毛』や葛飾北斎の風景浮世絵なども含め、「名所図会」的なものを欲す

『東海道名所図会』より「勢田橋」。壬申の乱、承久の乱などの合戦場ともなった勢田橋（唐橋、大津市）。今も交通の要衝だ。

『東海道名所図会』より「久能寺」。「久能寺」とあるが久能山東照宮のこと。遺言により徳川家康の遺体が埋葬された霊地で、最初の東照宮。東海道からははずれているが、こうした近隣の名所も取り上げられている。

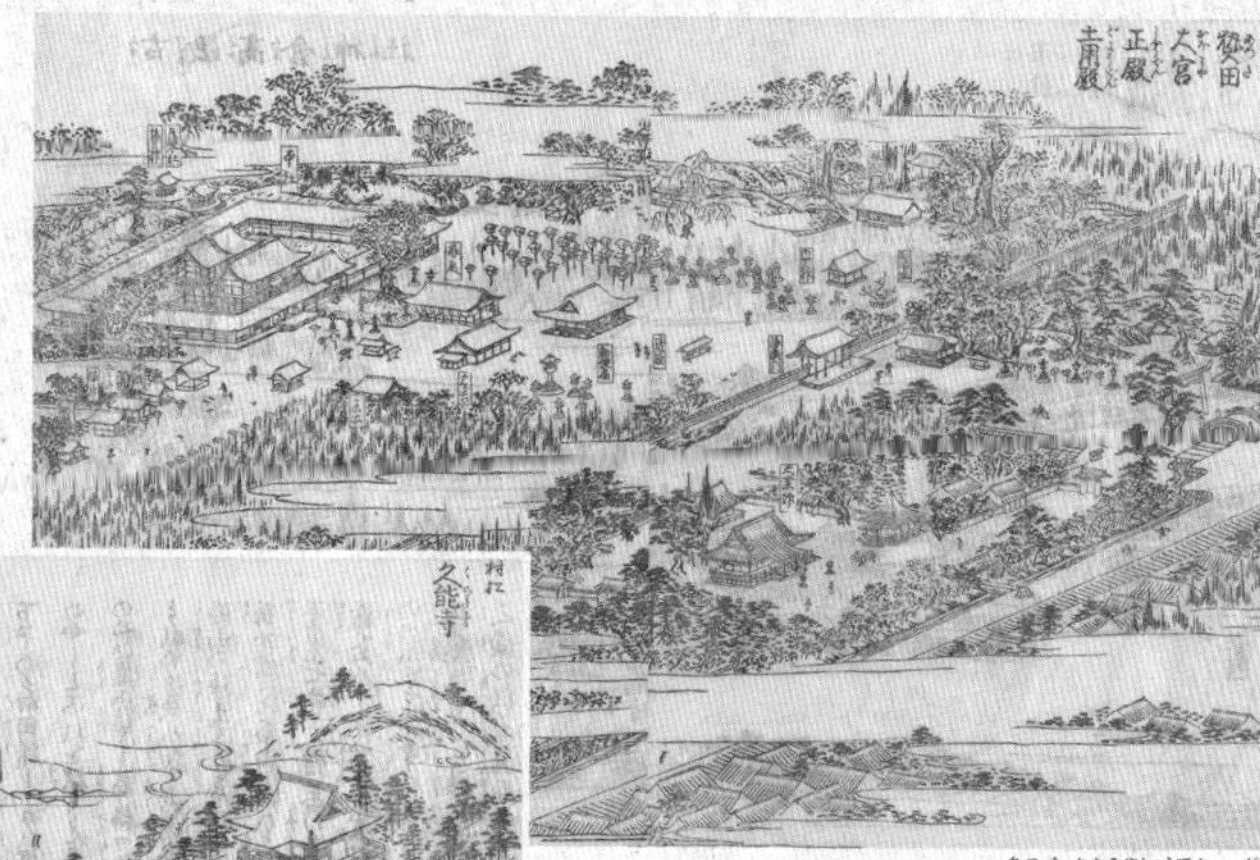

『東海道名所図会』より「熱田大宮正殿・土用殿」。熱田神宮の本殿周辺の図。熱田神宮は伊勢神宮に次ぐ社格の神社として崇敬されてきたが、昭和二十年（一九四五）の空襲で本殿などを焼失。江戸後期の様子が知られる貴重な図である。

る世の動きに呼応した作品だといえよう。

もちろん、すべての人が気軽に旅に出られたわけではない。多くの人は旅に憧れながらも日々の生活に追われていたというのが実情だろう。「名所図会」や名所を描いた浮世絵、旅をテーマとした草双紙（大衆向けの文学作品）などは、むしろそうした者たちの旅への欲求に応えるものだったのかもしれない。すなわち、それらを眺め読むことでひとときのバーチャル・トリップを楽しむのだ。

ありがたいことに、現代に生きるわれわれにも、この機能は有効だ。「名所図会」の挿絵は時空の壁をやすやすと飛び越えさせてくれる。

では、われわれも本文では取り上げなかった「名所図会」を使って、江戸時代の旅を仮想体験してみよう。

江戸の旅といえば東海道なので、まずは『東海道名所図会』から見てみよう。『東海道名所図会』は寛政九年（一七九七）に刊行された。6巻6冊という規模は「名所図会」としては標準といえるが、扱っている範囲が広大だ。

『東海道名所図会』より「愛宕社・築地御堂・佃田住吉・新橋・京橋」。江戸中心部に向かう東海道を描く。左の大きな屋根は築地本願寺（40ページ参照）。

京都の三条大橋を起点に江戸日本橋まで続く。

このため都・尾張・江戸など他の「名所図会」と共通する名所も多く、比較してみると面白い。また、前述のように広重は本書を参照して「東海道五十三次」を描いたと思われ、京・大津・岡崎など挿絵と似た絵も散見される。

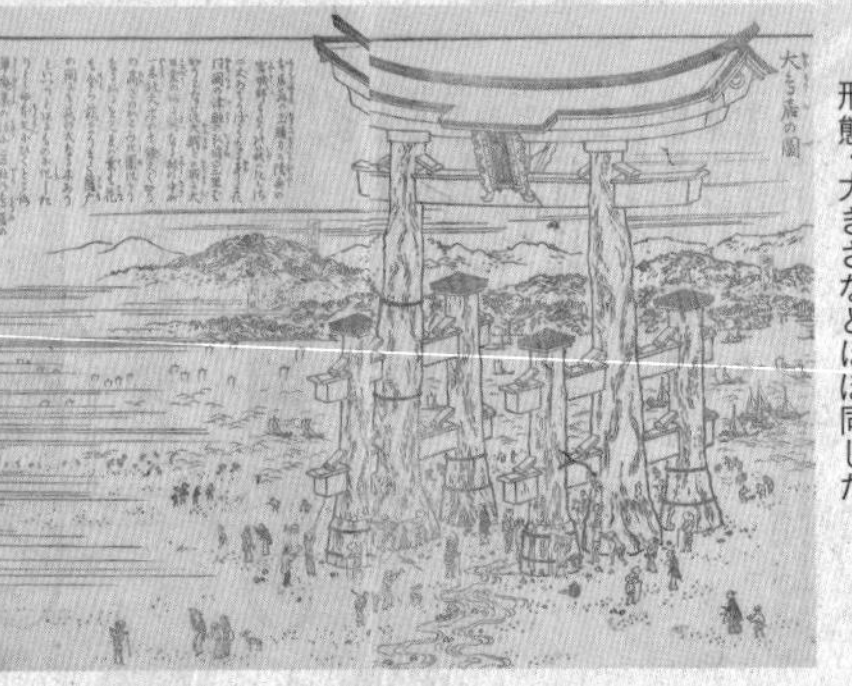
『芸州厳島図会』より「大鳥居」。海中に立つ厳島神社の大鳥居。現在のものと形態・大きさなどほぼ同じだ。

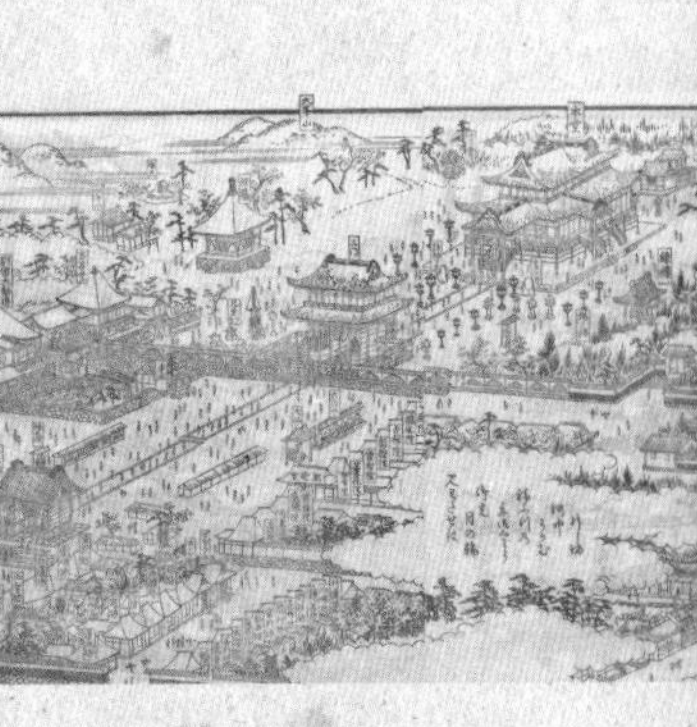
『善光寺道名所図会』より本堂など。描かれている本堂は今と同じ建物。

ここに掲載した四枚の挿絵は、いずれも今は見られなくなった景色だ。ただ変わらぬところもある。それを探すのも楽しい。

▼ピンポイントの名所の「名所図会」もある

『東海道名所図会』のように広域を扱った「名所図会」に『西国三十三所名所図会』『四国遍礼名所図会』などがある。『六十余州名所図会』というものもあるが、これは広重の浮世絵の連作名なので「名所図会」とは区別される。

反対にピンポイントの「名所図会」もある。本書で取り上げた『伊勢参宮名所図会』はその代表であるが、ほかにも『善光寺道名所図会』『金毘羅参詣名所図会』『芸州厳島図会』『成田名所図会（成田参詣記）』などがある。

もっともこれらは名所である社寺の説明をしているだけではなく、参詣路の名所、近隣の名所なども取り上げているので、書名から受ける印象ほどピンポイントなものではない。ここでは『芸州厳島図会』と『善光寺道名所図会』を取り上げよう。

『芸州厳島図会』は『厳島図会』ともいい、天保一三年（一八四二）に刊行された10巻10冊の「名所図会」だ。

この本の特徴は『伊勢参宮名所図会』などのように参詣路の名所は述べられず、その代わりに「平家納経」などの神宝を詳しく図示するところにある。

対照的に天保一四年（一八四三）に刊行された『善光寺道名所図会』（5巻5冊）は参詣路や周辺の名所を多く取り上げている。このため観光ガイド的印象が強い。


『善光寺道名所図会』より「戸隠山（とがくしやま）」。戸隠神社が鎮座する戸隠山は善光寺と並ぶ信州の霊地。イラストマップを思わせる図だ。

第二章

都（京都）

『都名所図会』『都林泉名勝図会』『拾遺都名所図会』

※本章にて掲載の『都名所図会』『都林泉名勝図会』『拾遺都名所図会』の挿絵はすべて国立国会図書館所蔵。

往時の趣を残す都の風景も、歳月とともに変化し続けている。政治だけでなく、文化や信仰の中心地でもあった都の風物は、いつの時代も人々の憧憬をかき立ててきた。

『都名所図会』より「祇園御祭礼」

祇園御祭禮

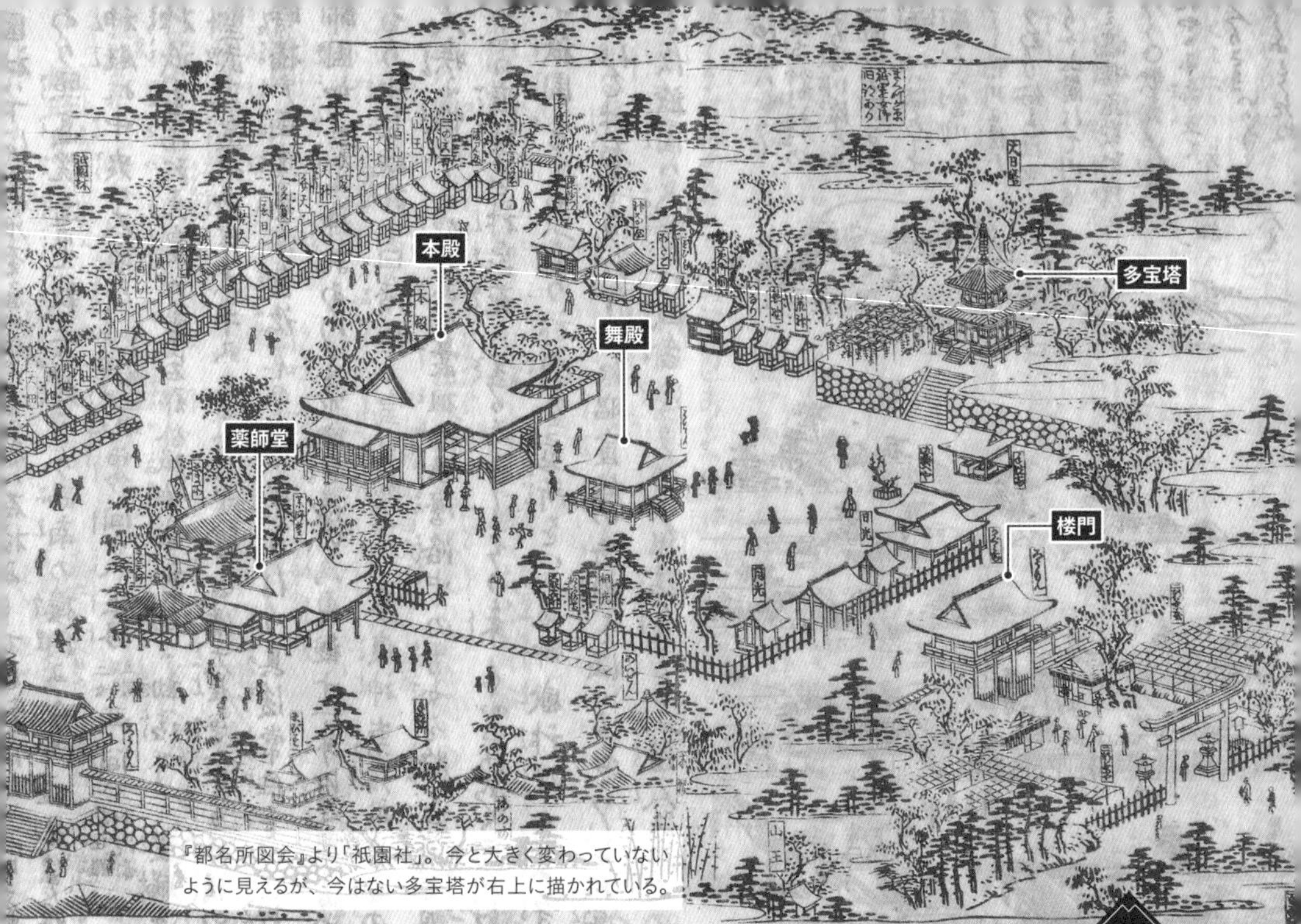

『都名所図会』より「祇園社」。今と大きく変わっていないように見えるが、今はない多宝塔が右上に描かれている。

都 -01-

八坂神社（祇園社）

やさかじんじゃ（ぎおんしゃ）

神仏分離を乗り越えて残った「祇園」の名前

八坂神社が祇園社と呼ばれた理由

現在、「祇園」という名前は町と祭の名として残っているが、もともとは八坂神社を指すものであった。

社伝によると、斉明天皇二年（六五六）に高麗より来日した伊利之が新羅国の牛頭山に鎮座する素戔嗚尊のご神霊を当地に祀ったのを始まりとする。

一方、円如という南都（奈良）の僧が貞観一八年（八七六）に建てた堂を起源とするという伝承もある。

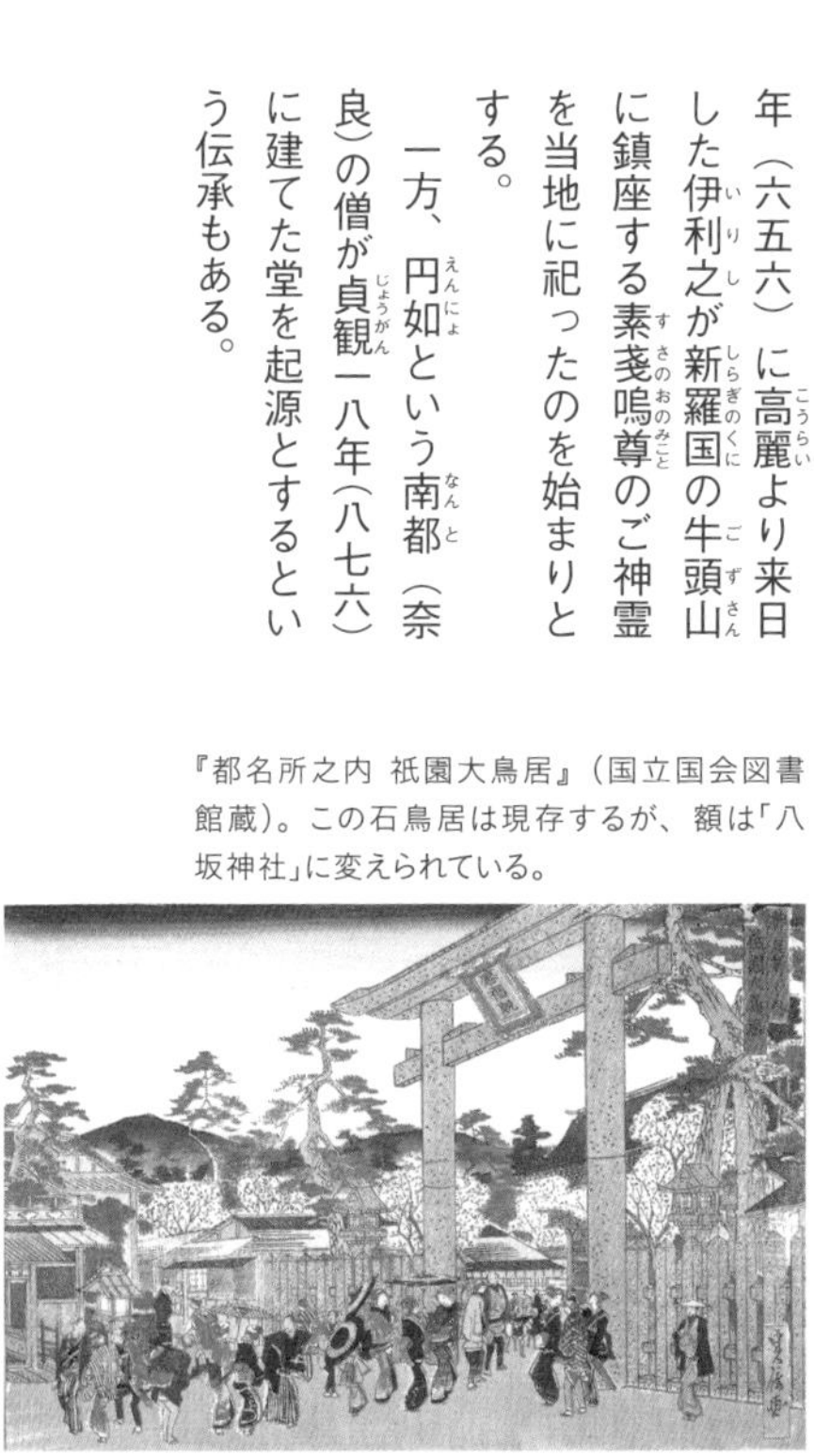

『京大絵図』（国立国会図書館蔵）より。

『都名所之内 祇園大鳥居』（国立国会図書館蔵）。この石鳥居は現存するが、額は「八坂神社」に変えられている。

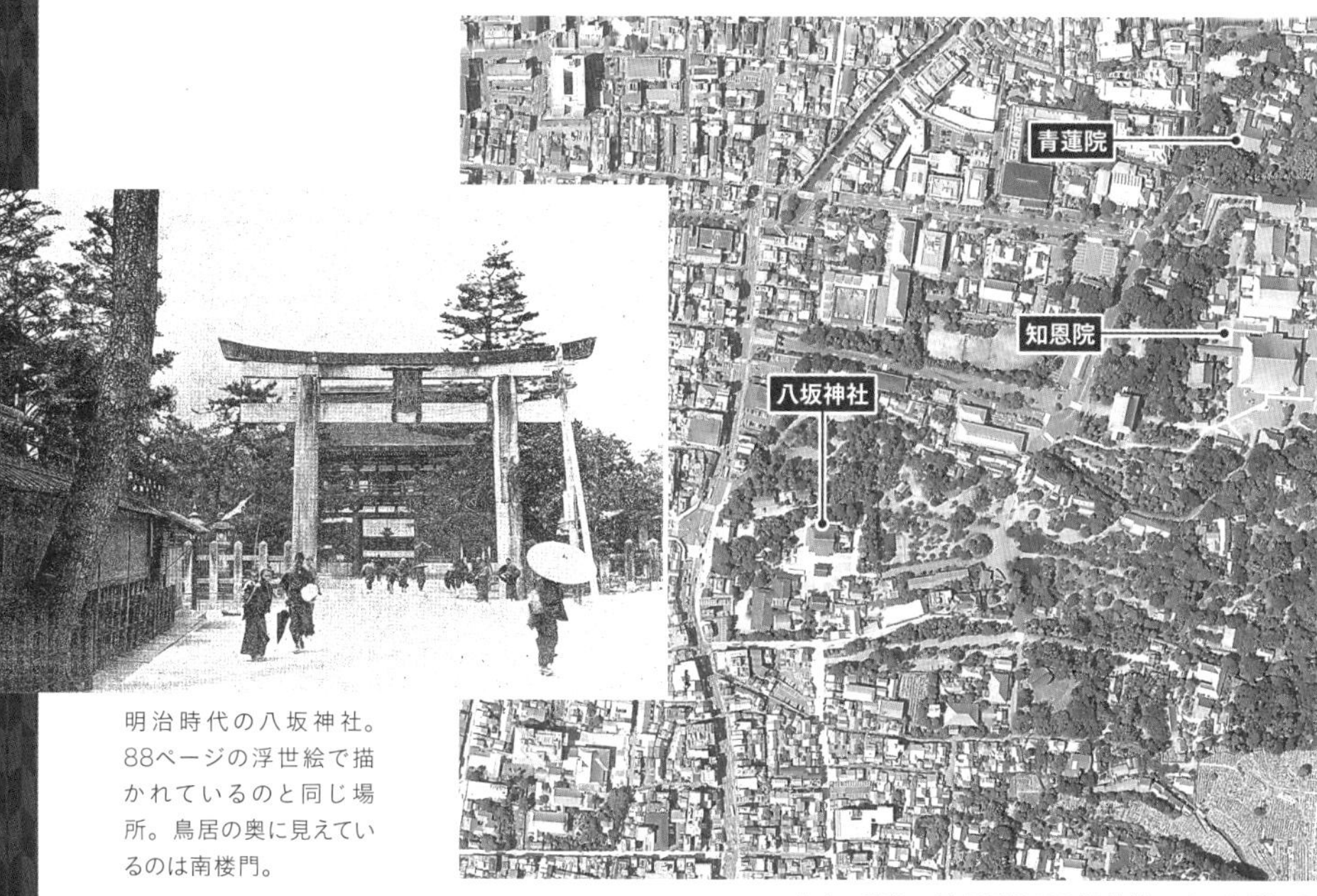

明治時代の八坂神社。88ページの浮世絵で描かれているのと同じ場所。鳥居の奥に見えているのは南楼門。

中央の茶色い屋根周辺が八坂神社。その左側の町がいわゆる「祇園」。かつては八坂神社の南北には林が広がっていた（出典：国土地理院ウェブサイト）。

現在の八坂神社。四条通の突き当たりに建つ西楼門。実は南楼門の方が表参道だ。

いずれにしろ当社は早くから仏教との深い関わりがあり、祇園社または感神院と呼ばれていた。

祇園というのは仏教の開祖・釈迦が説法を行ったインドの僧院・祇園精舎のことで、当社で祀られる牛頭天王（素戔嗚尊）がその守護神と信じられたことから祇園社などと呼ばれるようになったらしい。

こうしたことから「境内には薬師堂・元三大師堂・宝塔・鐘楼があり、社僧が神事を行っていた」（八坂神社編『八坂神社』）という。

しかし、明治の神仏分離によってこうした状況には終止符が打たれた。「薬師堂その他の堂宇や鐘楼等が取り除かれ、殿内に祭られていた仏像は京都市内にある大蓮院へ移され、従来行われた仏事はすべて廃止された」（前掲書）のだ。

だが多宝塔は維新を待たずに消滅している。元治元年（一八六四）の絵図には描かれていない。一八世紀末の火災で焼けてしまったという。

⛩八坂神社

京都府京都市東山区祇園町北側625
075-561-6155
京阪祇園四条駅より徒歩約5分、阪急京都河原町駅より徒歩約8分

MAP▶P.170 01

都 -02-

方広寺

ほうこうじ

崩壊と焼失を繰り返した日本一の大仏

四度壊れ四度再建された大仏様

『東海道中膝栗毛』にこんな一節がある。

「大仏殿方広寺、本尊は盧舎那仏の坐像、御丈六丈三尺、堂は西向にして東西廿七間、南北は四十五間あり」

この場面は東大寺のことと間違われることが多いのだが、文中にもあるように方広寺での話である。ここで弥次・喜多の二人は、大仏の手の大きさに感心したり、大仏殿の柱の穴で難渋したりといった滑稽を繰り広げるのだが、実はこれはありえない話なのだ。

というのは、この一節が掲載された『東海道中膝栗毛』六編が刊行された文化四年（一八〇七）には、大仏も大仏殿も寛政一〇年（一七九八）の落雷による火災で焼失していたからだ。

おそらく作者の十返舎一九は焼失のことを知らず、『都名所図会』などを参考にこの部分を書いたのだろう。

方広寺は豊臣秀吉によって天正一四年（一五八六）に創建された。東大寺の大仏（盧舎那仏）を超える大きさの大仏を本尊としていたが、文禄

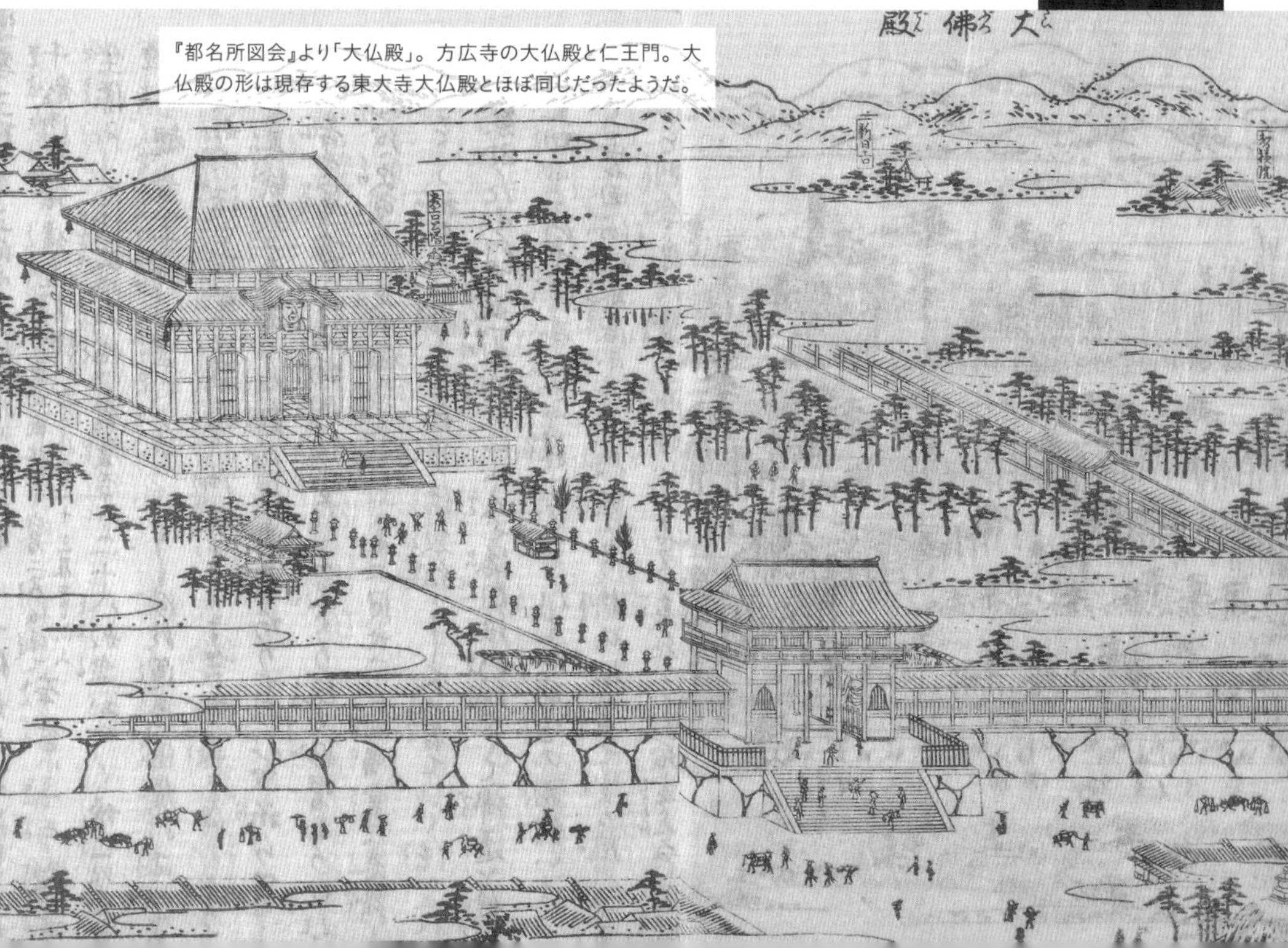

『都名所図会』より「大仏殿」。方広寺の大仏殿と仁王門。大仏殿の形は現存する東大寺大仏殿とほぼ同じだったようだ。

現在の方広寺本堂。本尊は大仏の十分一の大きさの盧舎那仏像。

鐘楼。大坂の陣のきっかけとなった梵鐘が吊るされている。

五年（一五九六）の大地震で倒壊してしまった。一説によると、大仏の崩壊に腹を立てた秀吉は、壊れた大仏に矢を放ったという。

大仏は秀吉の子の秀頼によって慶長一七年（一六一二）に再建されたが、この時造られた梵鐘が原因となって大坂の陣が起こり、豊臣家滅亡につながった。

二代目の大仏も地震で壊れたらしく寛文七年（一六六七）に再々建された（大仏殿は秀頼が再建したものが残っていた）。『都名所図会』挿絵の方広寺はこの時のものだ。

前述のように、三代目大仏も寛政一〇年に焼失。天保一四年（一八四三）には上半身のみの大仏が再建されたが、失火により昭和四八年（一九七三）に焼失してしまった。

『京大絵図』（国立国会図書館蔵）より。描かれている大仏殿は『都名所図会』の挿絵とよく似ている。

中央の四角い緑が豊国神社で、その上が今の方広寺。大仏殿はその右側あたりにあった（出典：国土地理院ウェブサイト）。

方広寺

京都府京都市東山区正面通大和大路東入茶屋町527-2

075-561-7676

京阪七条駅より徒歩約8分

MAP ▶ P.170 02

都 -03-

本能寺（ほんのうじ）

焼けたのは「本能寺の変」の時だけではなかった

本能寺の変以降も続いた火災の難

本能寺は戦国ファン、とくに織田信長好きは、一度は訪れたい聖地であろう。そして、そうした人たちにとっては、今の本能寺が建つ場所は本能寺の変があった場所ではないことも常識であろう。

しかし、本能寺の変以降、二度も諸堂を焼失する火災に遭っていたということはどうだろうか。

意外に知られていないことだが、京は江戸に負けず火事の多いところだった。平安時代には太郎焼亡（一一七七年）・次郎焼亡（一一七八年）という大火災があったし、応仁の乱（一四六七～一四七七）では京の全体に被害が及んだ。江戸時代には20年に一度の頻度で大火災があったといわれ、中でも宝永の大火（一七〇八年）・天明の大火（一七八八年）・元治の大火（一八六四年）は三大大火と呼ばれる。

本能寺は応永二二年（一四一五）に油小路高辻と五条坊門の間の地で創建された。当時は本応寺と称していた。

その後、18年ほどの間に二度移転しているが、これは火災ではなく宗派間の対立のためだ。天文五年（一五三六）の天文法華の乱の際、比叡山の僧兵に伽藍を焼かれ、四条西洞院に移った。この時に造られた伽藍が、本能寺の変の舞台となった。

天正一〇年（一五八二）の本能寺の変で現在の地に移転したが、天明の大火で伽藍を焼失。『都名所図会』の挿絵はその直前の姿を今に伝える貴重な史料だ。その地で再建を成し遂げたものの、元治元年（一八六四）、蛤御門の変（禁門の変）がきっかけで起こった元治の大火で、またしても全焼してしまったのである。

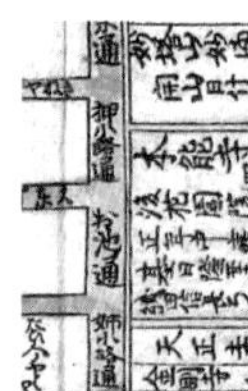

『京大絵図』（国立国会図書館蔵）より。貞享三年（一六八六）の絵図なので、これも天明の大火で焼ける前の本能寺。

現在の本堂。昭和三年（一九二八）に建てられたもの。

三十番神

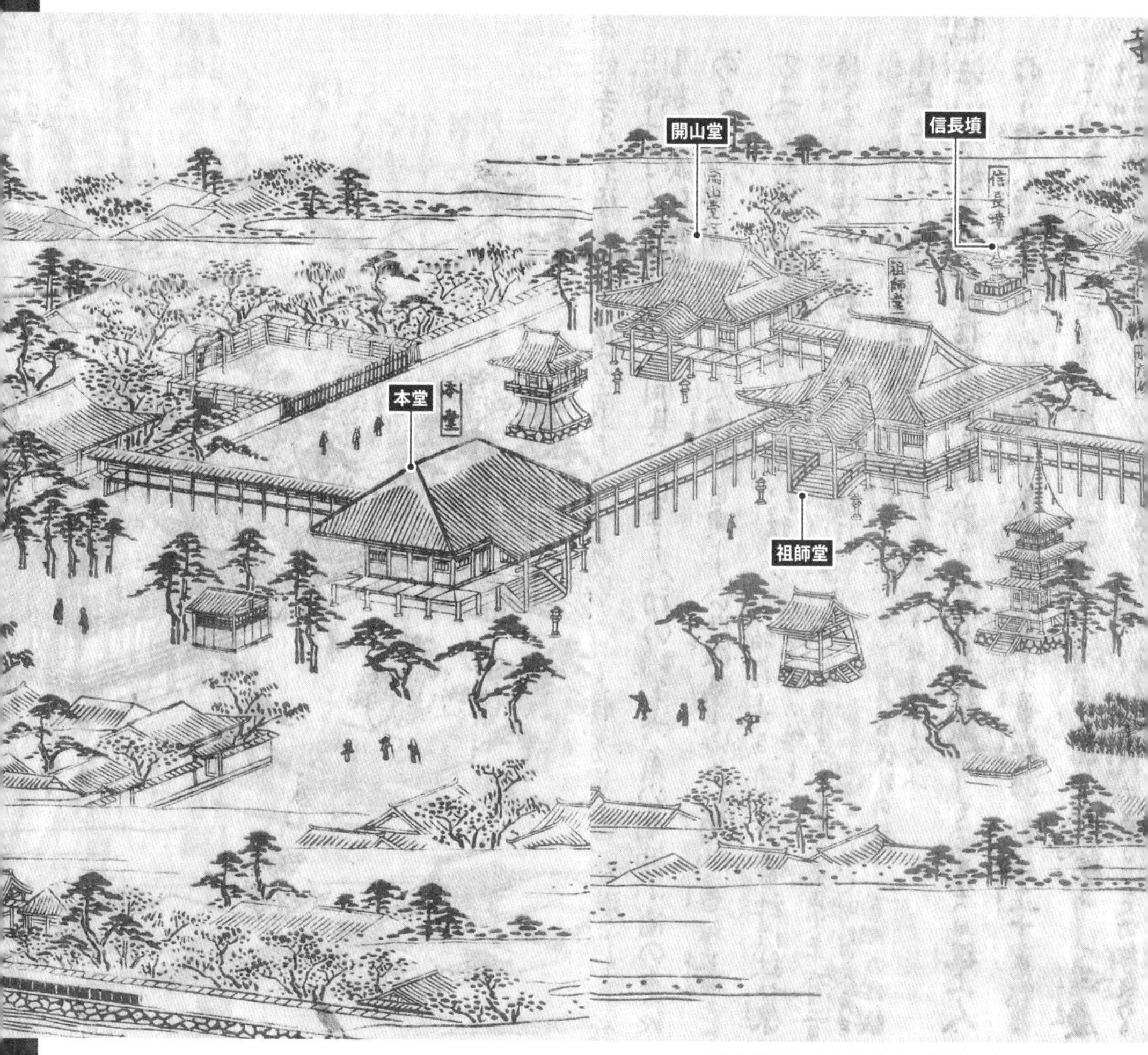

『都名所図会』より「本能寺」。天明の大火で焼ける直前の本能寺。本堂・祖師堂・方丈などが回廊でつながれている。

京都市役所
本能寺

大きな屋根が本能寺本堂。上の広い通りは御池通(出典：国土地理院ウェブサイト)。

本能寺（ほんのうじ）

京都府京都市中京区寺町通御池下ル下本能寺前町522

075-231-5335

東西線京都市役所前駅より徒歩約2分、京阪三条駅より徒歩約5分

MAP ▶ P.170 03

『都名所図会』より「六角堂」。本堂は神社の拝殿風の建物（礼堂）の奥にある六角形の堂。その後ろの「池の坊」が華道の家元となった僧坊。

都 -04-

六角堂（頂法寺）

ろっかくどう（ちょうほうじ）

近代的なビルとなった生け花家元の僧坊

夢のお告げをした如意輪観音様

京都を旅していると、いろんな形で六角堂のことを耳にする。たとえば、西国三十三所霊場の札所として、通りの名前（六角通）として、生け花の家元として。ここから六角堂が多角的に京の文化に関わってきたことがわかる。

六角堂こと頂法寺は聖徳太子によって創建されたと伝わる。四天王寺建立のための用材を探して当地を訪れた際、念持仏を本尊として六角形の堂を建てたのだという。

『京大絵図』（国立国会図書館蔵）より。「聖徳太子開基」とある。

以後、観音の霊場として信仰を集めてきたが、その名を高めたのは浄土真宗の開祖・親鸞が参籠し、観音の夢告を受けたことだろう。親鸞の妻の恵信尼は、娘への手紙でこう書いている。

「六角堂に百日籠もらせ給い

『近畿名所』(国立国会図書館蔵)より明治時代の六角堂。本堂は今と変わらないが、池坊がまだ僧坊の形を留めている。

ビルの谷間から垣間見える六角堂境内。赤い堂は太子堂、左のビルは池坊会館。

六角堂を俯瞰。隣のビルから境内を見渡すことができる。

て後世を祈り申させ給いける。九十五日の暁の御示現」

当時、親鸞は比叡山での修行中の身で、宗教者としてどのように生きていくべきか悩んでいたらしい。

参籠95日目のお告げにより、親鸞は浄土信仰の道へと踏み出していくことになったのである。

仏教ではお供えとして香・花・灯明を重視する。欲望を断った仏は清らかなものを喜ばれるからだ。生け花はこの仏前のお供えから誕生した。

お供えの花を芸術に高めたのは頂法寺の歴代住職であった。とくに17世紀に活躍した専好は後水尾天皇に重用され、御所でも生け花を披露した。頂法寺住職の住房が池坊であったことから、華道も池坊と呼ばれるようになった。

『観音霊験記 西国巡礼拾八番山城京六角堂 聖徳太子』(国立国会図書館蔵)。西国三十三所霊場の霊験を描いた浮世絵のシリーズで、これには聖徳太子が六角堂を創建した由来が描かれている。

現在の六角堂。上の明治時代の写真と同じ場所から。

六角堂(頂法寺)

京都府京都市中京区六角通東洞院西入ル堂之前町

075-221-2686

市営地下鉄鉄烏丸御池駅より徒歩約3分、阪急烏丸駅より徒歩約5分

MAP ▶P.170 04

錦市場と新京極の交点に鎮座する道真公の聖地

菅原道真公の父の屋敷が起源

四条通の一本北のアーケード街、錦市場はさまざまな食材を売る店が軒を連ね「京の台所」ともいわれる。錦天満宮はこの錦市場の東の突き当たりに鎮座する。

錦市場のあたりはきれいな水が湧くことから、平安時代頃から御所に魚を納める店が集まったことに始まるといわれるが、錦天満宮の境内では今も錦の水という名水が湧き出ている。

しかし、錦天満宮は当初からここに鎮座していたわけではない。菅原是善（道真公の父）の旧邸は後に歓喜寺となり、長保五年（一〇〇三）、光源氏のモデルともいわれる源融の屋敷跡（今の下京区木屋町通五条下ル）に移築された。この歓喜寺の鎮守として祀られた天満宮が錦天満宮の起源である。菅原道真公にゆかりの深い25の天満宮をいう菅公聖蹟二十五拝の第二に錦天満宮が入っているのは、こうした由緒による。

その後、歓喜寺は歓喜光寺と改められたが、天正一五年（一五八七）、京の大改造に着

『都名所図会』より「錦天神」。境内が広く別の神社のようだが、図にある稲荷神社・白太夫神社・鹽竈神社は今の境内にもある。

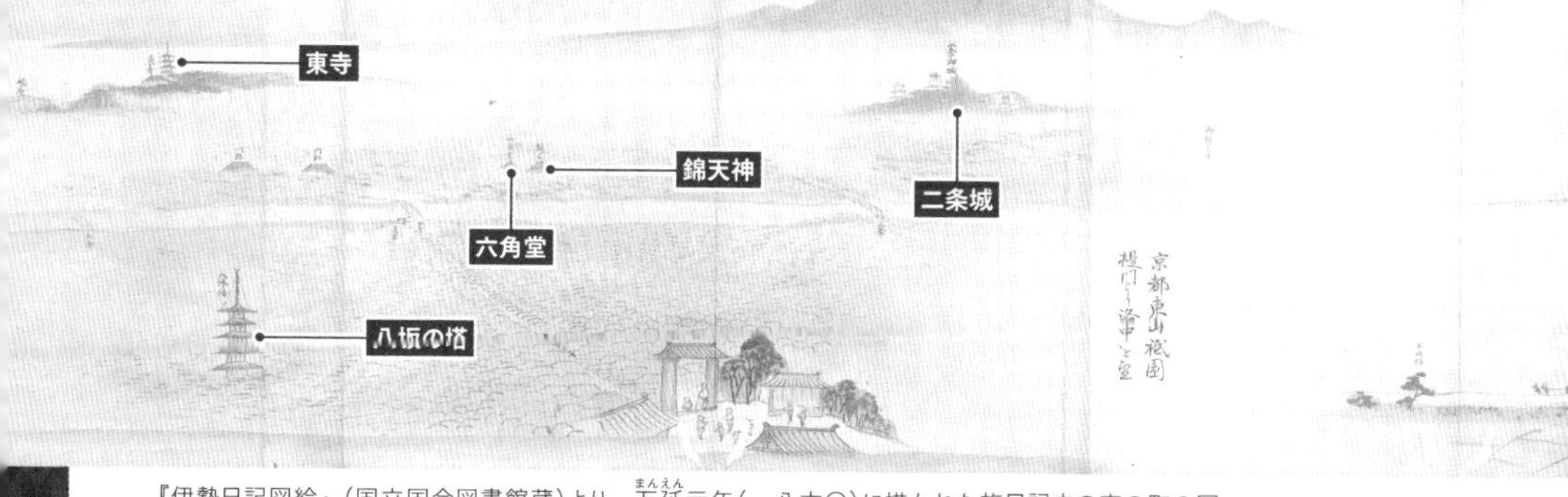

『伊勢日記図絵』（国立国会図書館蔵）より。万延元年（一八六〇）に描かれた旅日記中の京の町の図。八坂神社あたりから見た景色で鴨川の向こうに小さく錦天神と六角堂の屋根が描かれている。

手していた豊臣秀吉により四条京極への移転を命じられた。この移転した場所が錦小路通の東端であったことから、鎮守は錦天満宮と呼ばれるようになった。

錦天満宮も繰り返される大火に苦しめられてきた。天明八年（一七八八）の天明の大火、元治元年（一八六四）の元治の大火で境内を焼かれ、さらに明治二二年（一八八九）にも火災に遭っている。

そうした中、明治五年（一八七二）、神仏分離令により錦天満宮は寺から独立。歓喜光寺は東山五条を経て、現在の山科に移転した。

だが、錦天満宮が被った変化は、これで終わりではなかった。明治五年には周囲の環境を一変させることになる新京極通が、錦天満宮の門前に開通したのだ。もともと寺町は社寺の縁日などで人が多く集まる場所で、繁華街をなしていたのだが、幕末の動乱と東京遷都により明治初めにはすっかり衰退していた。

そこで景気回復のために造られたのが新京極通であった。芝居小屋や見世物小屋が並ぶ通りは人気を博し、やがて観光客向けの商店街へと変貌していった。

写真ほぼ中央が錦天満宮。写真下の大通りは四条通（出典：国土地理院ウェブサイト）。

⛩ 錦天満宮

京都府京都市中京区新京極通四条上ル中之町537

075-231-5732

阪急河原町駅より徒歩約3分、京阪祇園四条駅より徒歩約10分

MAP ▶ P.170 05

現在の錦天満宮。この前で新京極通と錦小路通が出合う（写真提供：錦天満宮）。

『京大絵図』（国立国会図書館蔵）より。「四条道場」と書かれているところが錦天満宮。

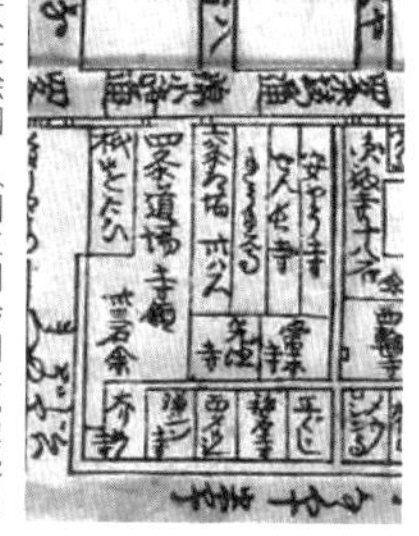

都 -06-

蛸薬師（永福寺）

たこやくし（えいふくじ）

通りの名前にもなった蛸をめぐる霊験譚

薬師如来が授けた最澄作の石像

新京極通のアーケードはただ飲食店や土産物屋が軒を並べているのではなく、さまざまなご利益がある社寺も点々と鎮座している。その中でも通りの名前になっている蛸薬師は、古来信仰を集めてきた。

蛸薬師はもちろん俗称で、正しくは浄瑠璃山林秀院永福寺という。創建は養和元年（一一八一）とされ、その経緯にはこんな話が伝わる。

京に林秀という出家者がいた。林秀は比叡山根本中堂を

『京大絵図』（国立国会図書館蔵）より。中央「タコヤクシ」とあるところが蛸薬師永福寺。

中央のL字のビルに囲まれているのが蛸薬師。その左の道が新京極通（出典：国土地理院ウェブサイト）。

現在の蛸薬師。奉納される灯明の明かりや線香の煙が絶えることがない。

蛸薬師堂（永福寺）

- 京都府京都市中京区新京極通蛸薬師下ル東側町503
- 075-255-3305
- 阪急京都河原町駅より徒歩約5分、京阪祇園四条駅より徒歩約10分

MAP ▶ P.170 06

月参りしていたが、老いるに従って参詣が辛くなってきたため、根本中堂の薬師如来に薬師像を与えてくれるよう祈った。すると、夢のお告げがあり、伝教大師作の石像を得ることができた。これを安置した堂が永福寺の始まりとする。

この像が蛸薬師と呼ばれるようになった理由には諸説あるが、善光（ぜんこう）という親孝行な僧の話が広く知られている。

善光は病の母を寺で看病していたが、よくならないので好物の蛸を食べさせようと考えた。ところが戒律で禁じられている蛸を買うところを人々に見とがめられ、蛸を入れた箱を開けてみるよう強要されてしまう。困った善光が薬師如来に祈念すると、蛸は経巻に変じ、善光は罪に問われることはなかったという。

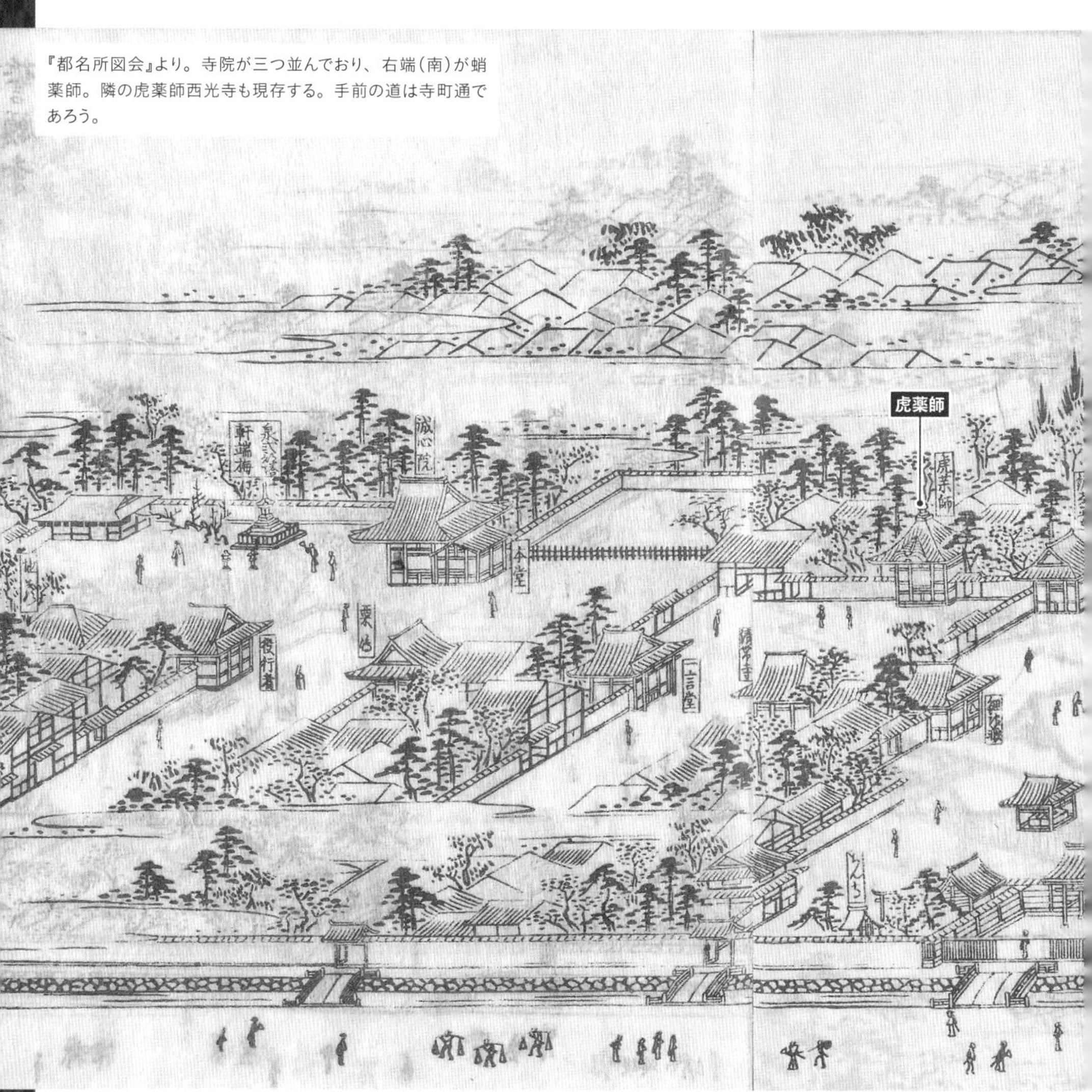

『都名所図会』より。寺院が三つ並んでおり、右端（南）が蛸薬師。隣の虎薬師西光寺も現存する。手前の道は寺町通であろう。

『花洛一覧図』（国立国会図書館蔵）。
江戸後期の画家・横山華山（よこやまかざん）の絵をもとに作られた木版画。都市の地図を鳥瞰図で描いた早い例で、後世に大きな影響を与えた。これは京の街を西側から描いたもので、方広寺の大仏殿や八坂神社などが描き込まれている。

帝國圖書館藏

「名所図会」に見る都の風俗①

四条河原夕涼

（納涼床）

しじょうがわらゆうすずみ（のうりょうゆか）

もとは祇園祭の神事の一つだった？

四条河原の納涼床（川床）は、京の夏の代表的な風物詩の一つだ。しかし、今のような形式になったのは戦後のことで、戦前はもっと広い範囲に床や床几が並べられていた。

鴨川の河原は処刑場にされることもあったが、禊などの神事や猿楽などの芸能が披露される場でもあった。

たとえば、出雲阿国が「歌舞伎踊り」（今の歌舞伎とは違い、男装の阿国と女装の三九朗が演じる舞踊劇のようなものだった）を披露したの

現在の四条河原の納涼床。現在は店から直接納涼床に出られるようになっているが、かつては渡り廊下で行くようになっていた。洪水の際に店舗まで被害を出さないためだった。

『都林泉名勝図会』より「四条河原夕涼」。四条河原で夏の夜を楽しむ人々。今とは違い中州に出店があり床几が置かれている。

も四条河原であった。阿国一座以外にも芸能を披露する小屋があり、河原は見物人で混み合ったという。

　また、戦国後期頃には商人が浅瀬に床几を置いて客を接待するといったことも行われていたという。

　いっぽう鴨川の夕涼は祇園祭の神事と関わる面もあった。

　四条河原での夕涼と祇園祭の関係を伝えているのは、延宝四年（一六七六）頃の京都近辺の年中行事解説書『日次紀事』だ。その六月七日の項の末尾に、こんなことが書かれている。

「今夜から一八日の夜に至るまで、四条河原の陸も水上もかまわず一面に床を並べて席を設け、金持ちも貧乏人もともに楽しむ。川の両岸の茶店は提灯を掲げ行灯をともすの

『京都名所之内 四条河原夕涼』（国立国会図書館蔵）。歌川広重が描いた四条河原の夕涼。中州や対岸にも夕涼の人がおり、河原に床几を並べるものばかりで高床式がないことがわかる。

『皇都祇園祭礼四條河原之涼』（国立国会図書館蔵）。祇園祭の山鉾巡行と四条河原の夕涼を描いた浮世絵。本文で取り上げた『日次紀事』の内容を思わせる。今とは異なり中州が中心で、芝居小屋や見世物小屋などもあったことがわかる。

で、まるで昼間のように明るい。これを涼みという」

祭でかいた汗を川の涼風で乾かしたのだろうか。祇園祭は京から疫病や穢れを祓う祭なので、祭に関わった者が身についた穢れを川で洗い流すという意味もあったのかもしれない。

しかし、江戸中期にはすっかり遊楽化し、四〇〇軒の茶屋が床を並べた。この頃は『都名所図会』の挿絵のように床几を河原のあちこちに並べるものであった。

高床式が登場するのは明治以降で、当初は両岸にあったが、京阪電車の延伸などで左岸の納涼床は姿を消した。

戦時中禁止されたものの戦後は復活し、景観を守るための基準（納涼床の形式など）も定まった。

『近畿名勝写真帖』（国立国会図書館蔵）より明治時代の夕涼。岸辺に高床式の桟敷ができているのがわかる。ここには写っていないが、三条大橋の下にも床が作ってあったという。

「名所図会」に見る都の風俗②

たなばたかじのはながし

七夕梶葉流

梶の葉に和歌を書き書の上達を願う

七夕には短冊に願い事を書いて笹竹に吊るす。

しかし、江戸中期頃までは短冊に願い事を書くのではなく、梶の葉に和歌を書くものであった。嘉永四年（一八五一）に刊行された『俳諧歳時記栞草』にも「七月六日、市中に穀（梶）の葉を売る。明夜、詩歌を書きて以て二星（牽牛・織女のこと）に供ずる所なり」とある。

笹竹には和歌を書いた梶の葉だけではなく、五行（陰陽道でいう五元素）を表す五色の色紙も添える。『都名所図会』の挿絵を見ると、菱形の色紙に梶の葉をとめて吊るしているのがわかる。

挿絵では梶の葉をかたどった大きな飾りも下げられているが、おそらくこれは燈籠でロウソクなどの明かりがともされているのであろう。背景の町にもさまざまな形の燈籠が笹竹に吊るされて町を彩っているのがわかる。この燈籠に「二星」とあるのは、牽牛星（彦星）・織女星（織姫）を意味している。伝統的な七夕（乞巧奠）は裁縫の上達を願うものだが、寺子屋などでは書の上達を願った。

『拾遺都名所図会』より「七夕梶葉流」。子どもたちが梶葉飾りをつけた笹竹を川に流しに行くところを描いたもの。中央の笠をかぶった男は寺子屋の師匠だろうか。

「名所図会」に見る都の祭①

あおいまつり（かものまつり）

葵祭（賀茂祭）

京で「祭」といえば葵祭のことであった

葵祭の名で知られるが、正しくは賀茂祭という。賀茂別雷神社（上賀茂神社）・賀茂御祖神社（下鴨神社）のお祭で、かつては京で祭といえば賀茂祭のことであった。

その起源は平安遷都以前、欽明天皇の御代（六世紀半ば）のこととされる。七世紀末にはすでに盛大な祭となっており、遠くからも見物人が集まっていたため、朝廷が観客の統制を命じるといったことも起きている。

平安遷都以降、上賀茂・下

『都名所図会』に描かれた葵祭。勅使をはじめとした行列を見物する民衆。現在の葵祭でも同様の行列が行われるが、この当時は斎王も斎王代もいない。

現代の葵祭（賀茂祭）。牛が曳く御所車は勅使（天皇の使者として祭に参加する者）の乗物だが、現在は乗っていない。

『京名所写真帖』（国立国会図書館蔵）より明治時代の葵祭。勅使の行列が賀茂川に架かる葵橋を渡るところ。

鴨神社は都を守る神社として朝廷の崇敬を受けた。とくに嵯峨天皇は信仰が篤く、皇女の有智子内親王を斎王として賀茂の神に奉仕させた。以後、斎王制は建暦二年（一二一二）まで続いた（現在は斎王に代わる斎王代が賀茂祭に参加している）。賀茂祭は天皇の勅使が派遣される重要な祭礼なので、神社の神事はごく限られた者しか拝見することができない。しかし、御所から神社まで行列は一般も観覧することができたので多くの者が押し寄せ場所の取り合いとなった。これを題材として取り入れたのが、『源氏物語』の車争いのエピソードだ。

なお、葵祭という名は、神職の冠や御所車、牛などに神紋の葵の葉が飾られることに由来する。

『都名所図会』より「太秦牛祭」。牛に逆さに乗るのが摩多羅神。周囲を四天王役が走る。鳥居は広隆寺にあった大酒神社。

「名所図会」に見る都の祭②

うずまさうしまつり（まだらしんふうりゅう）

太秦牛祭（摩多羅神風流）

京の三大奇祭の一つ 現在休止中

奇祭である。それは牛に逆さに乗っている上の挿絵からもわかるだろう（もっとも平成一〇年〈一九九八〉の祭の様子を記録した松竹京都映画の映像では前向きに乗っている）。京の三大奇祭の一つとされるが、現在は休止中だ。

もとは広隆寺境内にあった大酒神社の祭であったが、神仏分離で神社が移転したため広隆寺の祭となり、新暦の採用に伴い祭日も九月から一〇月に変わった。

佐和隆研編『密教辞典』によれば「起源は一〇二四（万寿元）源信が起した念仏会で、（略）明治維新前後に中絶したのを富岡鉄斎が陽暦に改めて再興した。同寺（広隆寺のこと）講堂前に祭壇を設け、牛の背に後向きに乗った摩吒羅神（奇面を着）が赤鬼青鬼に扮した四天王を従えて境内に練ってから奇妙な祭文を読み上げる」

摩多羅神（摩吒羅神）は天台宗の守護神であるが、「牛祭は『百鬼夜行』のごとき『振舞』によって多くの災いを攘却し、『天下安穏、寺家安泰』を祈念する祭礼」（山本ひろ子『異神』）だという。

「名所図会」に見る都の祭③

稲荷祭（東寺神供）

いなりまつり（とうじじんぐ）

稲荷大神鎮座の神話を再現

全国の稲荷神社の総本宮である伏見稲荷大社の氏子区域は、京都駅を中心とした、まさに京都の中央部にある。稲荷祭はその氏子区域を稲荷大神が神輿に乗って巡幸する神事だ（四月中旬～五月上旬）。

東寺神供は神輿が神社に戻る還幸祭で行われる。現在も行われているが、『拾遺都名所図会』の挿絵とは大きく異なっている点がある。

一つは場所で、『拾遺都名所図会』では「五社の神輿を東寺金堂の前にすえて」とあるが、現在では神輿は東寺の境内には入らず、慶賀門（東門）の前で行われる。

もう一つはお供え物で、現在も酒とともに大根やタケノコなどが供えられるが、挿絵のように三宝の上に大きく盛り上げたものは供えられない。

ところで、なぜ伏見稲荷大社の神輿が東寺に寄るのであろうか。これは東寺に伝わる伏見稲荷大社創建伝説に由来するものと思われる。

それによると紀州で稲荷大神と出会った弘法大師空海は、東寺に招待したという。そして約束通り訪れた神を接待し、稲荷山へと案内したとされる。

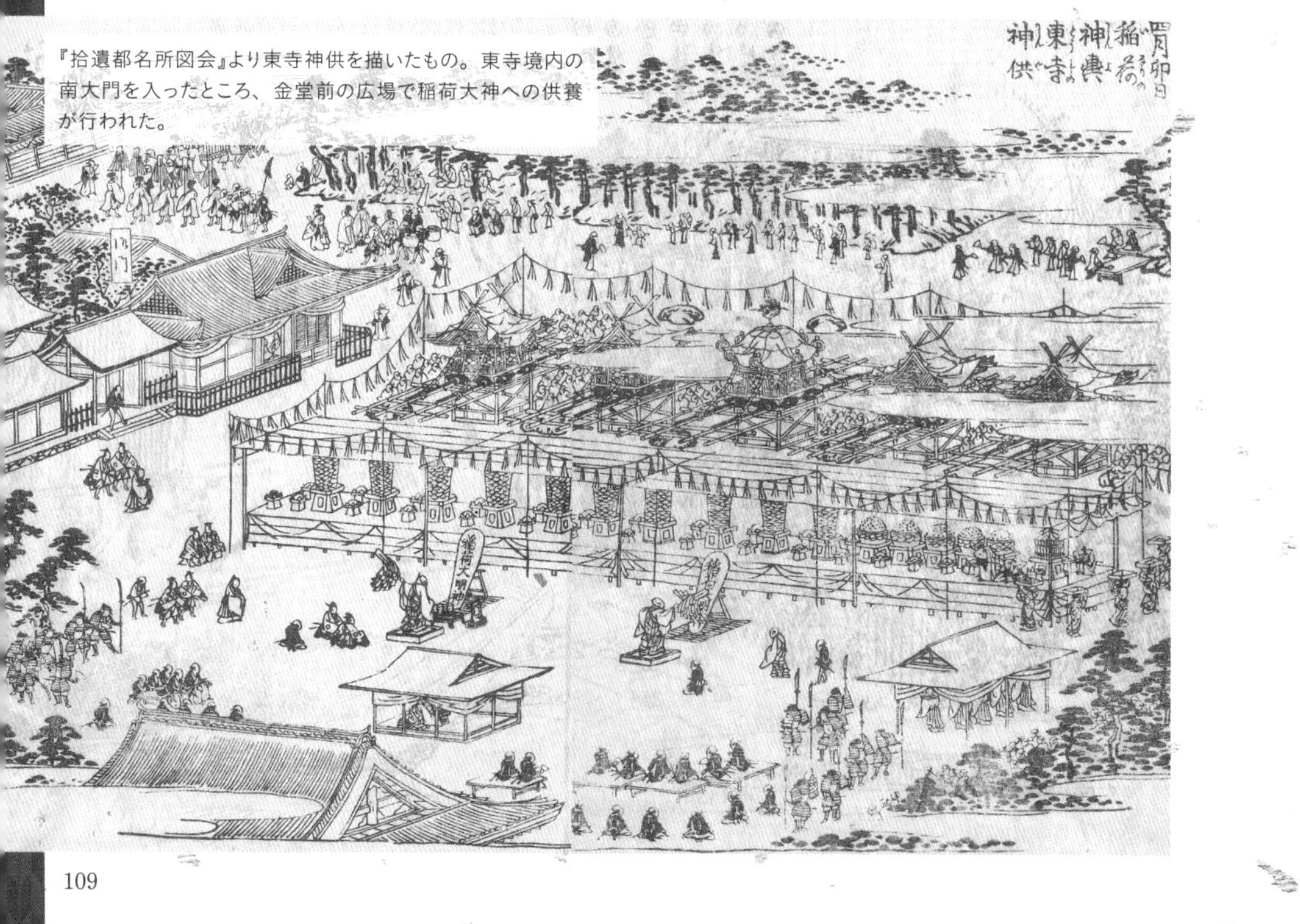

『拾遺都名所図会』より東寺神供を描いたもの。東寺境内の南大門を入ったところ、金堂前の広場で稲荷大神への供養が行われた。

『拾遺都名所図会』より「稲荷山初午図」。初午の登拝者で賑わう稲荷山。大きな茶店などが目立つが、鳥居は一本も描かれていない。

都 07

稲荷山

お塚も千本鳥居もまだなかった江戸時代の稲荷山

清少納言も詣でた初午の稲荷山登拝

初午（二月最初の午の日）は「お稲荷様」最大の縁日だ。この日に稲荷大神が稲荷山に降臨されたとされるためで、この日に稲荷山登拝をする人も多い。この信仰は平安時代以前にさかのぼるもので、清少納言も『枕草子』にこんなことを書いている。

「二月の午の日の明け方に早々と家を出たけれども(略)なんでおまいりになんか来たのだろうとまで、情けなさに涙もこぼれる始末で、疲れ

『京大絵図』（国立国会図書館蔵）の伏見稲荷大社。稲荷山の部分には何も描かれていない。

『都名所之内 伏見稲荷社』（国立国会図書館蔵）。鳥居の奥に楼門、拝殿、稲荷山と並んで見えている。

中央左端から右へまっすぐ続く道が伏見稲荷大社の参道。さらにその右の緑地が稲荷山。ちなみに稲荷山の標高は233メートル（出典：国土地理院ウェブサイト）。

稲荷山山中、御膳谷奉拝所。御膳谷は山中の谷が集まる場所で、古くから神に供物を捧げる場所であった。

『日本之勝観』（国立国会図書館蔵）より明治三六年（一九〇三）の伏見稲荷大社千本鳥居。立っている人の格好はまだ江戸時代のようだが、千本鳥居は今と大きく違わない。

きって休んでいると、四十を過ぎたほどの年輩の女で、壺装束といったちゃんとした徒歩の外出姿ではなく、ただ腰の所で着物をたくし上げただけの恰好のが、（女）『あたしは七度詣でをするんです。もう三度はおまいりしました。あと四度ぐらい、なんでもありません（略）』と、途中で会った人にしゃべって、坂をおりて行った」（石田穣二訳）

当時、稲荷山を篤く信仰する人たちがいたことがわかる。ただ、この七度詣での女性が山の中でどのような信仰行為をしていたのか判然としない。信仰のための登山なので、何かを礼拝したりしていたはずなのだが。

現在はお塚と呼ばれる小祠が無数にある（『稲荷信仰事典』によると七七六二基）稲荷山だが、平安時代にはそういったものはなかったと思われる。これは江戸時代も同様で、『拾遺都名所図会』の挿絵からもこのことが確認できる。

お塚が造られだしたのは明治以降のことで、昭和の初めにかけて急速に増えたという。

伏見稲荷大社

京都府京都市伏見区深草薮之内町68

075-641-7331

JR稲荷駅より徒歩1分未満、京阪伏見稲荷駅より徒歩約5分

MAP▶P.170 07

都 -08-

石清水八幡宮

いわしみずはちまんぐう

琴を吊った塔もあった国家の宗廟

仁和寺の法師と男山四十八坊

石清水八幡宮というと『徒然草』に登場する「仁和寺の法師」を思い出す方も多いだろう。老年になるまで石清水八幡宮を参拝したことがないことを残念に思っていたこの法師は、一念発起して八幡宮が鎮座する男山を目指した。

たどり着いた法師は山麓の極楽寺と高良社を参拝して、念願を果たしたと思って帰ってしまう。ほかの参拝者たちは本殿がある山上に登っていたのに、山麓の社寺が石清水八幡宮だと思い込んでいた法師は肝腎なお参りができず、恥をかいたというものだ。

この話に出て来る極楽寺は現存しない。現在の頓宮斎館のところにあったのだが、幕末の鳥羽伏見の戦いで焼失してしまった。

『京大絵図』（国立国会図書館蔵）より。赤く塗られているのが山上の本殿と大塔だと思われる。

『都名所図会』より「石清水八幡宮」。境内中心部分は今と変わりないが、周囲に琴塔・大塔などの塔や阿弥陀堂などの堂がある。

本社
大塔
阿弥陀堂
別当
琴塔
薬師堂
開山堂

『地理写真帖 内國之部第4帙』（国立国会図書館蔵）より明治時代の石清水八幡宮。南総門だと思われるが、門も石段も今とは異なる。

『東海道名所之内 石清水』（国立国会図書館蔵）。文久三年（一八六三）の将軍家茂の上洛を描いた一枚だが、実際には参詣していない。

石清水八幡宮の境内にはほかにも仏教関係の堂塔があった。その多さから男山四十八坊と呼ばれることもあった。

その一部が『都名所図会』の挿絵に描かれているので、これをもとに境内を一周してみよう。

表参道の石段（挿絵左側）を登っていくと途中に開山堂がある。登り切ったところの三の鳥居の向こうに比叡山を再興した良源を祀る元三大師堂があり、その奥に大塔・弁天（社）・阿弥陀堂がある。大塔は高野山にある根本大塔と同じ形式の塔で、かなり巨大であったそうだ。さらにその奥に帝釈天の堂がある。

本殿を囲う回廊の右側には琴塔。これは天台宗系の塔で、風鐸の代わりに琴が下げてあった。その下に瀧本坊、画面中央右端には薬師堂がある。

もともと八幡信仰は仏教と関わりが深かったが、石清水八幡宮は大安寺の行教が貞観二年（八六〇）に創建したこともあって畿内の大寺と濃い関係をもった。

その一方で応神天皇を祀ることから、伊勢神宮に次ぐ国家の宗廟として朝廷の崇敬を受けた。

なお、大塔などの堂塔は明治の神仏分離で撤去された。

男山の空撮。写真ほぼ中央が石清水八幡宮の社殿。上の川は宇治川（出典：国土地理院ウェブサイト）。

石清水八幡宮

京都府八幡市八幡高坊30

075-981-3001

京阪石清水八幡宮駅より参道ケーブル乗換約3分八幡宮山上駅下車、徒歩約5分

MAP ▶ P.171 08

楼門（中央）と回廊。本殿・幣殿などとともに国宝に指定されている。

都 -09-

松花堂（しょうかどう）

石清水八幡宮境内にあった寛永の文化サロン

弁当ではなく僧の隠居所だった松花堂

お恥ずかしいことに筆者は最近まで松花堂のことを料亭の名前だと思っていた。そこで作った弁当の様式が松花堂弁当だと思い込んでいたのだ。

これはまったくの誤解で、松花堂（弁当）の始まりは寛永年間（一六二四～四四）の京都・男山にある。

男山四十八坊の住職の中には文化人としても名を馳せる者がいて、その者が住する寺院は文人・芸術家が訪れる文化サロンとなっていた。その代表が瀧本坊の昭乗（一五八二～一六三九）である。

昭乗はよい家柄の生まれと思われるが明確なことはなにもわかっておらず、出身地さえ判然としない。17歳の時に瀧本坊で出家し、寛永四年（一六二七）に住職となった。

昭乗は書に優れ、寛永の三筆の一人に数えられるとともに、茶人・画家としても知られていた。交友関係も広く、小堀遠州・沢庵宗彭・林羅山・石川丈山など多方面の一流文化人と親しく交際していた。

寛永一四年に隠居した昭乗は、草庵兼茶室の松花堂を建て風雅な生活を送った。

昭乗が用いた茶道具は八幡名物と呼ばれて珍重されたが、その中に内側を四つに区切った盆があった。

のちに料亭の吉兆がこれを模した食器を作り、料理を入れて松花堂弁当と名づけたのであった。

『京都男山松花堂茶亭図』（国立国会図書館蔵）。男山にあった当時の松花堂。すべての配置が計算され尽くした茶室空間だとわかる。

松花堂の跡地。神仏分離に伴い松花堂は解体され山麓の南に移築された。

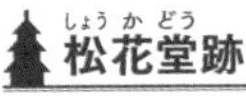

松花堂跡（しょうかどう）

京都府八幡市八幡高坊（男山山中）

京阪石清水八幡宮駅より参道ケーブル乗換約3分八幡宮山上駅下車、徒歩約6分

MAP ▶ P.171

『都林泉名勝図会』より「松花堂全図」。茶室であり住居であり、持仏堂でもあった松花堂は、たった二畳の極小空間であった。現在は八幡市立松花堂庭園・美術館に庭も含めて復元されている。

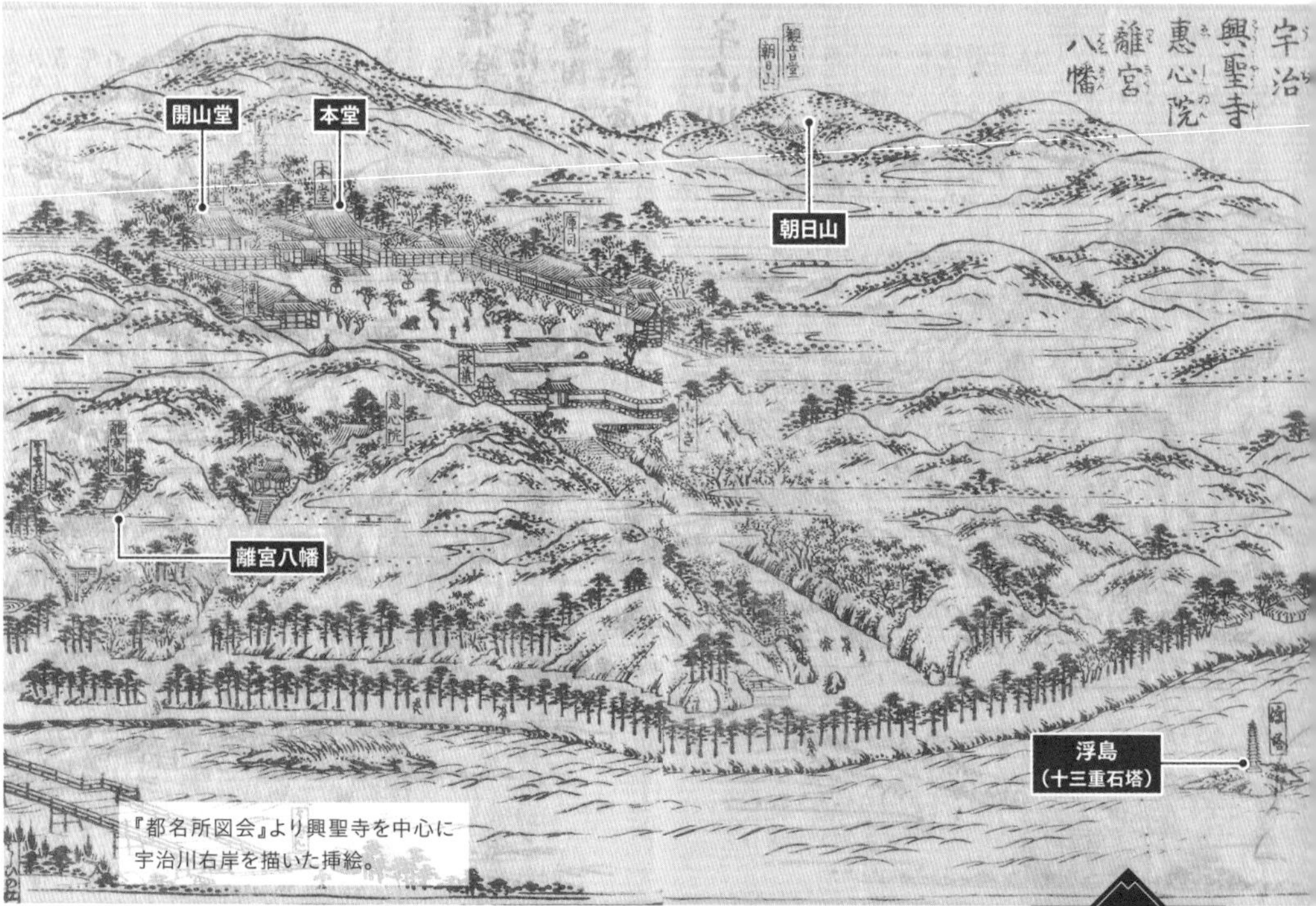

『都名所図会』より興聖寺を中心に宇治川右岸を描いた挿絵。

都 -10-

宇治

『都名所図会』宇治の挿絵に秘められた謎とは

橋のない孤島だった石塔が建つ浮島

上の『都名所図会』の挿絵を御覧になって、何かおかしな点にお気づきだろうか。ちなみに、最下部に描かれているのは宇治川、左端の橋は宇治橋だ。

宇治なのに平等院が描かれていない、と思われた方もおられるかもしれない。だが、この挿絵は平等院とは対岸の右岸しか描いていないから、ないのは当然のことだ。『都名所図会』は平等院だけで見開きの挿絵を入れているので、無視しているわけではない。

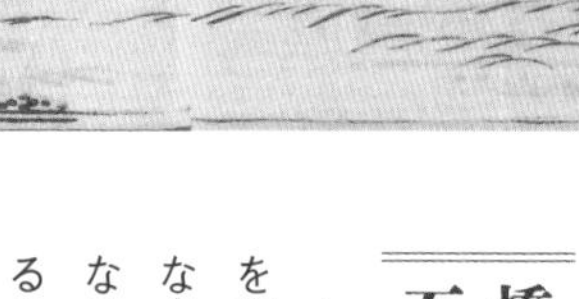

今の地図と明らかに違っているのは、画面右下の浮島（挿絵では「浮塔」と書かれている）に橋が架かっていないことだ。現在は右岸との間に朝霧橋、左岸との間に喜撰橋と橘橋という3本の橋が架

『京大絵図』（国立国会図書館蔵）に描かれた宇治。貞享三年（一六八六）の地図なので十三重石塔があるのは不思議ではない。

『宇治川両岸一覧』（国立国会図書館蔵）より。宇治川右岸は応神天皇の皇子の菟道稚郎子（うじのわきいらつこ）皇子が葬られた場所で、古来聖地とされた。図は右岸の興聖寺。

左上の大きい橋が宇治橋。上方が右岸。二つに分かれた中州が浮島で、下の島に十三重石塔が立っている（出典：国土地理院ウェブサイト）。

『宇治川両岸一覧』より同じく右岸の景色。離宮（りきゅう）八幡宮は今の宇治神社で菟道稚郎子皇子を祀る。朝日山（あさひやま）には皇子の御陵があるとされる。

かっている。

だが、これらの橋は明治以降に架けられたものなので、挿絵にないことは不思議ではない。

川底に埋もれていた十三重石塔

不思議なのは、この島に十三重石塔が描かれていることなのだ。

浮島に立つ十三重石塔は、さまざまな社会事業を行ってきた律僧の叡尊（えいそん）が、宇治川で採られる魚類の供養のために弘安（こうあん）九年（一二八六）に建てたものであった。

しかし、宝暦（ほうれき）六年（一七五六）の洪水で川底に沈んでしまった。現在見られるものは明治時代に水中から掘り起こして組み立てたものだ。宝暦六年といえば『都名所図会』が刊行される24年前。京都通であった作者の秋里籬島（あきさとりとう）や絵師の竹原春朝斎（たけはらしゅんちょうさい）は、この事件を知らなかったのであろうか。

宇治橋から見た宇治川。左が右岸。川の中央に突き出しているのが浮島。

興聖寺（こうしょうじ）

京都府宇治市宇治山田27-1

0774-21-2040

京阪宇治駅より徒歩約15分、JR宇治駅より徒歩約20分

MAP ▶ P.170 ⑩

column

「名所図会」で旅する②

お国自慢の各国「名所図会」と各地の名産・名物の図会

国単位で編纂された「名所図会」いろいろ

代表的な「名所図会」といえば『都名所図会』と『江戸名所図会』だが、一つの都市だけで「名所図会」が成り立つのは京・江戸なればこそ。他の都市ではなかなか難しい。そこで登場したのが「国」単位の「名所図会」だ。

国単位といっても、国家という意味ではない。出雲国・武蔵国といった古代から中世にかけて用いられていた行政単位の「国」のことである（もっとも『唐土名勝図会』という国家単位の「名勝図会」もあるが、これは例外中の例外）。「国」単位の「名所図会」には『近江名所図会』『摂津名所図会』『尾張名所図会』『武蔵名所図会』『大和名所図会』『河内名所図会』『参河国名所図絵』『陸奥名所図会』などがある。

天皇陵古墳の「和泉」名古屋城の「尾張」

大和国（奈良県）や土佐国（高知県）のように、かつての「国」がそのまま県になったところは別だが、「○○の国」といっても実感がわかない人が多いだろう。

しかし、「名所図会」を見るとその国を代表する名所が次々と登場するので、「ああ、あれがある土地か」と気づくことができる。たとえば、『和泉名所図会』を開くと、「仁徳天皇陵・反正天皇陵」といった見出しが目に入ってくる。これで巨大前方後円墳が多い土地だとわかる。また、堺港、岸和田城、水間寺といった項目から土地柄が読み取れる。国別の「名所図会」は、いわばお国自慢の本なのだ。

いっぽう『尾張名所図会』では「尾張名古屋は城でもつ」の言葉通り名古屋城の挿絵が目立つ。昭和二〇年（一九四五）五月の空襲で焼

『和泉名所図会』より仁徳天皇陵など。仁徳天皇陵にしては形がおかしいが、当時の技術を考えるとやむをえないだろう。

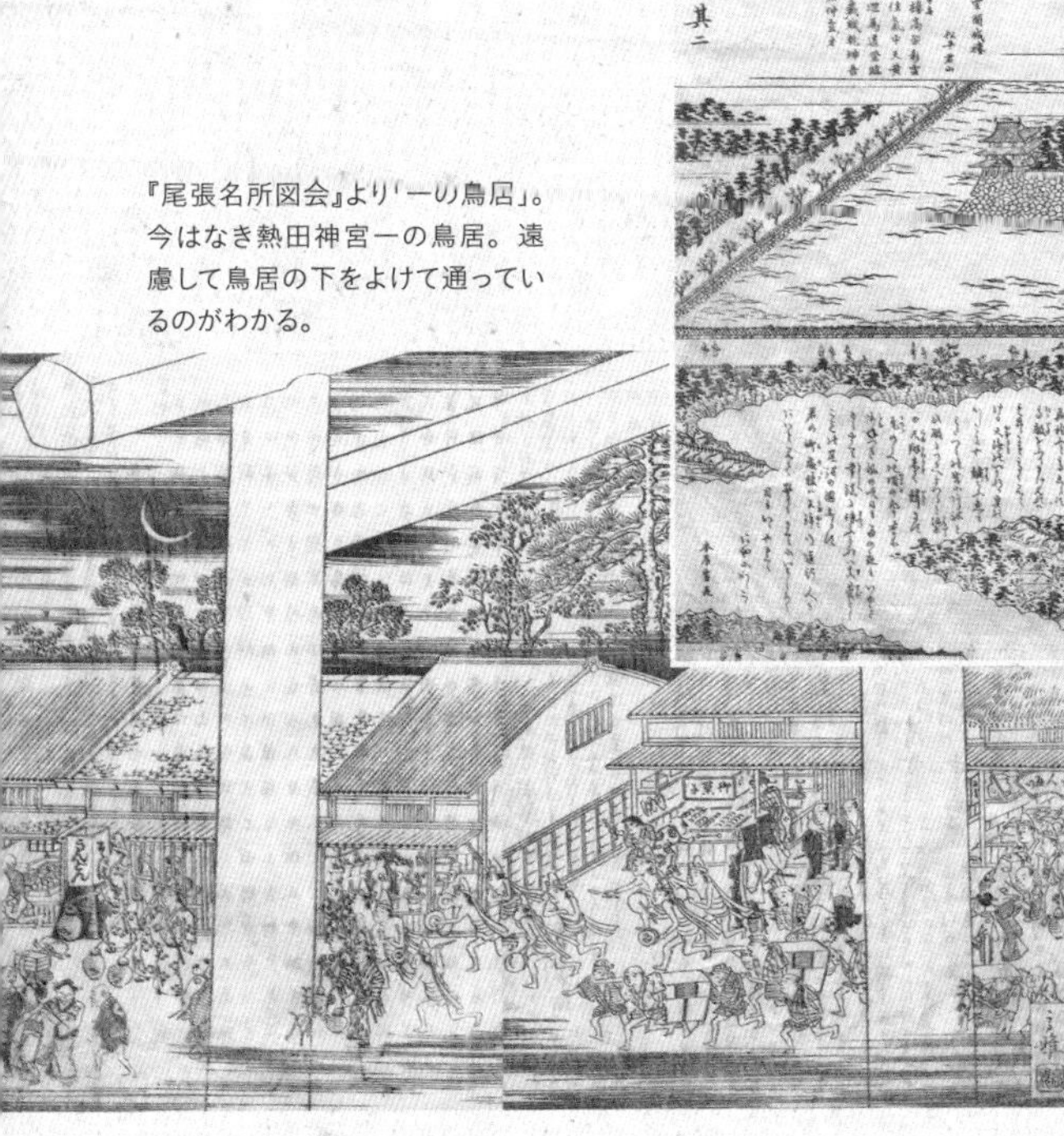

『尾張名所図会』より「一の鳥居」。今はなき熱田神宮一の鳥居。遠慮して鳥居の下をよけて通っているのがわかる。

『尾張名所図会』より「名古屋城」。6ページ続く挿絵の中央部分。有名な天守の金の鯱（しゃちほこ）も描かれている。

失してしまったため現在は鉄筋コンクリート造りの名古屋城であるが、『尾張名所図会』に描かれているのは、言うまでもなく焼失前の建物だ。『江戸名所図会』は城内をほとんど描いていないが、こちらは細密な鳥瞰図が掲載されているのが興味深い。

▼谷文晁（たにぶんちょう）コレクターが作った「名山図会」

ここからは異色の「名所図会」について述べよう。「名所図会」の中には社寺といった、いわゆる観光名所ではなく、名山や名産を扱った「図会（図絵）」もあるのだ。

まず名山をテーマとしたものに、89の名山を90の絵で図説した『日本名山図会』がある。これは成り立ちからして異色な「名所図会」だ。

始まりは川村元善（かわむらもとよし）という盛岡の素封家が谷文晁の山岳図をコレクションしたことだという。彼は絵を集めるだけでは飽き足らず、文晁に懇願してコレクションの縮小図を収録した『名山図譜』を出版してもらった。その数年後の文化（ぶんか）九年（一八一二）、元善の子の博（ひろし）が新たに2図の制作を

『日本名山図会』より「立山」。谷文晁は南画の技法で山岳をデフォルメして描いている。右が立山、左は剱岳。

依頼し、全90図として『日本名山図会』を刊行したのである。現代のわれわれは名山というと作家の深田久弥が昭和三九年（一九六四）に選定した日本百名山を連想するが、文晁の「名山」はそれとは趣を異にするものだ。

もちろん羊蹄山・岩木山・八ヶ岳・富士山・阿蘇山など百名山と共通する山も含まれてはいるが、愛宕山・比叡山・笠置山・高野山・書写山といった現代では〝名山〟的なものには選ばれないものも数多く、中には春日山や吉備中山のように山というより岡と呼ぶ方がふさわしいものも含まれている。

これらはみな古代から信仰対象になってきた霊山で、文晁は信仰登山を前提とした選定をしていることがわかる。

『日本山海名物図会』には民俗に関わる項目もある。図は山神に相撲を奉納する「山上祭り」を描いている。

『日本山海名産図会』より「伊丹酒造」。当時の酒造法が綿密に書かれている。

日本全国の名物・名産を総覧するカタログ

『日本山海名物図会』『日本山海名産図会』は、当時日本で生産されていた名物・名産を総覧する、一種のカタログである。言ってみれば「読む博覧館」のようなもので、今なら農林水産省が企画するようなものといえよう。

『日本山海名物図会』は大阪の書肆・平瀬徹斎が宝暦四年（一七五四）に刊行したもので、徹斎は画工の長谷川光信に実物を写生させてこの本を作ったという。

全5巻で一巻に鉱山、二巻に農林産物、三・四巻に各地の物産、五巻に水産物を収録しているが、山神の祭や河太郎（河童）伝承なども含めているのがユニークだ。

『日本山海名産図会』は『名物図会』の続編で、大阪の博物学者・木村蒹葭堂を作者として寛政一一年（一七九九）に刊行された。

内容には偏りがあり、一巻に酒造、二巻に石材などの山の産物、三・四巻に水産物、五巻に伊万里の陶器や輸入品、松前の昆布などを収録する。蒹葭堂は酒造業の出身なので、とくに酒造について説明が詳しい。

『日本山海名産図会』より「広島牡蠣畜養」。鰹節や干しナマコを作る様子の挿絵もある。

第三章

大和（奈良）河内・摂津（大阪）伊勢（三重）

──『大和名所図会』『河内名所図会』『摂津名所図会』『伊勢参宮名所図会』

※本章にて掲載の『大和名所図会』の挿絵は国立公文書館所蔵、『河内名所図会』『摂津名所図会』『伊勢参宮名所図会』の挿絵は国立国会図書館所蔵。

日本という国家の起源である大和、古代に王朝が置かれた河内、中世に天下人の拠点となった摂津、そして日本の信仰の中心地である伊勢の「失われた風景」をめぐる。

『摂津名所図会』より「道頓堀芝居側」（全4ページのうち右側2ページ）

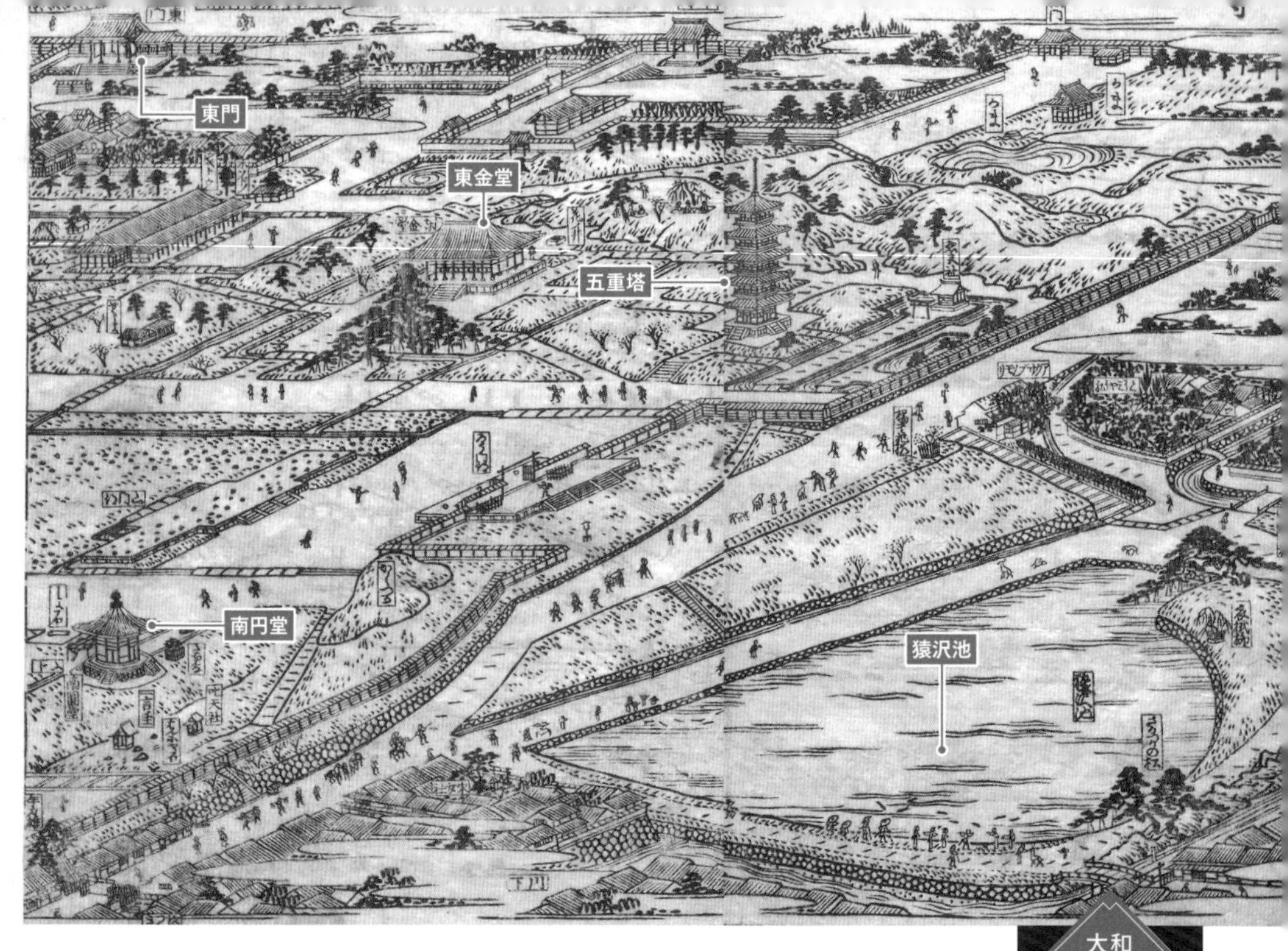

大和 -01-

興福寺（こうふくじ）

築地塀が壊され公園にされた興福寺

塀のない興福寺を俳句に詠んだ子規

正岡子規が明治二八年（一八九五）に作った句に、「秋風や囲いもなしに興福寺」というのがある。境内の周囲を囲っていた築地塀がなくなってしまった様子を詠んだものだ。

なぜ築地塀は撤去されてしまったのか。江戸編の寛永寺・浅草寺・増上寺で述べた、大寺院公園化計画のためだ。明治政府は興福寺・東大寺・氷室神社や春日野などを「奈良公園」とすることを決め、邪魔になる築地塀を撤去し、多くの樹木を植えた。

すでに神仏分離・廃仏毀釈で大打撃を受けていた興福寺は、これに抵抗するすべはなかった。

僧侶が一人もいなくなった興福寺

当時の様子を太田信隆氏は次のように述べている。

「興福寺の一乗院、大乗院の両門跡をはじめ一山の僧侶二十七人は、揃って還俗して春日大社の神官になった。興福寺には僧侶が一人もいなくなり、しばらくは無住のこの

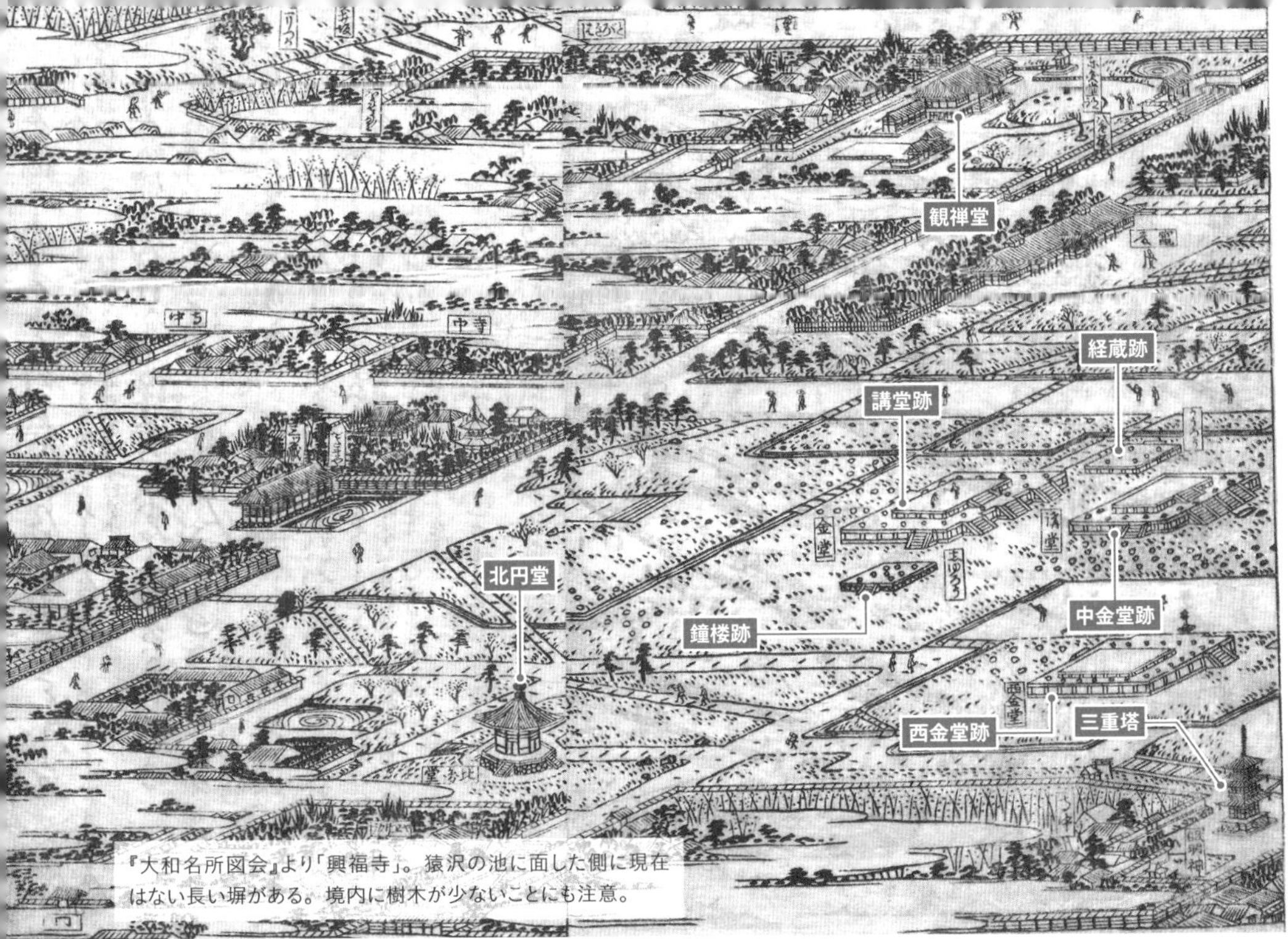

『大和名所図会』より「興福寺」。猿沢の池に面した側に現在はない長い塀がある。境内に樹木が少ないことにも注意。

寺を唐招提寺と西大寺が交替で管理している。興福寺の金堂は仏像や仏具が運び出されて、警察署として使われた。本尊が安置されていた所に署長がすわり、堂内で罪人が取り調べをうけるという珍風景が展開された」（『新・法隆寺物語』）

実際には完全に僧がいなくなったわけではないが、住職不在の状態が続いた。

復興は許されたが境内は公園のまま

明治一四年（一八八一）、明治政府より興福寺の再興が許可された。だが、「『地所については公園のまま据えおくから、その旨心得る事』と通知された」（『興福寺のすべて』）という。

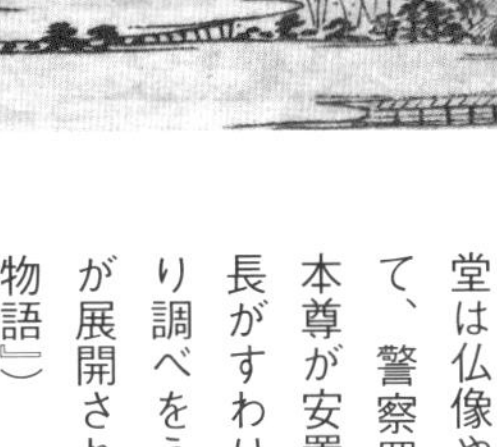

『南都古京図』（国立国会図書館蔵）より。ラフな図だが五重塔・東金堂など境内の様子を描き込んでいる。

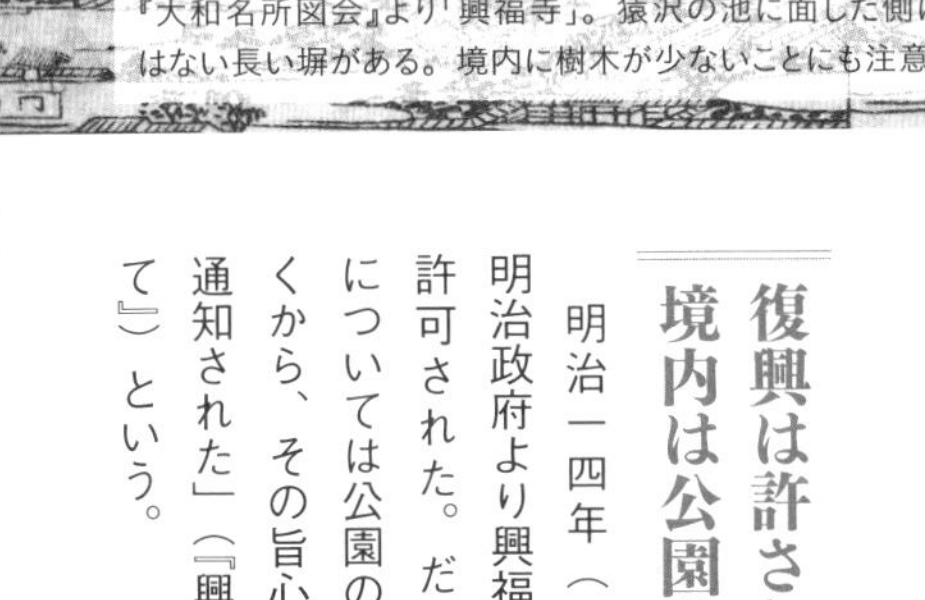

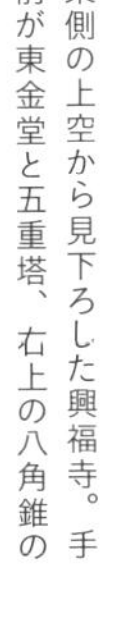

東側の上空から見下ろした興福寺。手前が東金堂と五重塔、右上の八角錐の屋根は南円堂。

『伊勢日記図絵』（国立国会図書館蔵）より。地図ほど正確に境内を写していないが、築地塀は確認できる。「本堂」は仮設の中金堂であろう。北円堂・南円堂あたりは雲で隠されている。

興福寺が公園から除外されることが決まったのは昭和一五年（一九四〇）のこと。だが、現在もその影響から完全には脱しきれていない。

金堂が三つあった最盛期の興福寺

興福寺は天智天皇八年（六六九）に藤原鎌足の妻、鏡女王が鎌足の遺志を継いで今のＪＲ山科駅付近に山階寺を建てたことに始まる。その後、平城遷都に伴い現在地に移転し、興福寺と名を改めた。

その境内は今より広く、県庁がある登大路より北まで広がっていた。

藤原氏の隆盛とともに興福寺は発展を続け、最盛期には三つの金堂（中金堂・東金堂・西金堂）を中心に数多くの堂が並び建ち、塔だけでも5基あったという。

しかし、中世以降しばしば火災に遭い、徐々に衰亡していった。決定的だったのが享保二年（一七一七）の大火で、伽藍の西半分を焼失するという被害を出した。その復興もままならぬうちに興福寺は明治維新を迎え、公園化計画を突きつけられたのであった。

だが、程なく興福寺がもつ文化的意義が広く理解されるようになり、文化財が保護されるとともに伽藍の復興も少しずつ進み始めた。

『日本名勝写真帖』（国立国会図書館蔵）より明治期の興福寺。猿沢池周囲が公園化している。

興福寺

奈良県奈良市登大路町48番地

0742-22-7755

近鉄奈良駅より徒歩約5分、JR奈良駅より徒歩約15分

MAP ▶ P.173 01

現在の興福寺。猿沢池周辺の樹木も公園化で植えられたものだ。

大和 -02-

露坐の大仏（東大寺）

ろざのだいぶつ（とうだいじ）

かつて東大寺の大仏も露天で座っていた

首が焼け落ちた鎌倉時代再建の大仏

並び称される奈良と鎌倉の大仏だが、異なる点がいくつかある。たとえば、奈良の大仏は盧舎那仏であるが、鎌倉の大仏は阿弥陀仏で、鎌倉大仏は露坐（雨ざらし）だが奈良大仏は大仏殿に入っている。だが、奈良の大仏も露坐だったことがある。話は平安末にさかのぼる。

反平家の態度をとる奈良の諸大寺に手を焼いた平清盛は息子の重盛を派遣し、この時の戦いで東大寺は大仏殿などを焼失した。しかし、程なく重源による復興事業が始まり、建久六年（一一九五）に再建されたが、この復興大仏も、永禄一〇年（一五六七）の松永久秀と三吉三人衆の戦いで焼けてしまった。大仏の首は溶けて落ちたが、頭部のみは山田道安によって復元された。この状態の大仏を描いたのが、下の『奈良名所八重桜』の挿絵である。

新たな大仏と大仏殿（現在のもの）が再建されたのは宝永六年（一七〇九）のこと。『大和名所図会』は再建後の姿を挿絵に入れている。

『南都古京図』（国立国会図書館蔵）より。明治期の古地図に描かれた東大寺。境内の様子は今と大きく変わらないようだ。

『奈良名所八重桜』（国立国会図書館蔵）は延宝六年（一六七八）刊のガイド本。挿絵は菱川師宣作と考えられる。

東大寺

奈良県奈良市雑司町406-1

0742-22-5511

近鉄奈良駅より徒歩約20分、JR奈良駅より徒歩約30分

MAP ▶ P.173 02

大和 03

元興寺(がんごうじ)

残された国宝の小塔と焼失した大塔

国宝の五重小塔は五重塔のひな形か?

元興寺は本堂とその後ろにある禅堂が国宝に指定されているが、かつては本堂の中にもう一つの国宝建築が安置されていた。それは元興寺極楽坊五重小塔というもので、現在は法輪館で拝見することができる。

これを見る人の多くが「大きな模型」(総高が5・5メートルある)と思うだろう。しかし、そうではなく、これは「小さな建築物」なのだ。文化財の登録上も建築物として国宝に指定されている。

模型ではなく建築物とされるのは、塔を造る技術で造られているからだ。小さな木組のパーツまで、一つ一つ正確に再現されている。

なぜこのような小さな塔を造ったのか、その理由を伝える史料は残っていない。以前は境内にあった五重塔のひな形という説が有力であったが、

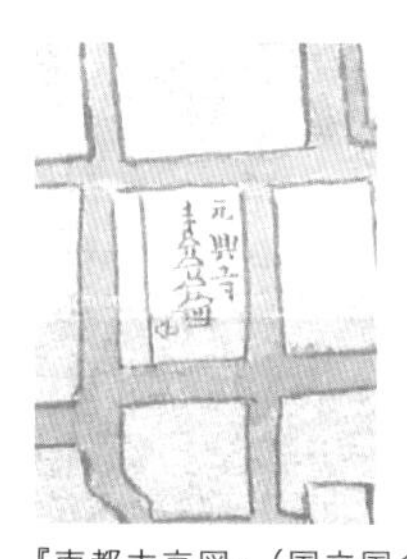

『南都古京図』(国立国会図書館蔵)に描かれた元興寺。

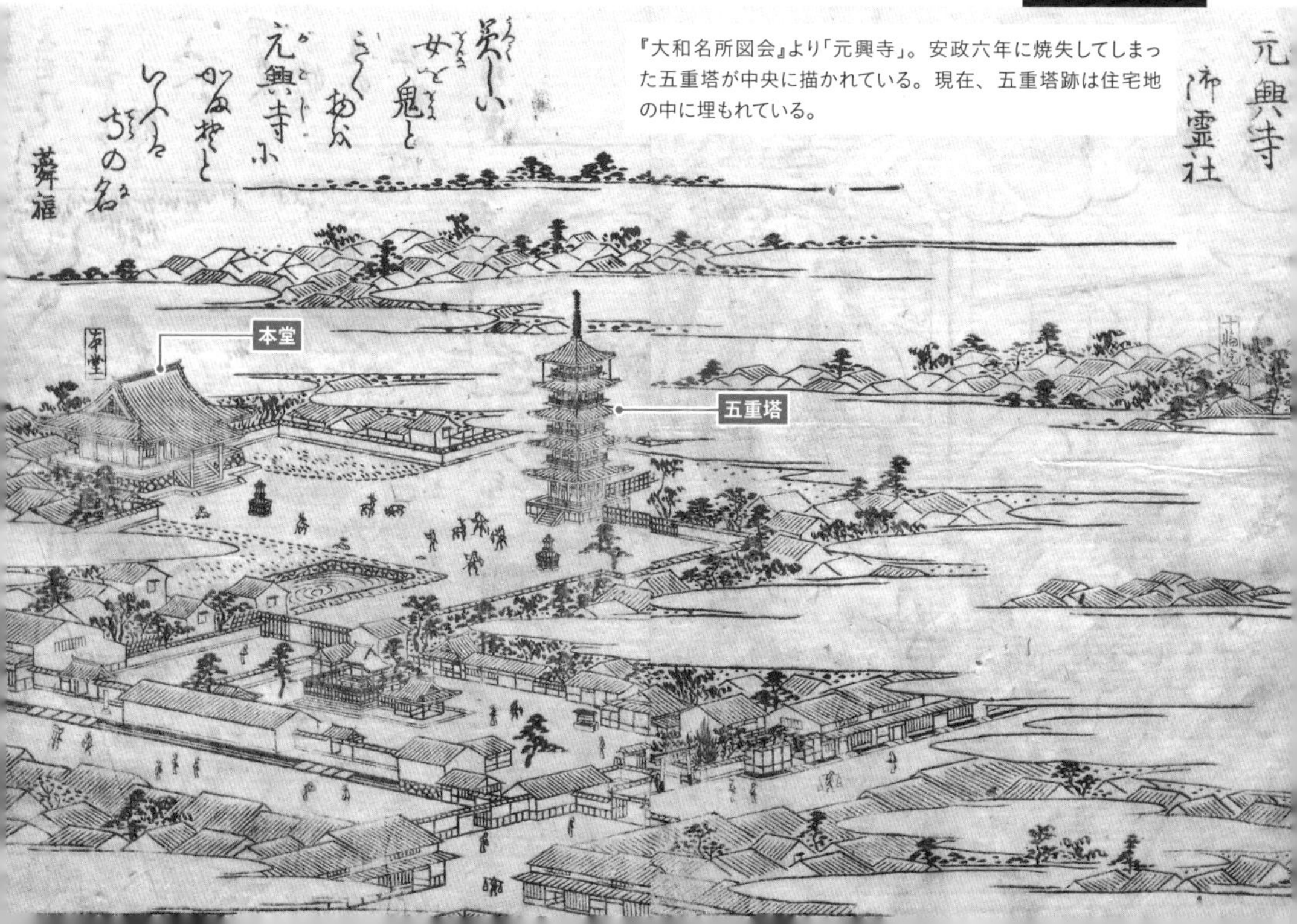

『大和名所図会』より「元興寺」。安政六年に焼失してしまった五重塔が中央に描かれている。現在、五重塔跡は住宅地の中に埋もれている。

細部の意匠や各部の比率が違うことから現在は否定されている。

　日本初の本格的寺院は、蘇我馬子によって建てられた飛鳥寺とされる。飛鳥寺は平城遷都に伴い、養老二年（七一八）に平城京に移り、元興寺となった。創建当時の元興寺の主要伽藍は、興福寺や薬師寺より大きかったという。

　五重塔も総高が50メートル以上あり、「奈良の名所にもなっていた美しい塔であった」（『わかる！元興寺』）という。

　平安時代以降、元興寺は後援者を失い、次第に衰微していった。極楽往生を願う庶民信仰の寺となることで命脈を保ったものの、たくさんあった堂宇も徐々に失われた。

　とくに打撃だったのが宝徳三年（一四五一）の土一揆で、この時の火災により金堂・小塔院などを焼失した。こうしたことから、元興寺の境内は住宅地に呑み込まれていったのである。

　そうした中にあって五重塔だけは、奈良時代の繁栄を伝えていたが、この塔も安政六年（一八五九）の火災で失われてしまった。『大和名所図会』の挿絵は、焼失前の姿を伝える貴重な史料である。

　興味深いのは『大和名所図会』が「昔この塔に鬼の棲みける」と述べていることだ。鬼とは『日本霊異記』に語られる、雷神の申し子（道場法師）に退治された鬼のことと思われるが、この話は元興寺が平城京に移転する前の話であり、鬼は塔ではなく鐘楼に出たと語られている。


『百鬼夜行拾遺』（国立国会図書館蔵）より。後世、元興寺にいた鬼を「元興寺（元興神）」と書いて「がごぜ」「がごじ」と呼ぶようになった。

中央の大きな屋根が二つつながった建物が元興寺の極楽堂と禅室。五重塔は下部中央あたりにあった（出典：国土地理院ウェブサイト）。

現在の元興寺極楽堂。本堂・禅堂は、もとは一つの建物で、僧坊（僧の寮）であった。

元興寺（がんごうじ）

奈良県奈良市中院町11番地
0742-23-1377
近鉄奈良駅より徒歩約15分、JR奈良駅より徒歩約20分

MAP ▶ P.173 03

『大和名所図会』より「薬師寺」。見開きほぼ中央に描かれているのが東塔。右下には薬師寺の鎮守社である休ヶ岡八幡宮が描かれている。

大和 04

薬師寺

創建時代の伽藍を取り戻した薬師寺

傘をさして読経した若き日の高田好胤

筆者が中学生くらいの頃は、薬師寺では、西塔の心礎（心柱の礎石）にたまった水に映る東塔が撮影ポイントのようになっていた。筆者も雑誌の写真をまねて撮ってみたが（左ページ右下）、ご覧のようにピンボケだった。

当時の薬師寺は『大和名所図会』の挿絵と大差なく、主要な伽藍は金堂・東塔・東院堂のみで、衰微した大寺という印象は否めなかった。

昭和一四年（一九三九）に旅した亀井勝一郎は「薬師寺は由緒深い寺であるにも拘らず、法隆寺などに比べて荒廃の感がふかい。（略）かような状景のままに放っておくところに、或は寺僧のひそかな思いやりがあるのかもしれぬ。崩れた土塀に沿うて歩いて行くと、天平人たちの亡霊がふいに現われて来そうに思う」（『大和古寺風物誌』）と、荒廃に古代のロマンを見ている。

しかし、これは旅人の勝手な感傷で、寺を守ってきた僧侶たちには憂慮すべきことであった。昭和一〇年（一九三五）に12歳で薬師寺

中央の東塔・西塔・金堂・大講堂・食堂が並ぶエリアが創建以来の境内で白鳳伽藍と呼ばれている。

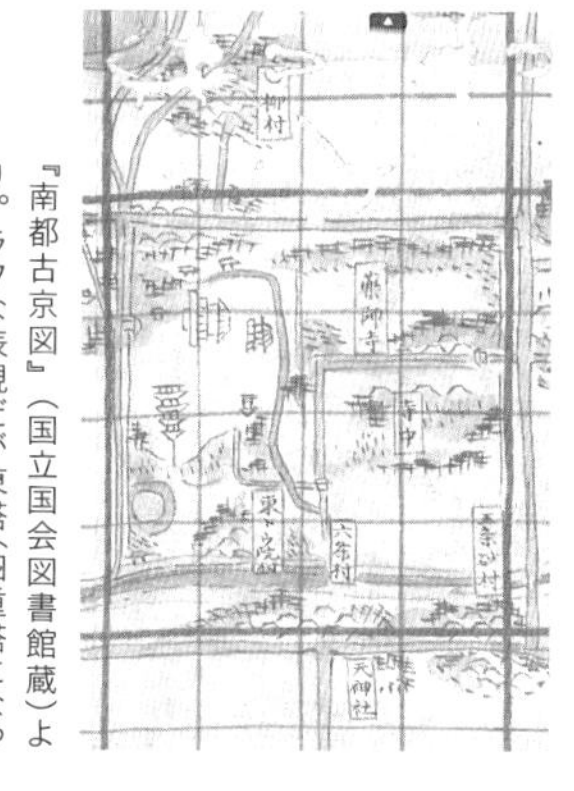

『南都古京図』（国立国会図書館蔵）より。ラフな表現だが東塔（四重塔になっている）・金堂・東院堂が描かれている。

に入り、厳しい修行を積み、のちに管主となった高田好胤は、こう言っている。

「小僧時代の寺はそれは貧乏で、お薬師さんは日光浴しておられるし、雨降れば傘さしてお勤めする有様」（『薬師寺の坊さんはベリー・グッド』）

青空説法と写経で達成した金堂再建

昭和四二年（一九六七）、管主に就任した好胤は、金堂の再建へと踏み出した。しかし、檀家をもたない薬師寺にとって資金調達が最大の課題であった。

師であり育ての親である橋本凝胤から僧侶が副業的なことをするのを厳しく禁じられていたため、好胤は写経を通して資金を集めることを考えた。副住職の頃から修学旅行生相手に行っていた青空説法で多くの薬師寺ファンを生み出し、仏教に興味をもつ人を増やしてきた好胤は、遠い道のりではあっても可能性のある方法だと確信していたようだ。

開始当初は『般若心経』1巻で千円。百万巻で10億円が集まる計画であった。当初は無謀ともいわれたが、好胤が全国を駆け巡って講演活動をし、著書などでも訴えかけた結果、徐々に写経を行う者が増え、ついに昭和五一年（一九七六）、金堂の再建を成し遂げたのであった。

その後も薬師寺の復興事業は進み、昭和五六年に西塔、昭和五九年に中門、平成七年（一九九五）に東西の回廊、平成一五年に大講堂、平成二九年に食堂が再建された。

昭和四八年（一九七三）八月の薬師寺（筆者撮影）。

朝焼けの薬師寺。中央が新しく建てられた西塔（写真提供：一般社団法人奈良県ビジターズビューロー）。

薬師寺

奈良県奈良市西ノ京町457

0742-33-6001

近鉄西ノ京駅より徒歩約1分

MAP ▶ P.173 04

大和 -05-

唐招提寺

焼けてしまった戒律の総本山の戒壇

天平時代の寺院の様子を今に伝える唐招提寺

　唐招提寺と薬師寺とは、お隣といってもいいほど近くに立地している。しかし、薬師寺が歴史の無常さを感じさせる寺といった印象をもたれていたのに対し、唐招提寺は天平時代のおおらかさを感じさせる寺と受け止められていた。たとえば、薬師寺で荒廃の美を語った亀井勝一郎は、「燻んだ御堂の柱や横木の間に塗られた白壁が、秋には一層映えて、全体として明るい華かな感じにあふれ、寺院というよりは宮殿といった方がふさわしいくらいだ」（『大和古寺風物誌』）と述べている。堀辰雄に至っては「此処こそは私達のギリシアだ」（「十月」）と感嘆している。

　そうした印象を与えるのは、金堂が奈良（天平）時代の建築であることによる。意外に思われるかもしれないが、この堂は奈良時代の金堂の現存唯一の遺構なのだ。また、講堂も平城宮の東朝集殿を移築したもので、亀井が宮殿を連想したのも、このことによる。

　こうした古建築が比較的良

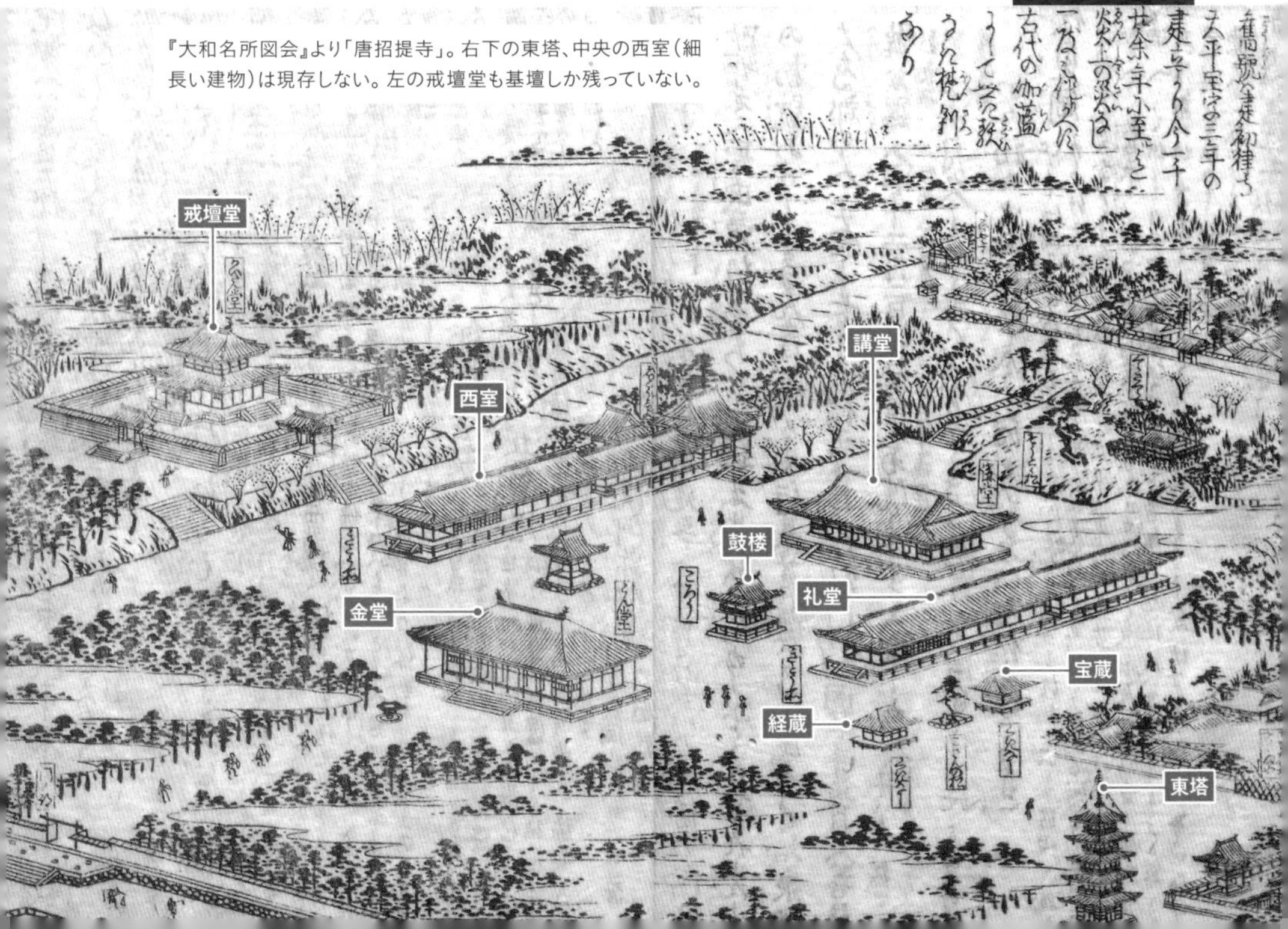

『大和名所図会』より「唐招提寺」。右下の東塔、中央の西室（細長い建物）は現存しない。左の戒壇堂も基壇しか残っていない。

戒壇堂
講堂
西室
鼓楼
礼堂
金堂
宝蔵
経蔵
東塔

『南都古京図』(国立国会図書館蔵)に描かれた唐招提寺。「戒壇堂跡」とも書かれている。

現在の戒壇。上部の半円形のものはインドの古塔を模したもので昭和五三年(一九七八)に付加された。

好な状態で残されたのは、鎌倉時代と江戸時代に大規模な補修を受けたことが大きい。とくに江戸時代の補修は、第五代将軍綱吉と生母・桂昌院の帰依を受けた僧・隆光(22ページ参照)によるものであったので、潤沢に費用をかけたものであった。隆光は若い頃に唐招提寺で受戒をしており、戒壇の堂も再建している。『大和名所図会』の挿絵に描かれている戒壇の建物は、この時建てられたものだ。

僧侶になるためには戒律を授かる必要があるが、正式な授戒を行うためには戒律に通じた僧が最低10人は必要であった。このため日本では奈良時代になっても正式な授戒は行われていなかった。つまり、本当の意味での僧は存在していなかった。

当時の東アジアでは仏教の普及度は文化水準を示すものと考えられていたので、こうした状況は由々しきものであった。そこで日本でも正式な授戒を行うために唐から招かれたのが鑑真和上であった。

その鑑真が創建した唐招提寺では、授戒の舞台となる戒壇が境内に造られ、大切にされてきた。しかし、火災などの被害をたびたび受け、隆光が再建した戒壇堂も嘉永元年(一八四八)に焼失。今は石の壇が残るのみだ。

金堂。寄棟造の屋根と列柱がのびやかな感じを与える。和辻哲郎は「東洋に現存する建築のうちの最高のもの」としている。

唐招提寺

奈良県奈良市五条町13-46

0742-33-7900

近鉄西ノ京駅より徒歩約10分

MAP ▶ P.173 05

四角い緑に囲まれたところが唐招提寺。その中の四角い空き地が戒壇(出典:国土地理院ウェブサイト)。

大和 -06-

内山永久寺

うちやまえいきゅうじ

廃仏毀釈で消滅した鳥羽上皇勅願の大寺

「関西の日光」と呼ばれた壮麗な大伽藍

奈良県天理市に鎮座する石上神宮の境内に国宝の拝殿が二つある。石上神宮は日本最古の神社の一つといわれる古社であるから、国宝社殿が複数あってもなんの不思議もないのだが、一方の拝殿の由来が少々変わっている。

それは摂社（本殿のご祭神にゆかりの神様が祀られる神社）の出雲建雄神社の拝殿だ。割拝殿という中央が通路になった形式の拝殿で、檜皮葺で唐破風のある屋根が美しい。

実はこの拝殿は、今は廃寺となった永久寺という寺院にあったもの。鎮守の住吉神社の拝殿で、保延三年（一一三七）に建立されている。

永久寺は49の坊があったと伝えられる大寺で、伽藍の壮麗さは「西の日光」と讃えられるほどであったという。だが、その繁栄を今に伝える建築物は、今やこの拝殿ただ一つしか残されていない。

不動（護摩堂）

鳥羽上皇の勅願で創建された永久寺

永久寺について書かれた文献によると、永久寺は鳥羽上皇の勅願により永久二年（一一一四）に創建されたという。永久寺という寺号は創建時の年号からつけられた。

文書類が散逸してしまったので中世の状況は明確ではないが、江戸時代には本堂・真言堂（金剛乗院）・観音堂・常存院・御影堂・多宝塔・経蔵・鐘楼・鎮守・大喜院・智恵光院などがあったという。

しかし、明治の廃仏毀釈で廃寺となり、建物のほとんどが取り壊されてしまった。

寺宝も散逸してしまったが、一部は美術館に収蔵されており、国宝に指定されたものもある。

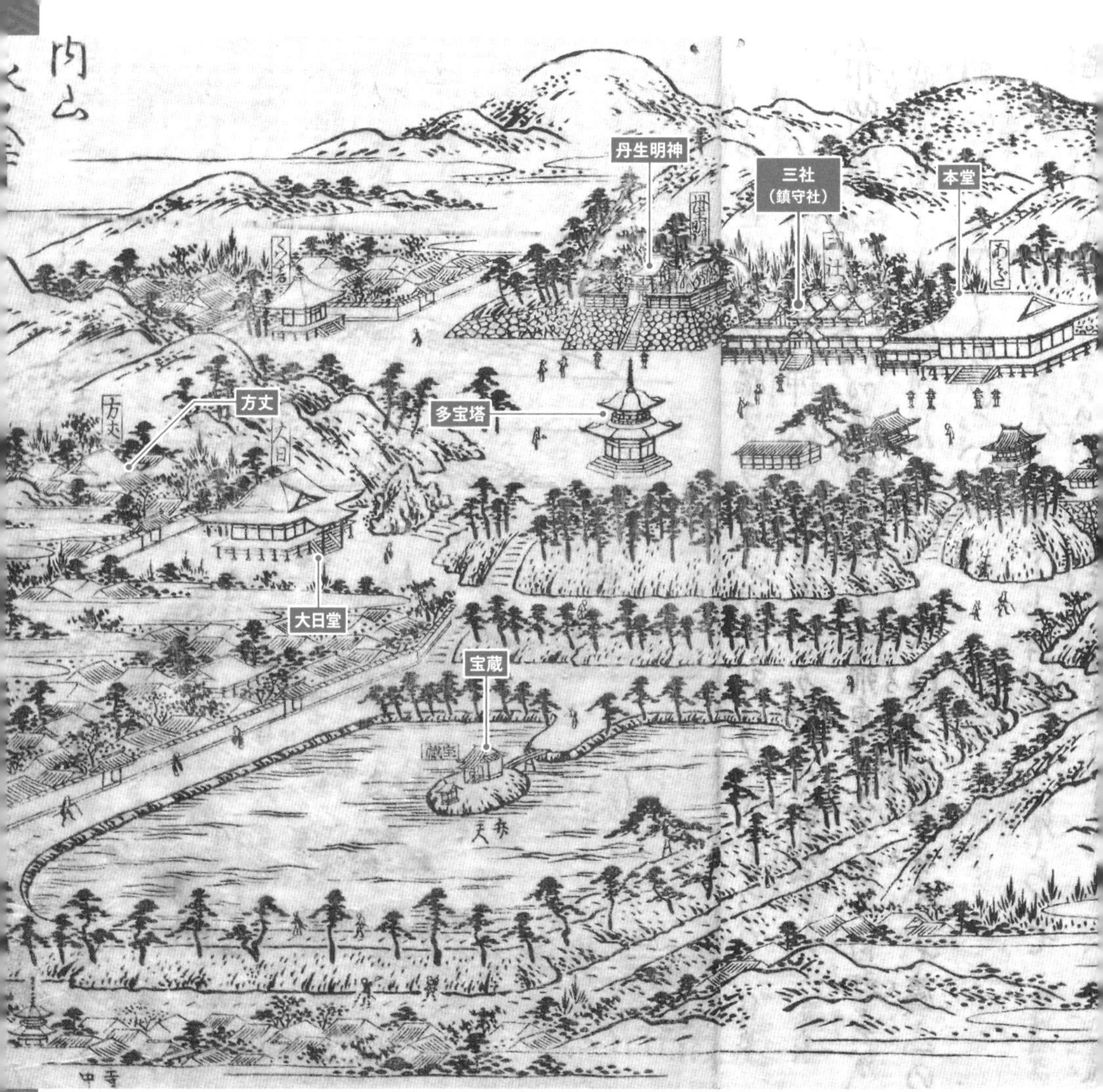

丹生明神
三社
（鎮守社）
本堂
方丈
多宝塔
大日堂
宝蔵

『大和名所図会』より「内山永久寺」。49の坊があったという大伽藍は完全に消滅している。現在残るのは手前の池だけだ。

現在の永久寺跡。大部分が耕地になっており、遺構は池しかない。近年は桜の名所としても知られるようになった（写真提供：天理市教育委員会）。

内山永久寺跡（うちやまえいきゅうじ）

奈良県天理市杣之内町

JR・近鉄天理駅より徒歩約40分

MAP ▶ P.173 06

『大和名所図会』より「三輪社」。右の山が三輪山で、その下の社殿が大神神社拝殿。左の三重塔が建つところが大御輪寺。

大和 -07-

大神神社

おおみわじんじゃ

大御輪寺本堂から摂社になった大直禰子神社

大田田根子の神話と大神神社の摂社

大神神社は三輪山をご神体とする。そのため本殿はなく、拝殿から三輪山を拝するようになっている。

創建は神話の時代にさかのぼるといわれる大神神社にはさまざまな神話・伝説が伝わっている。その一つに大田田根子（大直禰子）に関するものがある。

第10代崇神天皇の御代、国内に疫病が大流行し多くの人が亡くなった。天皇が神に祈ったところ、三輪山に鎮まる大物主大神からお告げがあり、わが子の大田田根子に吾を祀らせれば疫病はやむであろうと教えたという。

大神神社の摂社、大直禰子神社（若宮）はこの大田田根子を祀る社であるが、奈良時代以降、神仏習合の影響で寺院化し、大御輪寺と呼ばれるようになった。

中世には神仏習合を理論的に説明しようという動きが仏教側から起こったが、これに対して神道側も教理化を進めた。その中心の一つとなったのが大御輪寺で、その教えを三輪流神道という。

大神神社の摂社・大直禰子神社(若宮社)。明治の神仏分離までは大神神社の神宮寺で、若宮神と十一面観音像が併せて祀られていた(写真提供:大神神社)。

三輪山と大神神社の大鳥居。『古事記』『日本書紀』は三輪山に鎮まる大物主大神はさまざまな姿で美女のもとに通ったと伝える(写真提供:一般財団法人奈良県ビジターズビューロー)。

三輪流神道は神仏両方面に広まり、以後の神道に大きな影響を与えた。

注意しなければいけないのは、仏教化したといっても三輪山の信仰を失ったわけではないことだ。右ページの『大和名所図会』の挿絵からもわかるように、大御輪寺は若宮とも呼ばれており、大田田根子を祀る場ということは変わっていなかった。

この大田田根子の本地仏(神の仏としての正体)として祀られていたのが、現在、聖林寺に安置されている国宝の十一面観音立像であった。

かつてはこの像は神仏分離の際に路傍に捨てられ、それを聖林寺の住職が拾って帰ったという俗説が広まっていたが、これは正しくない。以前から大御輪寺と聖林寺は交流があり、三輪流神道にも造詣が深かった当時の聖林寺住職に像が託されたというのが歴史的事実だ。

こうして観音像は守られたが、三重塔などは解体されてしまった。

大神神社の拝殿。大神神社は三輪山をご神体とするので本殿をもたない(写真提供:大神神社)。

大神神社

奈良県桜井市三輪1422

0744-42-6633

JR三輪駅より徒歩約5分

MAP ▶ P.173 07

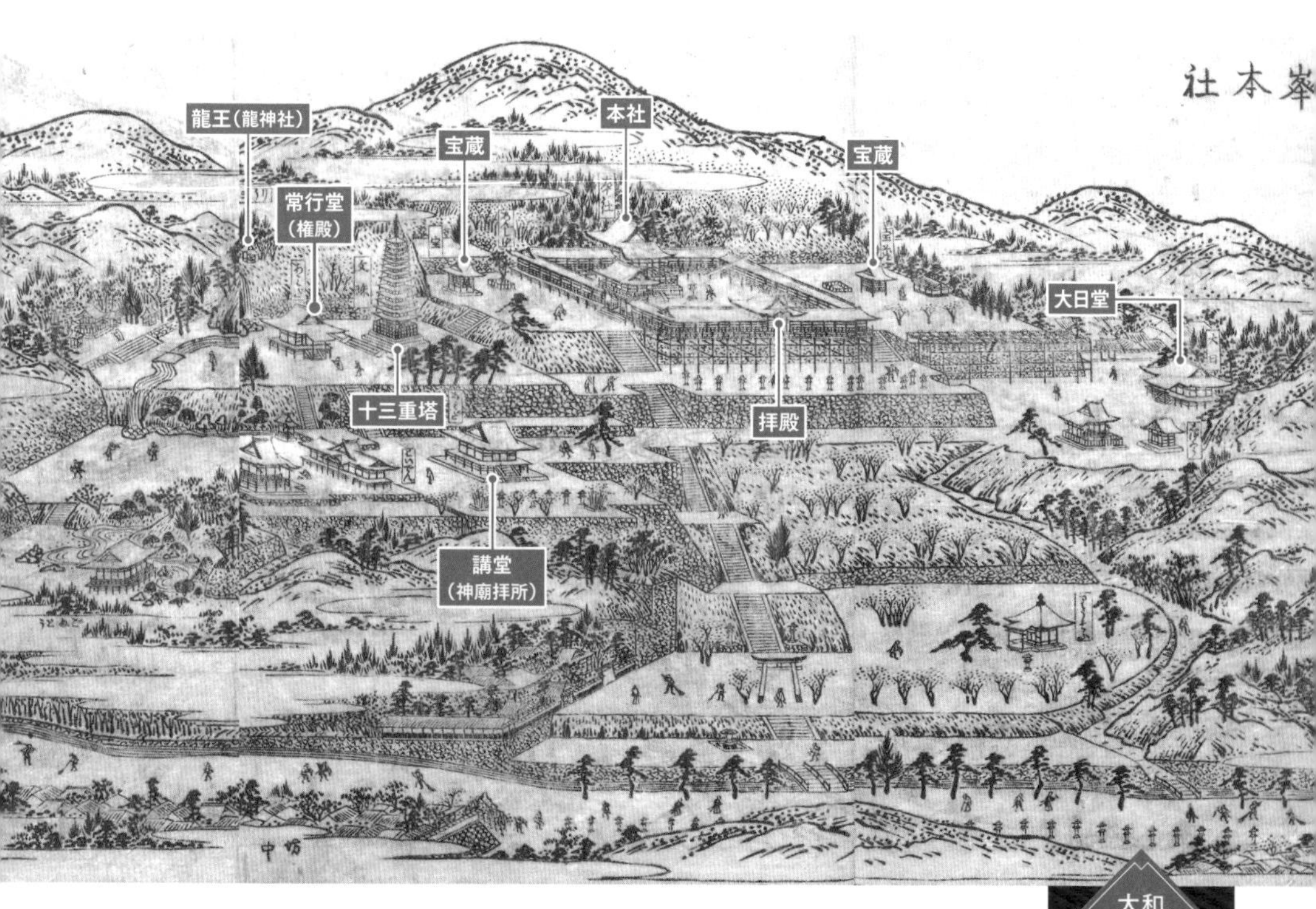

大和
-08-

談山神社（多武峰本社）

たんざんじんじゃ（とうのみねほんしゃ）

神仏分離を越えて守られた檜皮葺の十三重塔

「文殊」と十三重塔に注記されている理由

談山神社のシンボルともなっている十三重塔。日本の古塔の中でももっとも美しいものの一つといえよう。一般的な十三重塔は石造とされるが、談山神社のものは木造で屋根は檜皮で葺かれている。このため屋根の曲線がとても優美だ。

実は、今の塔は室町時代に再建されたもの。初代の塔は藤原鎌足公の長男、定慧和尚が建てたと伝わる。『大和名所図会』の挿絵で十三重塔の横に「文殊」と注記されているのは、定慧による創建にまつわる伝説に由来する。

談山神社が鎮座する多武峰は中大兄皇子（のちの天智天皇）と中臣鎌足公が蘇我氏の専横を排除する方策を相談した場所とされる。談山という地名も、このことによる。

鎌足公はそれらの功により天智天皇より藤原の姓を授かったが、天智天皇八年（六六九）に死去した。唐に留学していた定慧は、帰国後、鎌足公の遺骨の一部を多武峰に移し、十三重塔と講堂を建てて妙楽寺と称した。これが談山神社の始まりである。

『大和名所図会』より「多武峰本社」。談山神社も神仏分離の影響を受けたが、主要な建物は維持されて現在も使用されている。

右の屋根が並んでいるところが本殿・拝殿。手前の大きな屋根は神廟拝所。

なぜ十三重塔だったかというと、定慧は留学中に五台山を訪れ、ここで十三重塔を拝して感激し、日本にも同じものを建てると誓ったことによるという。五台山は文殊菩薩の聖地であり、妙楽寺の十三重塔にも文殊菩薩像が安置された。

大宝元年（七〇一）には十三重塔の東側に神殿が建てられ、鎌足公の像が安置された。これが現在の本殿にあたる。

明治の神仏分離で妙楽寺（多武峰寺）は廃寺となり、境内すべてが談山神社となった。通例であれば、堂塔は解体されてしまうのだが、談山神社は主要伽藍を社殿として活用する道を選んだ。

たとえば、講堂は神廟拝所に、常行堂は権殿に、十三重塔は神廟とした。

『伊勢日記図絵』（国立国会図書館蔵）より、江戸後期の談山神社（多武峰寺）。当時から紅葉の名所であったことがわかる。下方に「門ヨリ内女人禁断」とある。

⛩ 談山神社

奈良県桜井市多武峰319

0744-49-0001

JR桜井駅より奈良交通バス乗換約30分「談山神社（終点）」下車、徒歩約3分

MAP ▶ P.173 08

大和
-09-

寶山寺

寶山寺の景観を変えた大軌鉄道

「大阪の奥座敷」と呼ばれた宝山寺参道

生駒山系には個性的な聖地が集中している。有名なところでは生駒寶山寺・石切劔箭神社・枚岡神社・信貴山朝護孫子寺・瓢箪山稲荷神社などがあるが、このほかにも伝統的な社寺から民間信仰・新宗教に至る数々の〝聖地〟が点在している。この特殊な状況に注目する研究者も多く、生駒山系に点在する〝聖地〟を網羅的に調査した『聖地再訪 生駒の神々』といった本も出されているほどだ。

こうした生駒にあって寶山寺の創建は延宝六年（一六七八）と意外に新しい（ちなみに朝護孫子寺は聖徳太子の創建とされる）。もっとも、役行者小角や弘法大師空海も修行した場所といわれるから、聖地としての歴史は古代にさかのぼる。

この寶山寺が一八世紀には有名な名所になっていたことは『大和名所図会』に挿絵入りで紹介されていることからもわかるが、周囲の景観を一変させてしまうほどの人気になるのは、大正三年（一九一四）の大阪上本町と

『大和名所図会』より「般若崫寶山寺」。現在の賑やかな参道を知っていると、茶店や人家が見られないのが印象的だ。

奈良を結ぶ大軌鉄道（今の近鉄）の開業によってであった。

「2年10か月がかりで完成した生駒トンネルは当時日本で2番目の長さ。その東出口に、生駒駅が設けられました。（略）聖天信仰で有名な宝山寺の参拝者が電車を利用するようになり、生駒を訪れる人は急激に増えました。大正5年、生駒駅から宝山寺に向かう新しい参道が完成します」（『宝山寺参道』）

大軌鉄道は生駒トンネルの工事費用のため経営難に陥ってしまったが、寶山寺管長が資金提供をして苦境を救ったという。「宝山寺の隆盛ぶりがうかがえるエピソードであろう。『大阪の奥座敷』と呼ばれるほどに歓楽街的色彩の濃い門前町が形成されてきたのも、この頃である」（『聖地再訪 生駒の神々』）

大正七年（一九一八）には日本初のケーブルカーも開通し、参詣者はますます増えていった。さらには生駒の住宅開発も進み、地域の景観を一変させた。

「本邦初のケーブルカーができるに伴って、生駒山東麓に近代的な宝山寺の門前町が形成され飛躍的な発展を遂げ、また山腹には階段状の住宅地が形成された」（『生駒鋼索線小史』）

右の瓦葺きが本堂。左の檜皮葺が大聖歓喜天を祀る聖天堂。

寶山寺

奈良県生駒市門前町1-1
0743-73-2006
近鉄生駒駅よりより近鉄生駒ケーブル乗換約6分宝山寺駅下車、徒歩約10分

MAP ▶ P.173 09

生駒山。麓から住宅開発が進んでいることがわかる。二〇一五年撮影。

中央の四角く屋根が集まっているところが宝山寺本堂。左下から斜め上に続く直線は生駒ケーブル（出典：国土地理院ウェブサイト）。

河内 -01-

石切劔箭神社

いしきりつるぎやじんじゃ

町と共に変貌してきた〝でんぼの神様〟

生駒山系の西側を代表する聖地

前項で取り上げた宝山寺が生駒山系の東側（奈良県側）の代表的な聖地であるのに対し、石切劔箭神社は西側（大阪府側）の代表的な聖地である。いずれも他の社寺にはない独特の雰囲気をもった〝濃い〟参道がある。『聖地再訪 生駒の神々』はこう述べている。

「石切神社（正式名称・石切劔箭神社）は、宝山寺（生駒聖天）、信貴山朝護孫子寺とともに生駒地域の神々を代表するビッグスリーの一つである。（略）石切駅（近鉄奈良線、神社から北東約1000メートル）から下る参道には、およそ一四〇軒もの占い店、飲食店、土産物店、漢方薬店が続き、千手寺、石切大仏、石切大天狗といった宗教施設もある」

この本が刊行されてから参道の様相もだいぶ変化したが、きわめて個性的な参道であることは変わりない。しかし、この参道に店舗が密集するようになったのは近代以降のことだ。江戸時代は現在のような参道や商店街はなく、参拝者は東高野街道を通り参拝し

『河内名所図会』より「石切劔箭神社」。田の中に鎮座する神社だったことがわかる。右側に描かれている正興寺も現存する。

ていた。

石切劔箭神社の創建は古く、初代天皇の神武天皇が即位した翌年のこととされる。物部氏の祖神・饒速日尊とその御子・可美真手命を祀り、物部氏の一族・穂積（木積）氏によって守られてきた。

石切劔箭神社周辺の宅地化は大阪の近代化に伴うものということができるが、とくに大きな影響を与えたのは、やはり鉄道の開通であった。

江戸時代、すでに石切劔箭神社はデンボ（腫れ物）に霊験があるとして知られていた。しかし、石切まで参拝に訪れることができる人は限られていた。大正三年（一九一四）の鉄道開通は遠方からの参拝も可能にした。これにより参拝者が一気に増え、その者たちの要望に応える形で参道に飲食店や土産物店などが増えていき、さらにその後背地にも住宅が建っていったのだ。

『聖地再訪 生駒の神々』は石切劔箭神社の歴史を次のようにまとめている。

「石切神社は、時代ごとに名称、形態、性格を大きく変えてきたことがわかる。すなわち物部氏の祖先社から、（略）江戸時代にはほつみの社または穂積堂へ、明治期には村社・石切神社に、大正期以降は、都市大衆を引きつける病気治療の利益神へ」

参道の商店街。ここには写ってないが占いの店が多く漢方薬店もある。

楼門（随神門）であるが、絵馬殿と呼ばれている。屋根には石切劔箭神社を象徴する剣と矢がつけられている。

中央の緑があるところが石切劔箭神社。今はすっかり住宅に取り囲まれている。下の線路は近鉄けいはんな線（出典：国土地理院ウェブサイト）。

⛩ 石切劔箭神社

大阪府東大阪市東石切町
1-1-1
072-982-3621
近鉄新石切駅より徒歩約7分、近鉄石切駅より徒歩約15分

MAP ▶ P.174 01

『河内名所図会』より「枚岡神社」。境内中心部の構成は今と大きく変わらない。しかし、画面右下の先あたりに現在は近鉄奈良線の枚岡駅がある。

河内 02

枚岡神社

ひらおかじんじゃ

一の鳥居と二の鳥居の間を横断する鉄路と駅

中臣氏の祖神を祀る「元春日」

この枚岡神社も広い意味では生駒山系の聖地といえる。元宮司の奈須光興氏も、こう述べている。

「奈良から生駒山の暗峠を越えて真直ぐに西へ降った古い街道山麓近くに、朱の春日造（正確には枚岡造と称す）の社殿が西向きに鎮座し、神社の主神は天児屋根命即ち我が国祭祀の始めを掌り給い、中臣・藤原氏の祖神である」（「枚岡神社」『全国一宮祭礼記』）

その創建は神武天皇の東征の際にさかのぼるとされ、奈良の春日大社創建の時には当社から天児屋根命・比売御神の神霊が勧請されていることから、「元春日」とも呼ばれている。こうした由緒から河内国でもっとも権威ある神社、一宮とされてきた。

先の奈須氏の文にあった「古い街道」とは暗越奈良街道という。暗峠を通って奈良と大阪を結ぶ道で、生駒山系をうがつトンネルができるまで、この道が奈良・大阪の最短ルートとされていた。最晩年の芭蕉も、この道を通って奈良から大阪に入っている。

参道の二の鳥居。ここをまっすぐ行けば拝殿。振り返ると近鉄の線路が見える(写真提供：枚岡神社)。

中央の緑の中の複数の屋根が枚岡神社。そこから左に続く白い道が参道。これと直交する線路が近鉄奈良線(出典：国土地理院ウェブサイト)。

御本殿。枚岡造という独特な社殿様式で、現在の建物は文政(ぶんせい)九年(一八二六)に建てられたもの。近年の補修で美しく蘇った(写真提供：枚岡神社)。

大正時代に奈良・大阪間の鉄道建設が検討された際、この道に沿ってケーブルカーを敷設する案も出されたという。生駒山地を横断するトンネルは難工事が予想されたからだ。

結局、大阪電気軌道（大軌鉄道、今の近鉄奈良線）がトンネルを掘り、大正三年（一九一四）に大阪（上本町(うえほんまち)）～奈良間の鉄道が開業した。開業当時、上本町駅には始発電車から長い行列ができ、昼頃になっても乗れない人がいたという。この路線の開通が沿線の社寺の参詣者を急増させたことは先に述べた通りだが、２０００年以上の歴史をもち河内国一宮とされた枚岡神社に、思いがけぬ事態をもたらした。参道の途中に駅ができたのだ。

枚岡神社には拝殿からまっすぐ西に向かう参道があり、その参道の二の鳥居のすぐそばに枚岡駅がある。参道に駅というのは畏れ多い気もするが、おそらくは多くの人が参拝できるようにという御神意なのであろう。

実際、駅を出ると目の前に鳥居と参道というのは、参拝への期待が一気に高まって楽しい。二の鳥居をくぐり参道に続く石段へと歩を進めれば、『名所図会』の頃と変わらぬ森厳とした境内が参拝者を迎えてくれる。

枚岡神社(ひらおかじんじゃ)

大阪府東大阪市出雲井町7-16
072-981-4177
近鉄枚岡駅より徒歩約1分

MAP ▶ P.174 02

河内 -03-

道明寺・道明寺天満宮

どうみょうじ・どうみょうじてんまんぐう

神仏分離で二つに分かれた道明寺

「道明寺」は桜餅の種類ではない

道明寺というと桜餅を連想するという方もおられるだろう。かくいう筆者もそうなのであるが、道明寺の桜餅とは道明寺粉を用いた餅で作ってあるという意味であって、道明寺という桜餅があるわけではない。

道明寺粉は水に浸したもち米を蒸して乾燥させたもので、もとは保存食であった。道明寺で発明されたことから、「道明寺（粉）」と呼ばれるようになったという。

この道明寺、天神様として信仰されている菅原道真公と深い関係がある。

道明寺や道明寺天満宮が鎮座するあたりを土師ノ里といったりするが、これは埴輪や土器の製造、陵墓の造営に関わった古代の氏族、土師氏の根拠地であったことによる。道明寺はその氏寺で、古くは土師寺といった。菅原氏はこの土師氏の子孫で、道真公の叔母の覚寿尼は土師寺に住していたという。

道真公は左遷先である大宰府に向かう途上、土師寺の叔母を訪ね、自らの自刻像を叔母に渡したと伝わる。

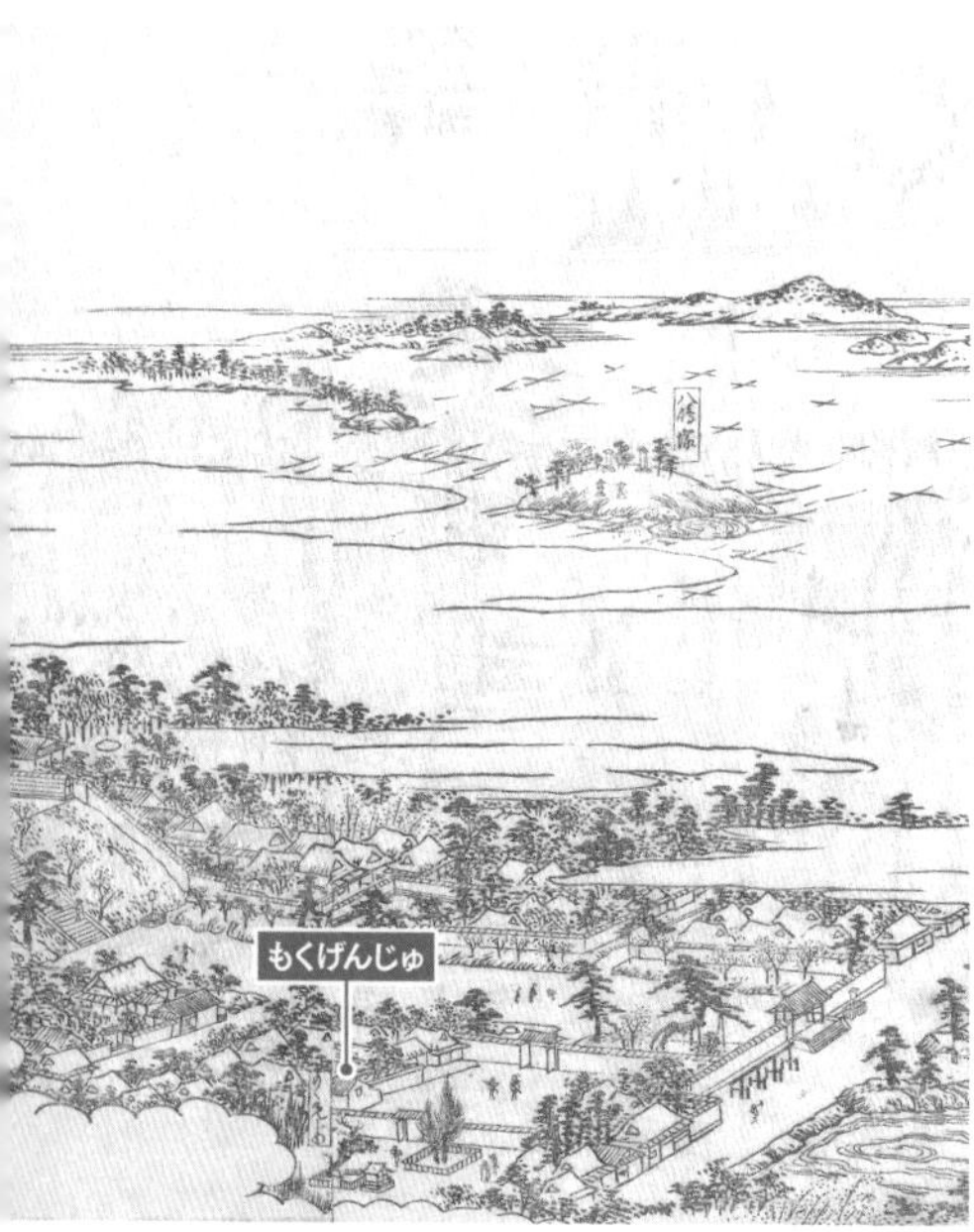

『河内名所図会』より。左の見開きページは見出しが「道明寺／本社」で、挿絵も本堂（左）と本社が並んでいる。本堂が道明寺、本社が道明寺天満宮だ。

自刻像を御神体とし道明寺天満宮が創建

道真公の教えにより土師寺は道明寺と名を改め、境内には自刻像を御神体として天満宮が創建された。以後、道明寺と道明寺天満宮は一体の関係を保ってきた。『河内名所図会』の挿絵には、本堂と本社が同格で並んでいる様子が描かれている。

だが、明治の神仏分離によ

現在の道明寺天満宮。拝殿の形は『河内名所図会』挿絵と同じである。

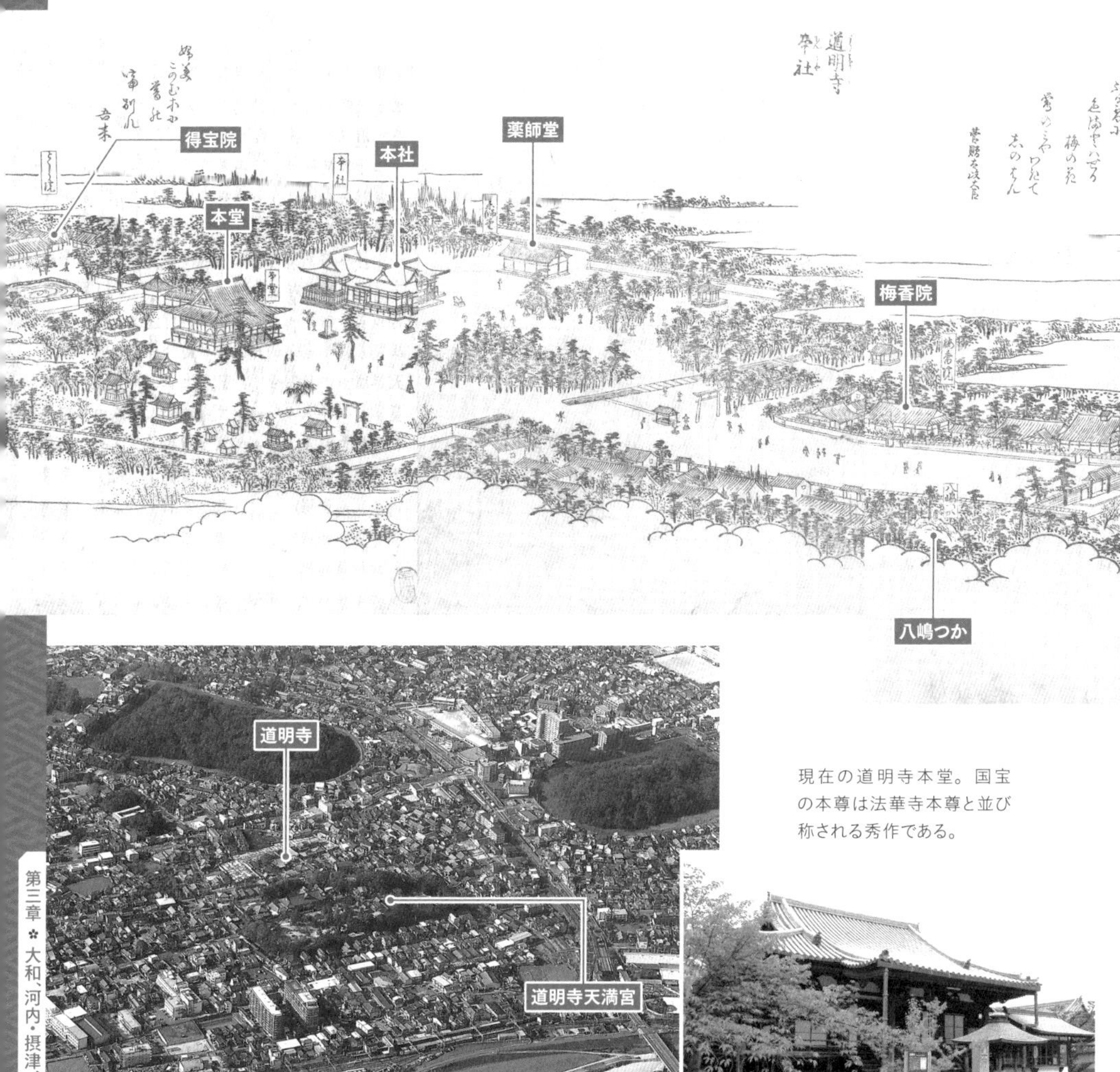

現在の道明寺本堂。国宝の本尊は法華寺本尊と並び称される秀作である。

中央下の四角い緑が道明寺天満宮。道明寺はその上。さらに上の古墳は仲津山古墳。右は允恭天皇陵。

り、道明寺天満宮は道明寺から分離独立することとなる。明治五年（一八七二）、道明寺は境内地を道明寺天満宮に譲って隣接地に移転。大正八年（一九一九）には現在の本堂が落成した。本尊の国宝・十一面観音立像は道真公作と伝わる。

なお、道明寺天満宮が所蔵する銀装革帯・牙笏・青白磁円硯などの道真公の遺品（伝菅公遺品）も国宝に指定されている。

道明寺

大阪府藤井寺市道明寺1-14-31
072-955-0133
近鉄道明寺駅より徒歩約6分

MAP ▶ P.174 03

河内
-04-

葛井寺

ふじいでら

商店街に囲まれた聖武天皇勅願の古寺

葛井寺と藤井寺と二人の「ふじい」さん

寺院の名前は葛井寺であるが、市や駅の名は藤井寺。もちろん、寺の名前が先にあり、そこから市や駅の名がついたわけだが、表記が二つに分かれてしまったのは、葛井寺をめぐる二人の「ふじい」さんのためらしい。

一人は葛井連広成で、聖武天皇の勅命により神亀二年（七二五）に葛井寺を創建したという。

葛井連は渡来系の氏族で、古くは白猪氏と名乗っていた。学者・学僧を輩出し、隋・唐に留学した者も多い。葛井寺はこの葛井氏の氏寺として隆盛したが、平安時代には荒廃していたという。

これを嘆いて復興に取り組んだのが藤井安基で、ここから藤井寺という呼称も使われるようになったという。

しかし、葛井寺の悲劇はその後も続き、明応二年（一四九三）の兵火と、永正七年（一五一〇）の地震により堂塔を失った。

この打撃は大きかったが、葛井寺の僧らは全国をめぐって寄進を集め、伽藍を復興し

『河内名所図会』より「葛井寺」。境内の様子は現在と大きく変わらないが、周囲はすっかり商業区域に変貌している。画面左の道は商店街となっており、左上方向に進むと藤井寺駅に出る。

紫雲石燈籠
本堂
鐘楼
護摩堂

た。これが『河内名所図会』の挿絵に描かれた伽藍であり、現代のわれわれが目にする境内の諸堂宇なのだ。

たび重なる被災にも復興を成し遂げられたのは、本尊の千手観音への人々の崇敬の篤(あつ)さゆえだろう。葛井寺は西国三十三所霊場第五番札所として知られるが、参詣に訪れるのは巡礼者ばかりではない。さまざまな悩みや願いを抱いた人が、千手観音の広大な慈悲にすがろうと葛井寺の門をくぐってきた。

千手観音は正しくは千手千眼観世音菩薩という。人々の苦しみを見逃さず、あらゆる手段で救済することを象徴している。

しかし、仏像で実際に千本の手をもつものはほとんどない。造形的に困難であるためで、40本が一般的だ。

ところが、葛井寺の本尊は1041本の手をもつ。左右に扇形に広がった1001本の小手と、持物をもつ40本の大手という構成になっている(数が半端に思われるかもしれないが、京都の三十三間堂も千手観音像が1001体安置されている)。

これだけ腕をとりつけておきながらグロテスクにならず、むしろ翼のような優美さを感じさせる本像は、千手観音像の傑作中の傑作といえる。

南大門。駅に近い西門(四脚門)から境内に入る人が多いが、こちらが正門になる(写真提供:葛井寺)。

葛井寺(ふじいでら)

大阪府藤井寺市藤井寺1-16-21

072-938-0005

近鉄葛井寺駅より徒歩約3分

MAP ▶ P.174 04

中央の緑が多い長方形の空間が葛井寺。左上の駅は近鉄南大阪線の藤井寺駅。駅周辺から寺の横まで商店街が続いている(出典:国土地理院ウェブサイト)。

安永(あんえい)五年(一七七六)建立の本堂。内部を内陣と外陣に分け仕切りをつける密教寺院の形式をもつ(写真提供:葛井寺)。

摂津
-01-

四天王寺（してんのうじ）

空襲の焼け跡から復活した四天王寺

仏教の受容をめぐる戦いで創建が決まった？

法隆寺や四天王寺を訪れた時、「ああ、本に書かれていた伽藍配置そのままだ」と感激する古代史や古寺の愛好家は多い。というのは、創建当時の伽藍配置が見られる古代寺院はごくまれだからだ。

奇しくも法隆寺も四天王寺も聖徳太子によって創建された寺だ。伝承によると、仏教の受容をめぐって物部氏と蘇我氏が争った際、聖徳太子は蘇我氏の軍に加担しており、自刻の四天王像に勝利を祈念し、戦勝の折には寺院を建立すると誓ったという。その誓いに従って創建されたのが四天王寺とされる。しかし、法隆寺が飛鳥時代の建築を今に残しているのに対し、四天王寺に残っているのは、古いものは元和九年（一六二三）再

『なには百景の内 四天王寺東門』（国立国会図書館蔵）。19世紀後半の四天王寺。五重塔の先に海が見えている。

『摂津名所図会』より「四天王寺」。仏教史の本でおなじみの四天王寺式伽藍配置だが、この挿絵に描かれているのは元和九年（一六二三）に再建されたもの。これらも享和元年（一八〇一）に落雷で焼失してしまう。

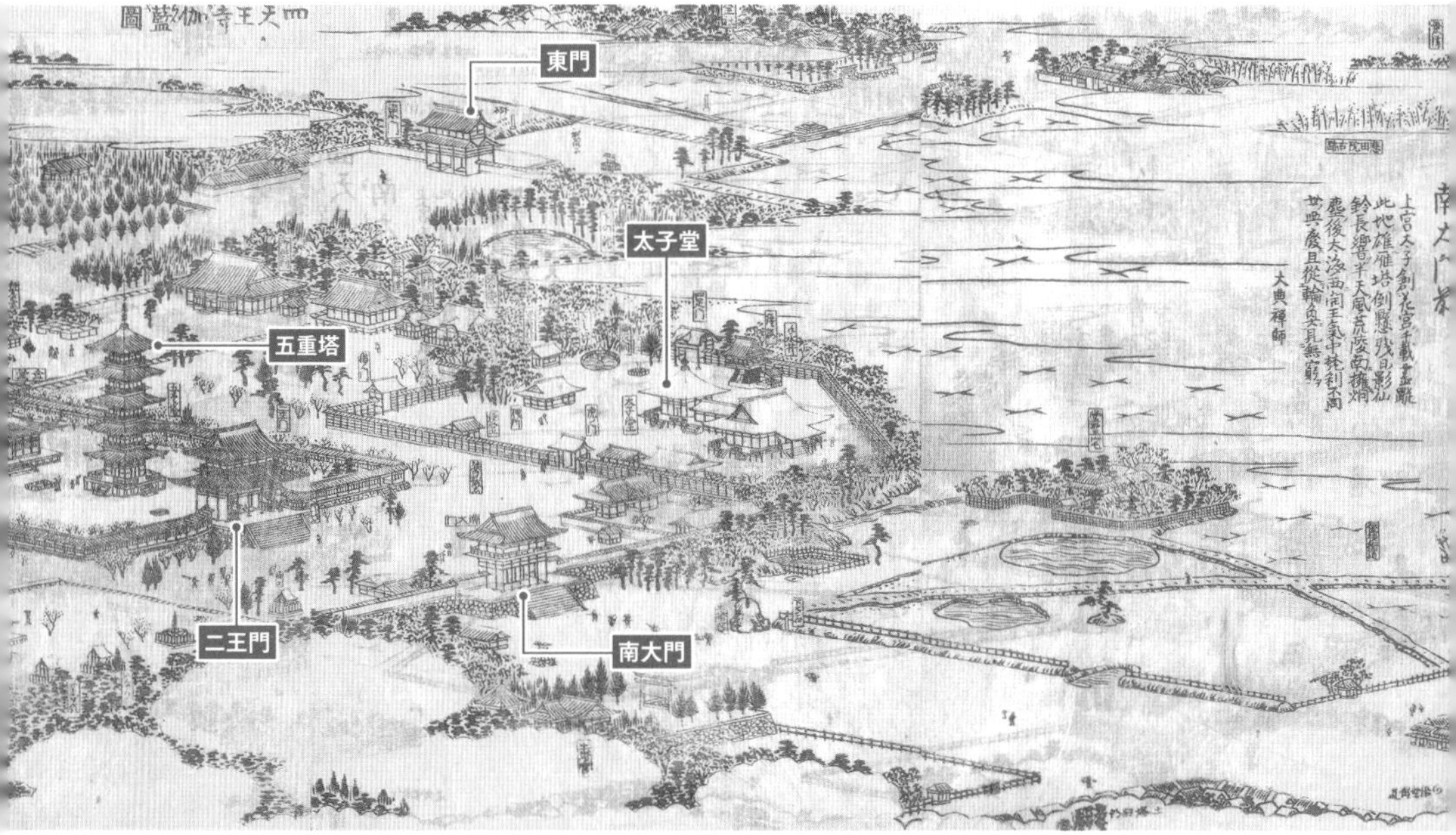

建の建物もあるが、中心伽藍は昭和三十年代の再建である。

こうした違いは立地によるところが大きいだろう。法隆寺がある斑鳩は、聖徳太子の死後、いわば忘れられた土地になったため戦乱に巻き込まれることはなかった。一方、浪速は都とされた期間は短かったものの、常に政治・経済の中心的存在で、戦乱に遭う機会が多かった。慶長一九年（一六一四）の大坂冬の陣でも類焼で伽藍を失い、二代将軍秀忠によって復興されたものの、享和元年（一八〇一）に落雷で金堂や五重塔を焼失した。『摂津名所図会』の挿絵は秀忠による再興の様子が知られる貴重な史料だ。その後、文化一〇年（一八一三）に再建されたが、この伽藍も空襲で焼けてしまった。

四天王寺

大阪府大阪市天王寺区四天王寺1-11-18

06-6771-0066

谷町線四天王寺前夕陽丘駅より徒歩約5分、JR・御堂筋線・谷町線天王寺駅より徒歩約12分、近鉄阿部野橋駅より徒歩約14分

MAP ▶ P.174 01

中門・五重塔・金堂・講堂が南北一直線に並んでいるのがわかる。伽藍は飛鳥時代の建築様式で再建されている（写真提供：四天王寺）。

五重塔と金堂。金堂の本尊は救世観世音（如意輪観音）半跏像（写真提供：四天王寺）。

『摂津名所図会』より「一心寺」。現在は石段を登ったあたりに現代建築の仁王門があり、本堂に向かって左側に納骨堂・お骨仏堂がある。

摂津 -02-

一心寺（いっしんじ）

庶民の供養のお寺として二度復興を遂げる

法然上人の草庵 源空庵から一心寺に

一心寺の始まりは、浄土宗を開いた法然上人が、文治元年（一一八五）に、この地の草庵で日想観を行ったことにあるとされる。

日想観とは沈みゆく太陽を見つめながら極楽浄土のことを思い浮かべる修行法をいう。なぜ夕日かというと極楽浄土は西方はるか彼方にあるためで、西に沈む夕日を見れば自然と極楽浄土を拝する形になるからだ。

当時、一心寺のすぐ西あたりまで大阪湾が迫っていたので、日想観を行うには最適の場所であった。すぐ近くの四天王寺も日想観の霊地とされ、「極楽の東門」ともいわれた。この一帯を夕陽丘と呼ぶのも、この信仰に由来する。

法然上人が日想観を行った草庵は源空庵と呼ばれたが、その後、一心寺と改められた。

一心寺は徳川家康とも縁が深く、八男の仙千代の葬儀を行ったほか、大坂冬の陣では家康の本陣が置かれている。

こうしたことから一心寺は幕府からも特別の扱いを受けたがその後衰微、江戸後期頃

一心寺を背後から鳥瞰する。大きな屋根が本堂で、その右に納骨堂とお骨仏堂が並ぶ。本堂の向こうの網状の屋根が山門（写真は二〇一七年一一月撮影）。

に庶民信仰の寺院として復興をとげた。

その象徴が年中無休の施餓鬼法要であった。施餓鬼とは餓鬼道に墜ちて苦しむ霊を供養することによって、自身や先祖に功徳を得るというもので、一般の寺院では先祖供養の儀礼としてお盆の時に行っている。

一心寺ではそれをいつでも受けられるようにしたのである。これは故郷を離れて大阪で働いていた人たちの要望に合致したため、一心寺は「おせがきの寺」として有名になった。

その結果、納骨を希望する者も増えたため、粉砕した遺骨を固めて仏像にするお骨仏が造られるようになった。明治二〇年（一八八七）のことである。

昭和二〇年（一九四五）の空襲で伽藍を焼失し、お骨仏も焼けてしまったが、檀信徒の寄進により復興。お骨仏も新たに造られている。平成九年（一九九七）には現代建築の仁王門（山門）も完成した。

仁王門。建築家でもあった前住職が設計。仁王尊は彫刻家・神戸峰男氏による5メートル余の青銅像。

一心寺

大阪府大阪市天王寺区逢阪2-8-69
06-6771-0444
堺筋線恵美須町駅より徒歩約7分、JR・御堂筋線・谷町線天王寺駅より徒歩約8分、谷町線四天王寺前夕陽丘駅より徒歩約9分、近鉄阿部野橋駅より徒歩約14分

MAP ▶ P.174 02

摂津 -03-

住吉大社（すみよしたいしゃ）

神功皇后の御代に創建された摂津の大社

浜辺に鎮座していた海上守護の軍神の社

現在の住吉大社の周辺を見て、ここが海辺だったと信じられる人は少ないだろう。実際、少々高い建物に登っても海は見えない。しかし、『摂津名所図会』の挿絵にあるように、近世までは浜辺が境内のすぐそばだった。『東海道中膝栗毛』にも、弥次郎兵衛（やじろべえ）・喜多八（きたはち）が住吉大社を参拝した後、出見（いでみ）の浜に行って高燈籠を見物する場面がある。

おそらく古代にはもっと海が境内に迫っていたものと思

『浪花百景之内 住吉高灯籠』（国立国会図書館蔵）。弥次郎兵衛・喜多八も見た高燈籠。高さが21メートルあり、住吉の名所となっていた。住吉大社の参拝者の多くが見物したという。

『近畿名勝写真帖 続』（国立国会図書館蔵）より明治時代の高燈籠。戦後、台風で上部の木造部分が破損したため解体された。昭和四九年（一九七四）に住吉公園に復元された。

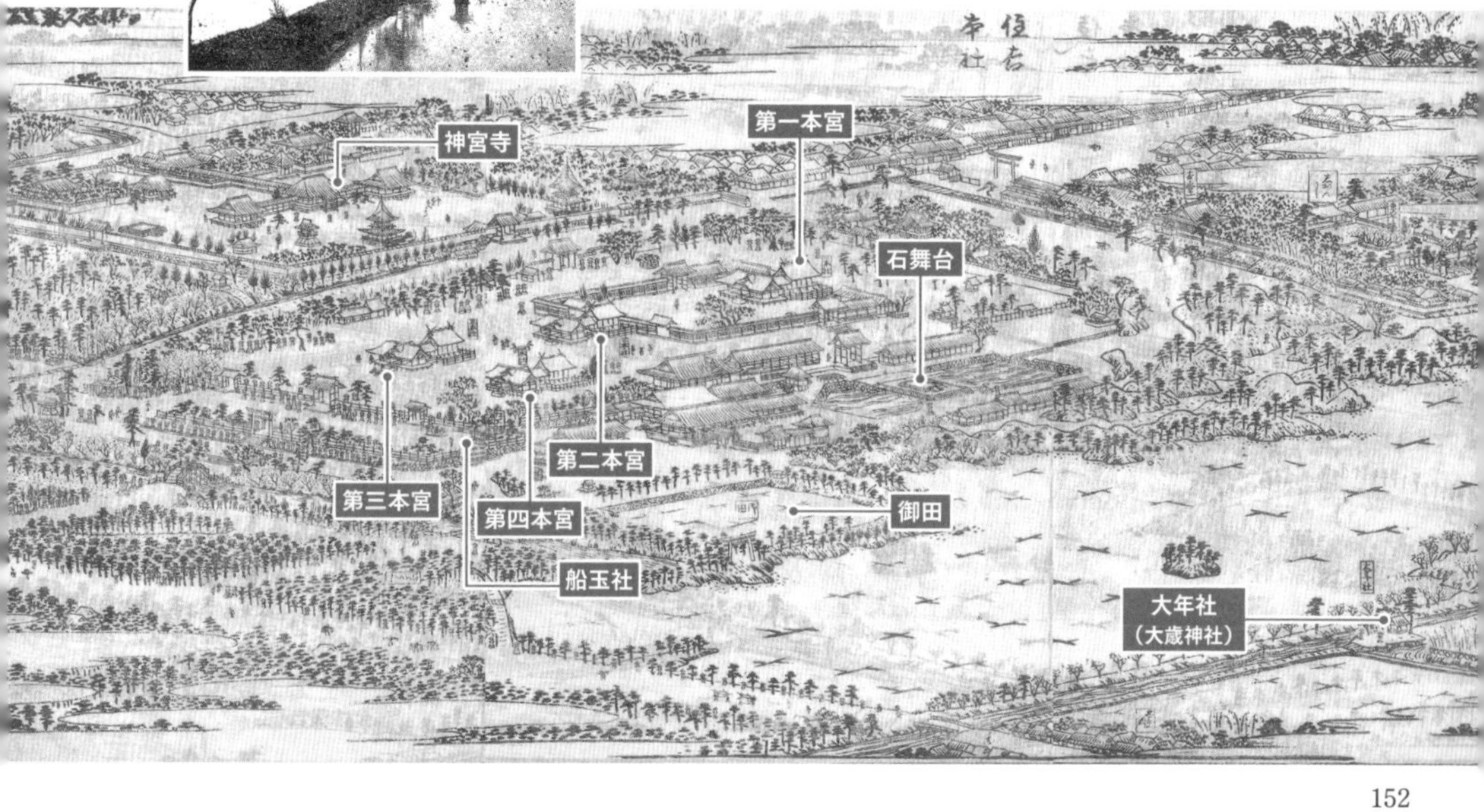

われる。高燈籠は燈台の役目も果たしていたが、住吉大社の御祭神も沖をゆく船を見守る神様であるからだ。

『古事記』によると、住吉大社で祀られる住吉大神（底筒男神・中筒男神・表筒男神）は伊邪那岐命が海で禊をされた時に生まれたという。その神がこの地に鎮座した理由は『日本書紀』に述べられている。

それによると、住吉大神は神功皇后（第14代仲哀天皇の皇后で、第15代応神天皇の母）の新羅遠征を守護し、戦勝に導いた。その帰途、大神は皇后に託宣して、「我が荒魂（荒ぶる神霊）は穴門の山田邑（山口県下関市）に、和魂（恵みをもたらす神霊）は大津の渟中倉に祀れ」と教えた。この「大津の渟中倉」が住吉大社の鎮座地とされる。

中央の４つある茶色い屋根が国宝の本宮（本殿）。その下の白い道が表参道。途中に反橋がある。高燈籠は左下方向にあった。

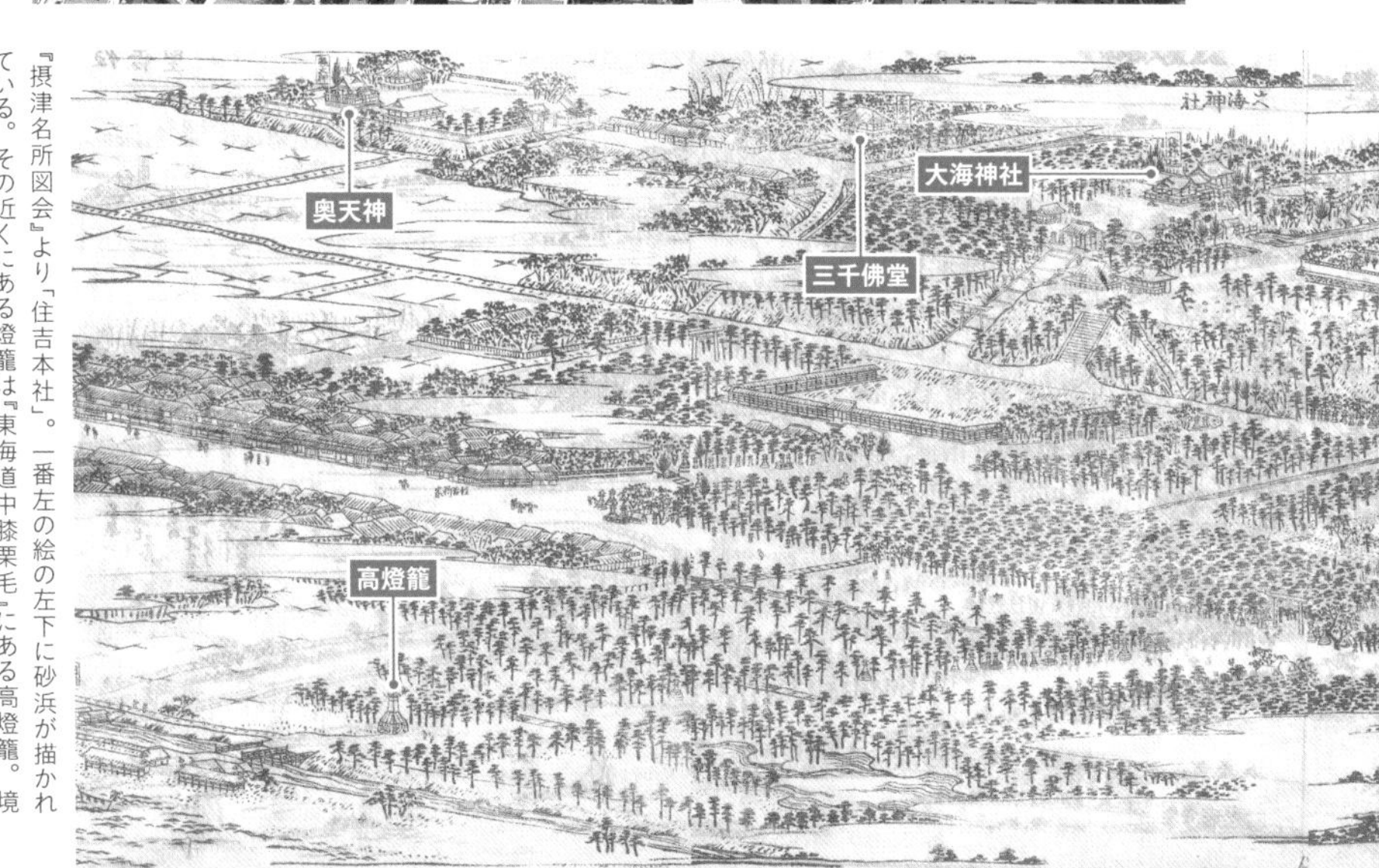

『摂津名所図会』より「住吉本社」。一番左の絵の左下に砂浜が描かれている。その近くにある燈籠は『東海道中膝栗毛』にある高燈籠。境内に隣接（左上）している寺院（神宮寺）は現存していない。

『伊勢日記図絵』（国立国会図書館蔵）より住吉大社を描いた絵図。記憶を元に描いたのか、実際と違っているところが多い。本宮（本殿）の形も違うし、社殿が二つずつ横に並ぶのも間違い。反橋と本宮の間には鳥居と瑞垣があるはずだが、それも描かれていない。

四つの国宝社殿は外国航路の船団？

住吉大社の創建神話は8世紀に成立したと思われる『摂津国風土記』にもある。

「神功皇后の御代に住吉大神が現れ、各地をめぐって住むべき場所を探された。沼名椋（渟中倉）まで来られた時、『ここはまことに住むべき地だ』と言い、『真住み吉し、住吉国』と誉められた」

ここから「すみのえ」という地名ができたとする。よほど海の水が澄んでいたのだろう。海で生まれた神様の鎮座地にまことにふさわしい。

この住吉大神が鎮まられる本殿は、住吉造という社殿様式で建てられている。これは伊勢神宮の神明造、出雲大社の大社造と並ぶ最古の社殿様

『浪花百景之内 住吉神宮寺』（国立国会図書館蔵）。現在の北神苑の場所にあった神宮寺を描いた錦絵。住吉大神の神託により孝謙天皇が天平宝字二年（七五八）に創建したものであったが、明治の神仏分離で廃寺となった。絵にある塔は徳島県の切幡寺に移築された。

反橋から本宮前の角鳥居と幸寿門を望む。昔はこの橋の近くまで入江が広がっていたという。

角鳥居と幸寿門。角鳥居は柱が角柱の珍しい鳥居で住吉鳥居とも。奥に第三本宮が見える。

式の一つで、白壁と朱色の柱が美しい。現在は前に拝殿がついているが、ない形が本来のものだ。

住吉大社ではこの本殿をすぐ近くで拝見することができる。これは希有なことで、筆者は参拝するたびにありがたいことだと感激している。

さて、住吉大社にはこうした本殿が四つある（住吉三神に加え神功皇后を祀るため）のだが、その配置が謎めいている。

第一・第二・第三本宮は東から西に一列に並んでいるのに、第四本宮は第三本宮の南側に並んでいるのだ（前述のように拝殿が前にあるので、『伊勢日記図絵』のような恰好ではない）。

また、西向きに建っているのも珍しい（通例は南向きか東向き）。

一説では、この形は外洋航路をゆく船団を表しているのだという。もしそうだとすると、古代の住吉大社の本宮はまさに海に乗り出していく姿だったのではないだろうか。

第三本宮。後部の白壁に赤い柱の建物が本殿で、その前は拝殿。後ろに第二本宮が見える。

⛩ 住吉大社（すみよしたいしゃ）

- 大阪府大阪市住吉区住吉2-9-89
- 06-6672-0753
- 南海住吉大社駅より徒歩約3分、南海住吉東駅より徒歩約5分、阪堺線住吉鳥居前駅より徒歩1分未満

MAP ▶ P.174 03

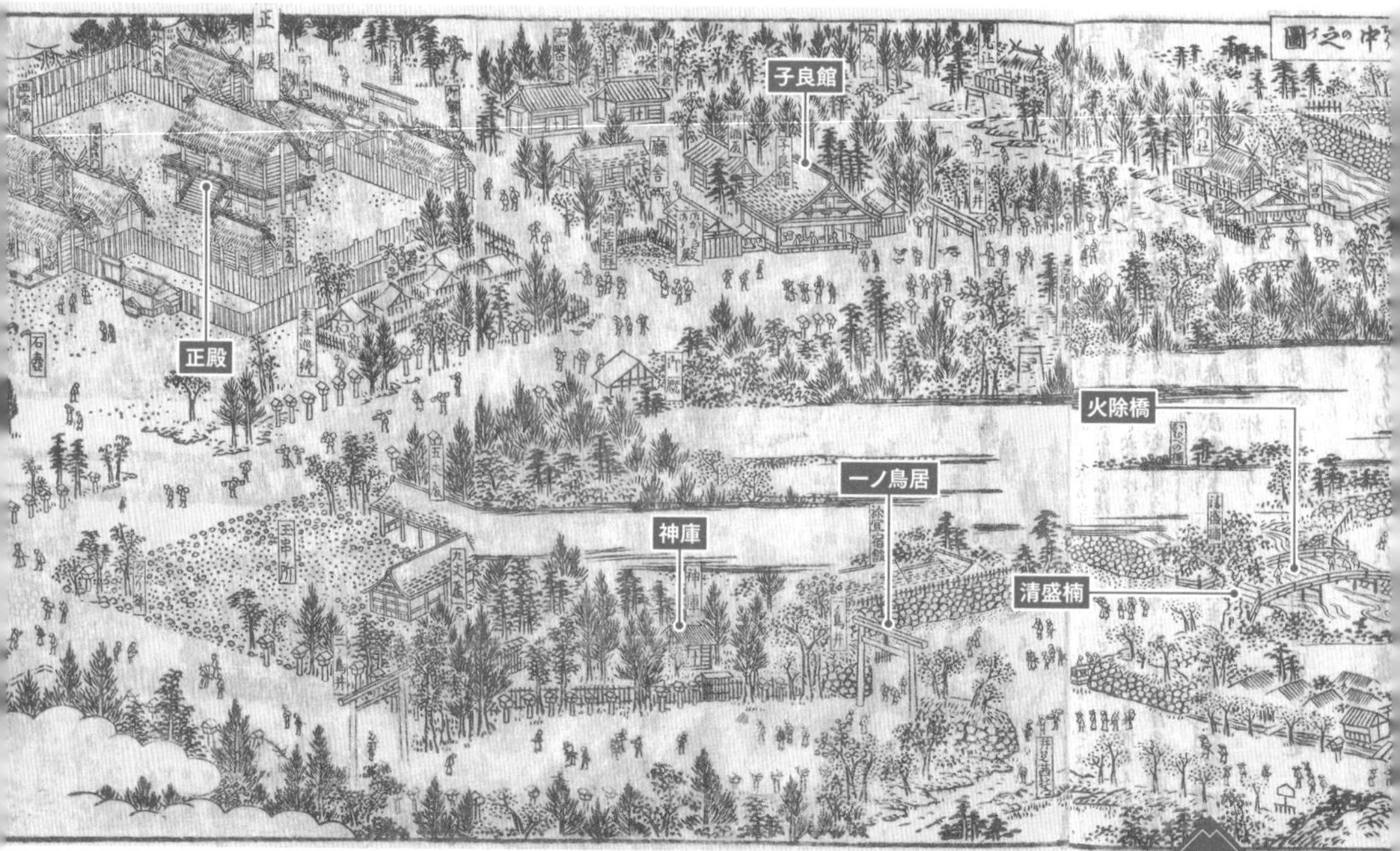

伊勢 -01-

豊受大神宮（とようけだいじんぐう）（伊勢神宮外宮（いせじんぐうげくう））

明治の御改正で整理された120の末社遥拝所

僧侶は参拝できず僧尼拝所から遥拝

古来、伊勢神宮（正式名称は神宮）は特別な神社とされてきた。皇室の御祖神である天照大御神が、自ら「ここに鎮まりたい」と託宣されたことによって創建されたからで、かつては「私幣禁断」といって、天皇以外の者がお供えを奉ることを禁ずる制度があった。

平安時代にはすでに相当数の参宮者があったといわれ、また鎌倉時代以降は将軍や有力大名の参拝によって伊勢へ向かう参宮街道が整備される

表参道の入口にある火除橋。奥は第一鳥居。『伊勢日記図絵』はこのあたりを描いている（写真提供：伊勢志摩観光コンベンション機構）。

『伊勢参宮名所図会』より。中央の「其二」の挿絵に注目。左端に「僧尼拝所」がある。また、「其二」の字の下には露店のような末社が並んでいるのがわかる。

とともに、御師の活躍もあって次第に神宮がより身近な存在となり、人々の崇敬を集めるようになった。

それに呼応するように神明(伊勢神宮のこと)信仰が全国的に広まり、江戸時代には庶民を中心に伊勢参宮が一種のブームとなった。

十返舎一九の『東海道中膝栗毛』もこのブームの中から生まれた作品で、弥次郎兵衛・喜多八の旅の目的も伊勢参宮であった。

だが、誰もが伊勢神宮を参拝できたわけではない。平安時代以前から伊勢神宮は外来信仰である仏教を忌むとされており、境内では仏教用語は禁句となっていた。

当然、僧侶や尼の参拝は禁じられており、御正殿から離れた場所に設置された僧尼拝所というところから御正殿を遙拝した(上の『伊勢参宮名所図会』挿絵参照)。

もっとも姿が僧尼でなければ参拝できたらしく、矢野憲一氏によれば、「江戸時代にはお坊さんも鬘をすれば参拝

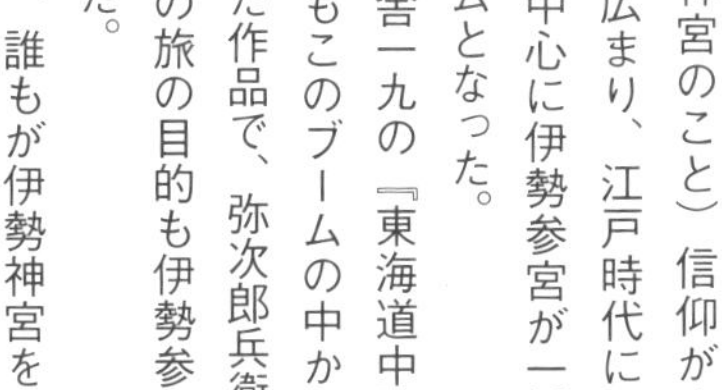

『伊勢日記図会』(国立国会図書館蔵)より。文久二年(一八六二)頃の外宮。境内入口の火除橋付近を描いたものと思われる。

外宮別宮の多賀宮。御正殿に祀られる豊受大御神の荒御魂が鎮まる。『伊勢参宮名所図会』挿絵では其三の右側に「高宮」として描かれている(写真提供:伊勢志摩観光コンベンション機構)。

『伊勢日記図会』(国立国会図書館蔵)より外宮の御正宮。実際に見た姿ではなく、説明をもとに描いたものと思われる。

外宮御正宮の板垣南御門(鳥居)と外玉垣南御門(写真提供:伊勢志摩観光コンベンション機構)。

豊受大神宮(伊勢神宮外宮)

三重県伊勢市豊川町279

0596-24-1111(神宮司庁)

JR・近鉄伊勢市駅より徒歩約6分

MAP ▶ P.174 01

『伊勢参宮名所図会』より外宮の末社遙拝所。歴史学者の西垣晴次氏によると、番所のような粗末な建物で、大津絵のような不調法な絵を表装して掛けてあったという。

できることとなり、宇治橋前に貸し髪屋ができたという」(『伊勢神宮』)

伊勢参宮が目的であったはずなのだが、『東海道中膝栗毛』は伊勢神宮の様子をあまり書いていない。内宮の宇治橋と外宮の末社のことくらいだ。

明治の御改正で整理され取り払われたので今は見られないが、江戸時代には内宮に80、外宮に40の末社遙拝所が御正宮の近くにあった。内宮の方が数が多いのに、『東海道中膝栗毛』は外宮の末社(遙拝所)をめぐったことしか書いておらず、『伊勢参宮名所図会』も外宮の方に挿絵を入れている。

これほど末社が多いと賽銭が足りなくなる者も多く、鳩目銭という賽銭用コインを10枚1文で売っていた。

伊勢
02

皇大神宮（伊勢神宮内宮）

こうたいじんぐう（いせじんぐうないくう）

御正殿の近くまで入っていた江戸時代の参拝者

伊勢にもあった神を祀る神宮寺

外宮のところでも述べたように伊勢神宮は仏教を忌避していた。それゆえ神宮周辺には寺院などなかったように思われがちだが、実は内宮の近くにも神宮寺があった。

寺伝によると神宮寺は聖武天皇の勅願により天平一六年（七四四）に行基によって創建されたといい、『続日本紀』の天平神護二年（七六六）七月二三日の条にも「伊勢神宮寺に丈六（一丈六尺の略だが、坐像なので半分の約二メート

海徳寺の丈六阿弥陀如来坐像。もと神宮寺の本尊。12世紀半ばの像なので『続日本紀』でいう像とは別物だが、その信仰を受け継ぐものといえる（写真提供：碧南市）。

『伊勢参宮名所図会』より「菩提山」。明治の廃仏毀釈の結果、神宮のお膝元の宇治山田地区では109の寺が廃寺になったという。

菩提山

本堂

方丈

かや堂

ル半）の仏像を造らせた」という記述がある。明治二年（一八六九）に廃寺となったが、本尊の阿弥陀如来像は愛知県碧南市の海徳寺に移され現存している。

外玉垣の中に入る江戸の参拝者たち

『伊勢参宮名所図会』の内宮鳥瞰図を見て驚くことが二つある。一つは宇治橋を渡ったところに町があることだ。かなり密集した住宅街になっている。これらは伊勢神宮の信仰を全国に広めた御師の館であった。御師はそれぞれ檀那場と呼ばれる布教区域をもっており、その地域の信者にお札や暦を配るとともに、彼らが参宮する際には館に泊め、参拝をコーディネートした。

『伊勢日記図会』（国立国会図書館蔵）より。御正宮の周囲に末社が描かれている。参拝者が御正殿のすぐ前の門の外で参拝しているが、この内側の瑞垣南御門が略されているようだ。

現在の内宮御正宮。石段の上が板垣南御門（鳥居のところ）。その奥が外玉垣南御門。かつては一般の参拝者もこの内に入れた時代があった。

しかし、明治四年（一八七一）の神宮改革で御師は廃絶となり、明治二〇年（一八八七）にこれらの館を財団法人神苑会が買収、撤去した。現在は広々とした洋風の雰囲気すらある神苑となっている。

驚くもう一点は、参拝者が御正殿の近くまで入っていることだ。現在は一般の参拝者は外玉垣南御門の前までしか入れないが、当時の参拝者は明らかにその中まで入っている。これはほかの史料でも確認できることで、西垣晴次氏によると、「明治二年の遷宮で現状のようになるが、それまでは板垣はなく、外玉垣御門は無扉の門だけで、一般の人びとは現在の外玉垣より一段と奥の内玉垣御門（玉串御門）まで入ることができた」（『お伊勢まいり』）という。

荒祭宮(あらまつりのみや)。内宮の第一の別宮で、天照大御神の荒御魂をお祀りする。御正宮に次いで重視され、10ある別宮の中でもっとも大きい。奉幣(ほうへい)なども御正宮の次に行われる。

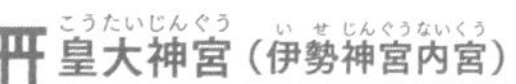

皇大神宮(こうたいじんぐう)（伊勢神宮内宮(いせじんぐうないくう)）

- 三重県伊勢市宇治館町1
- 0596-24-1111（神宮司庁）
- 近鉄五十鈴川駅より徒歩約30分、伊勢市駅より三重交通バス約20分内宮前下車、徒歩1分

MAP ▶ P.174 02

『伊勢参宮名所図会』より。左端に宇治橋がある。遷宮後間もないらしく御正殿の隣(左)に古殿が残る。

『伊勢参宮略図』(国立国会図書館蔵)。手前は参拝者でにぎわう外宮境内。背後(絵図上部)には内宮やその門前町である古市の町並のほか、二見浦や朝熊山など周辺の名所も描かれている。

『伊勢参宮膝くりげ道中寿語録』(国立国会図書館蔵)。十返舎一九の『東海道中膝栗毛』になぞらえ、弥次郎兵衛・喜多八の珍道中を双六にしたもの。歌川広重画。

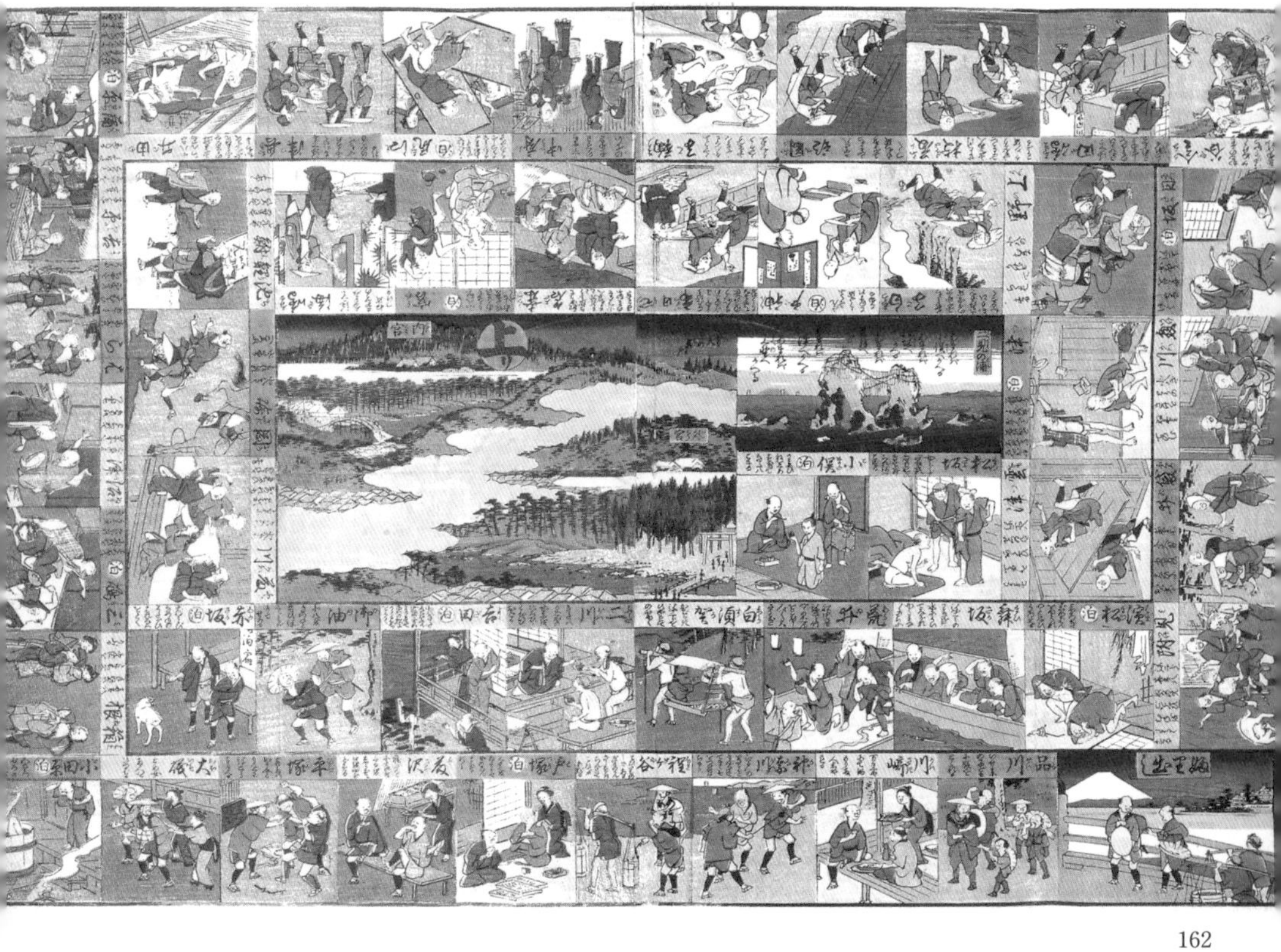

『東海道名所図会』（国立国会図書館蔵）より「芝明神増上寺」

「古地図」と「現代地図」でめぐる

掲載社寺マップ

本書に掲載した社寺の所在地を「古地図」と「現代地図」で比較して、往時の市街と社寺の姿に思いを馳せる——索引や巡拝用マップとしてもご活用ください。

古地図でめぐる 江戸の社寺

※166ページの現代地図と比較してお楽しみください

『萬世御江戸繪圖』
(国立国会図書館蔵)

※㉗羽田弁財天社の所在地は、本古地図には描かれていません。

『名所江戸百景 虎の門外あふひ坂』（国立国会図書館蔵）。歌川広重が描いた虎ノ門（⑩金刀比羅宮前）の風景（38ページ参照）。

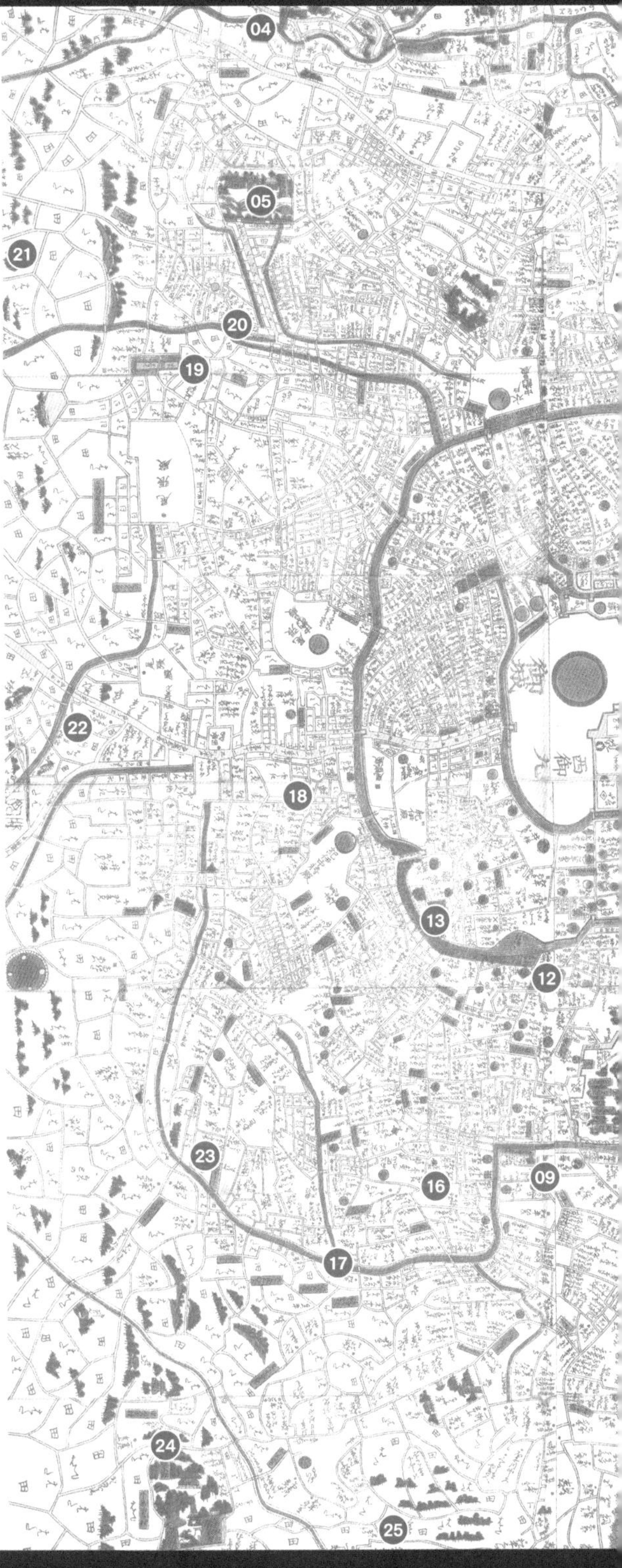

本書掲載社寺マップ（東京・横浜）

『御開港横浜正景』（国立国会図書館蔵）。江戸末期に描かれた横浜港の絵図。左上には横浜弁財天社の南方にある外人墓地や増徳院などが描かれ、手前には北方の浄瀧寺や神奈川台場などが描かれている。

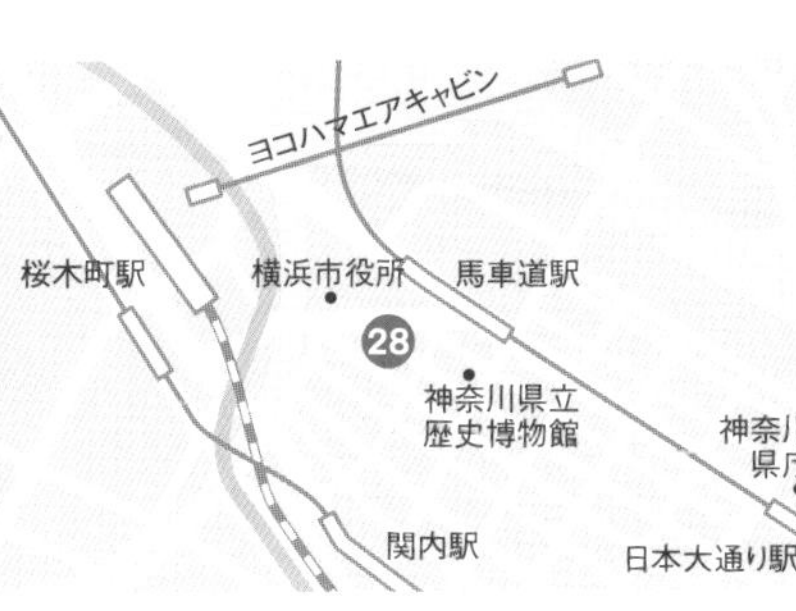

『東海道名所之内 横浜風景』（国立国会図書館蔵）に描かれた横浜弁財天社。

古地図でめぐる 京都の社寺

※170ページの現代地図と比較してお楽しみください

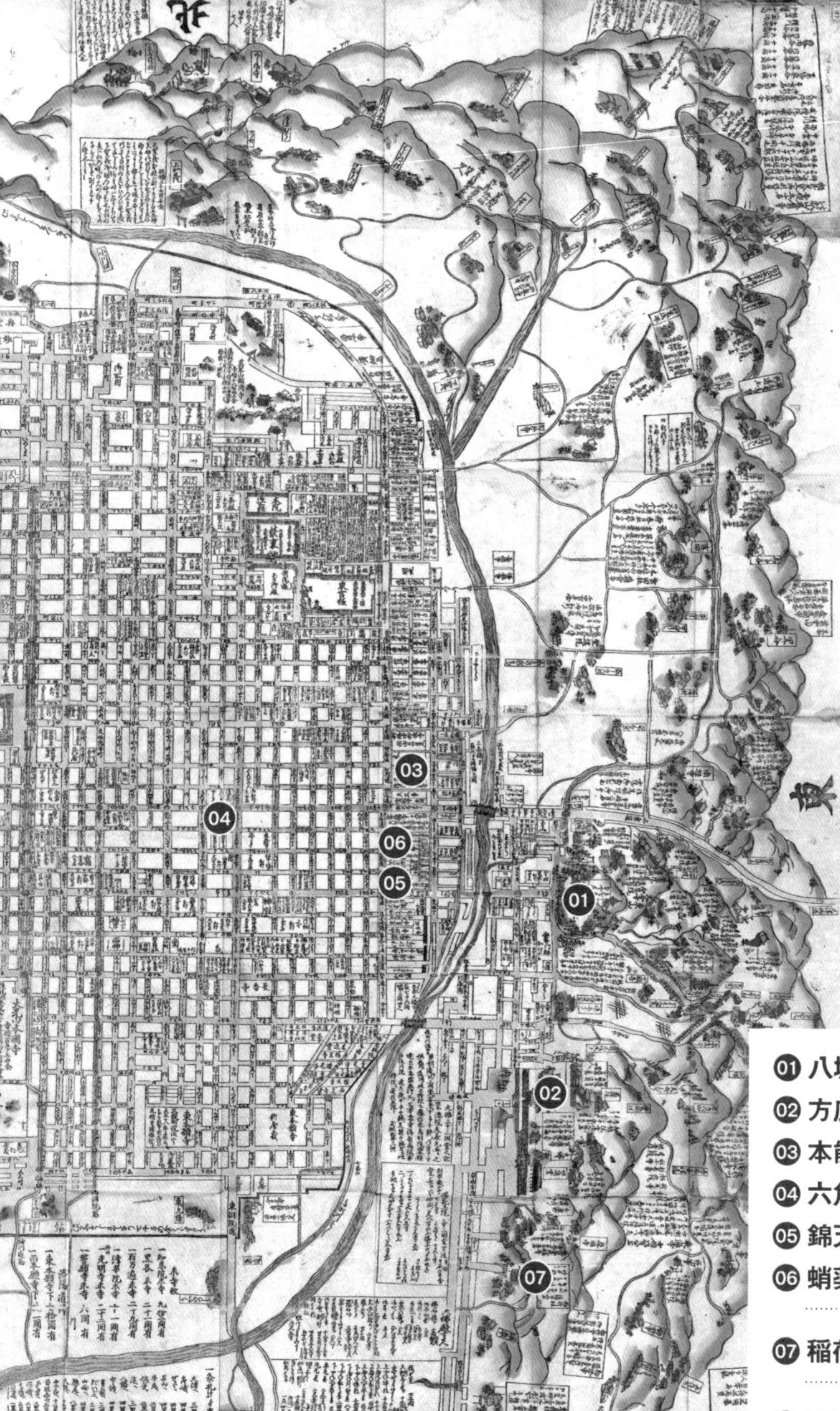

『京大絵図』
（国立国会図書館蔵）

『絵本都の錦』（国立国会図書館蔵）より方広寺の大仏殿。背後には三十三間堂（蓮華王院本堂）も描かれている。

『都名所之内 祇園社西門』（国立国会図書館蔵）。京都の代表的な花街であった祇園の賑わいが見て取れる。

『文永賀茂祭図』（国立国会図書館蔵）。中世の賀茂祭の様子を描いた絵巻の写しの一部。

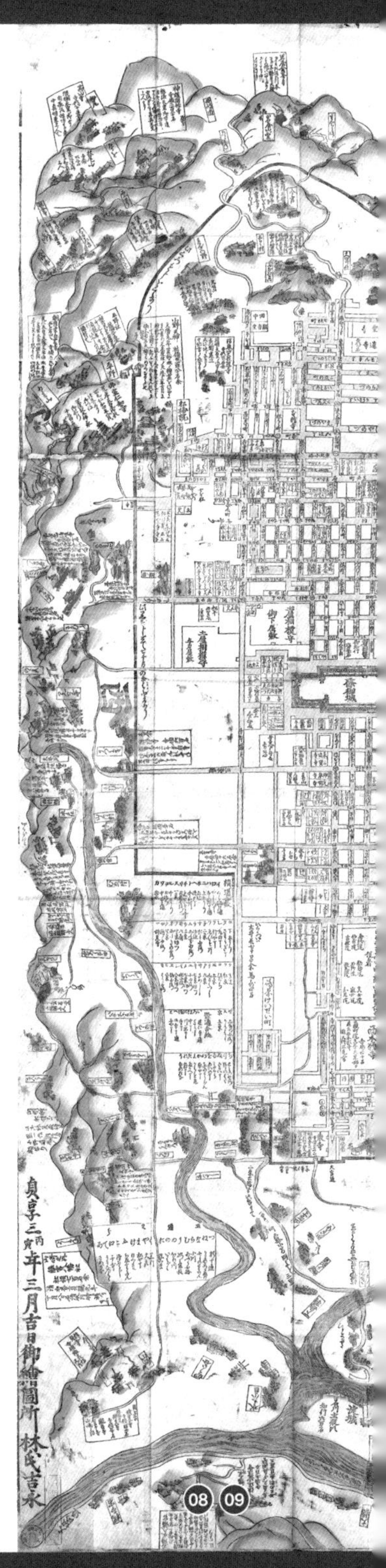

本書掲載社寺マップ（京都）

現在の京都市街の空撮写真。

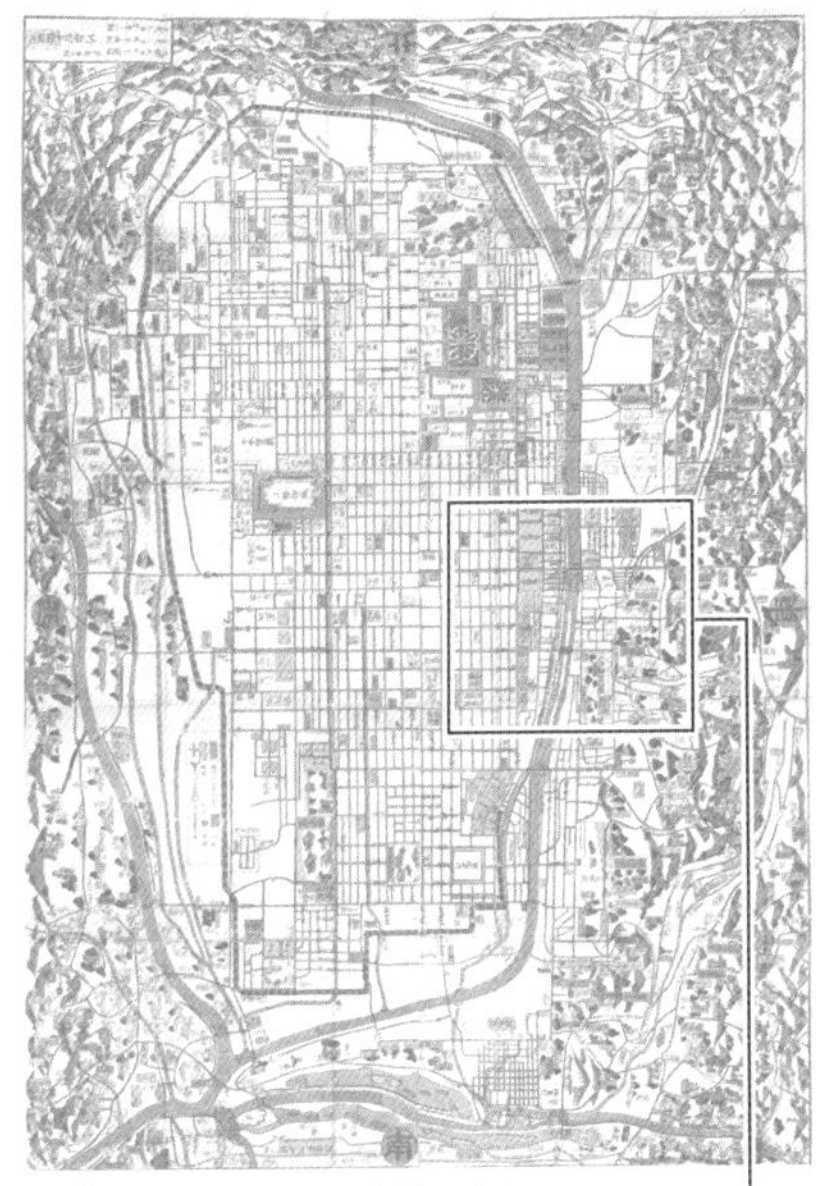

『文久改正新増細見京絵図大全』
（国立国会図書館蔵）

上の古地図の拡大画像。「祇園社」「本能寺」「タコヤクシ」「錦天神」「六角堂」などの文字が記されている。

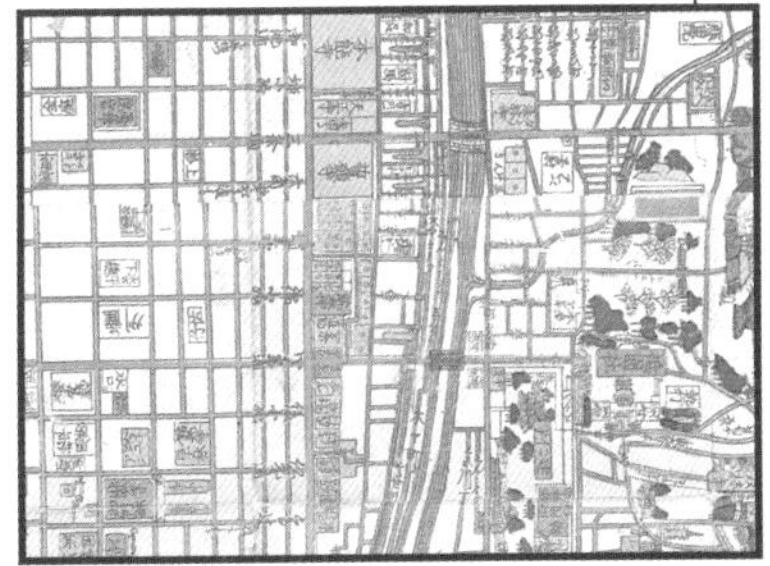

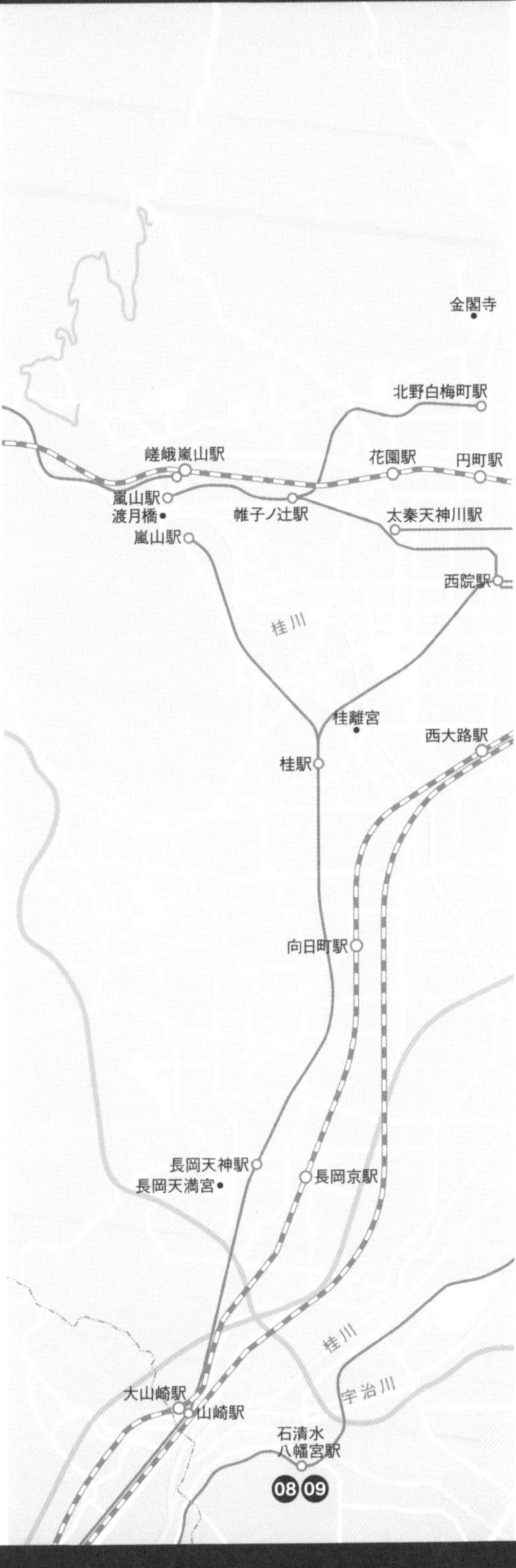

金閣寺
北野白梅町駅
嵯峨嵐山駅
花園駅
円町駅
嵐山駅
渡月橋
帷子ノ辻駅
太秦天神川駅
嵐山駅
西院駅
桂川
桂離宮
西大路駅
桂駅
向日町駅
長岡天神駅
長岡天満宮
長岡京駅
桂川
宇治川
大山崎駅
山崎駅
石清水
八幡宮駅
08 09

古地図でめぐる

奈良の社寺

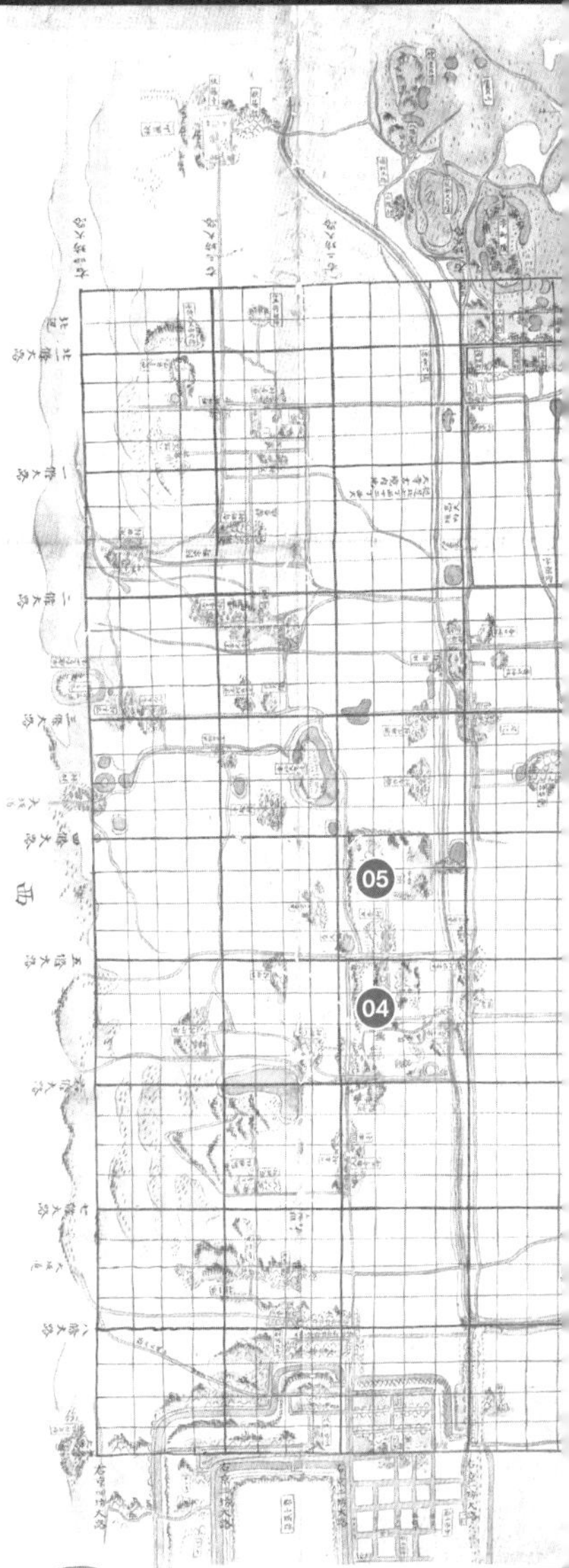

『南都古京図』（国立国会図書館蔵）

本書掲載社寺マップ（奈良）

点線は右の古地図範囲

『春日権現験記』（国立国会図書館蔵）に描かれた興福寺の講堂内部（長講会の様子）。

本書掲載社寺マップ（大阪）

摂津

河内

本書掲載社寺マップ（伊勢）

二見浦駅
宮町駅
勢田川
五十鈴ケ丘駅
伊勢忍者キングダム
山田上口駅
伊勢市駅
倉田山公園
宇治山田駅
五十鈴川
伊勢市役所
朝熊駅
五十鈴川駅
五十鈴公園

参考文献

＊各社寺の御由緒書・縁起書・公式ホームページなども参考にいたしました。慎んで感謝申し上げます。

『日本名所図会全集』名著普及会、一九七五年（日本随筆大成刊行会版『日本図会全集』復刻版）

『古地図ライブラリー別冊　切絵図・現代図で歩く　もち歩き江戸東京散歩』人文社、二〇〇六年

かみゆ歴史編集部編『大江戸今昔マップ』新人物往来社、二〇一一年

ロム・インターナショナル編『京都を古地図で歩く本』河出書房新社、二〇一五年

川田壽『江戸名所図会を読む』東京堂出版、一九九〇年

川田壽『続江戸名所図会を読む』東京堂出版、一九九五年

『JTBのMOOK　名所図会であるく江戸』JTBパブリッシング、二〇〇八年

宗政五十緒編『都名所図会を読む』東京堂出版、一九九七年

本渡章『奈良名所むかし案内』創元社、二〇〇七年

『図説・横浜の歴史』編集委員会編『図説【横浜の歴史】』横浜市市民局市民情報室広報センター、一九八九年

玉井哲雄編『よみがえる明治の東京――東京十五区写真集』角川書店、一九九二年

宮田登『江戸のはやり神』筑摩書房、一九九三年

黒田日出男『王の身体　王の肖像』平凡社、一九九三年

藤森照信『日本の近代建築（下）――大正・昭和篇』岩波書店、一九九三年

『神田祭』神田神社社務所、一九九四年

金龍山浅草寺編『図説浅草寺――今むかし』金龍山浅草寺、一九九六年

『日枝神社　神田明神』（『週刊神社紀行』22）学習研究社、二〇〇三年

田中優子・石山貴美子『江戸を歩く』岩波書店、二〇〇五年

大恩山五百羅漢寺編『らかんさんのことば』大恩山五百羅漢寺、二〇〇七年

竹内誠・古泉弘・池上裕子・加藤貴・藤野敦『東京都の歴史』（『県史』13、第二版）山川出版社、二〇一〇年

『天海と江戸仏教』（『週刊朝日百科　仏教を歩く』22）朝日新聞社、二〇〇四年

『寛永寺　増上寺』（『週刊　仏教新発見』29）朝日新聞社、二〇〇八年

『平成21年度港区立港郷土資料館特別展　増上寺徳川家霊廟』港区立港郷土資料館、二〇〇九年

光井渉『都市と寺社境内――江戸の三大寺院を中心に』（『日本の美術』No.528）ぎょうせい、二〇一〇年

港区編『港区史』第2巻・第3巻、港区、二〇二一年

今泉忠義訳注『徒然草』角川書店、一九五七年

十返舎一九『東海道中膝栗毛』上・下、岩波書店、一九七三年

佐和隆研編『密教辞典』法蔵館、一九七五年

石田穣二訳注『新版　枕草子』角川書店、一九八〇年

『京都・山城寺院神社大事典』平凡社、一九九七年

八坂神社編『八坂神社（改訂新版）』学生社、一九九七年

山本ひろ子『異神――中世日本の秘教的世界』平凡社、一九九八年

山折哲雄編『稲荷信仰事典』戎光祥出版、一九九九年

曲亭馬琴編・藍亭青藍補・堀切実校注『増補俳諧歳時記栞草』岩波書店、二〇〇〇年

『八坂神社』（『週刊神社紀行』7）学習研究社、二〇〇二年

『石清水八幡宮』（『週刊神社紀行』30）学習研究社、二〇〇三年

中村陽監修『稲荷大神』（『イチから知りたい日本の神さま』2）戎光祥出版、二〇〇九年

田中恆清『石清水八幡宮の宮司が語る　謎多き神　八幡様のすべて』新人物往来社、二〇一〇年

本多健一『京都の神社と祭り』中央公論新社、二〇一五年

岡田莊司編『事典　古代の祭祀と年中行事』吉川弘文館、二〇一九年

亀井勝一郎『大和古寺風物誌』新潮社、一九五三年

堀辰雄『大和路・信濃路』新潮社、一九五五年

平岡定海『東大寺』教育社、一九七七年

中田祝夫全訳注『日本霊異記』講談社、一九七八年

和辻哲郎『古寺巡礼』岩波書店、一九七九年

太田信隆『新・法隆寺物語――まほろばの僧・佐伯定胤』集英社、一九八三年

高浜虚子選『子規句集』岩波書店、一九九三年

『大和・紀伊寺院神社大事典』平凡社、一九九七年

吉田畔夕監修『三輪明神　大神神社』大神神社社務所、一九九七年

『奈良／唐招提寺』（『週刊朝日百科　日本の国宝』6）朝日新聞社、一九九七年

『奈良／元興寺　元興寺（極楽坊）　新薬師寺　十輪院　円成寺　般若寺』（『週刊朝日百科　日本の国宝』58）朝日新聞社、一九九八年

田中昭三『古寺巡礼②　東大寺』JTB、二〇〇二年

『大神神社・石上神宮』（『週刊神社紀行』8）学習研究社、二〇〇三年

『談山神社と吉野の古社』（『週刊神社紀行』20）学習研究社、二〇〇三年

多川俊映・金子啓明編『興福寺のすべて』小学館、二〇〇四年

宗教社会学の会編『聖地再訪　生駒の神々――変わりゆく大都市近郊の民俗信仰』創元社、二〇一二年

宗教法人元興寺編『わかる！元興寺――元興寺公式ガイドブック』ナカニシヤ出版、二〇一四年

徳永慶太郎『近鉄線各駅停車（一）――奈良・生駒線』保育社、一九八四年

『住吉大社略記』住吉大社社務所、一九九一年

『大阪／住吉大社　四天王寺　大念仏寺』（『週刊朝日百科　日本の国宝』33）朝日新聞社、一九九七年

『大阪／誉田八幡宮　道明寺天満宮　道明寺　葛井寺　獅子窟寺　桜井神社　水無瀬神宮』（『週刊朝日百科　日本の国宝』35）朝日新聞社、一九九七年

落合偉洲・加藤健司・茂木栄・茂木貞純編『全国　宮祭礼記』おうふう、二〇〇二年

『住吉大社』（『週刊神社紀行』28）学習研究社、二〇〇三年

『四天王寺』（『週刊古寺をゆく』24）小学館、二〇〇四年

『葛井寺千手観音と獅子窟寺・薬師如来』（『週刊原寸大日本の仏像』45）講談社、二〇〇八年

中村啓信監修訳注『風土記』下、角川書店、二〇一五年

『磐船神社・石切劔箭神社・誉田八幡宮』（『週刊日本の神社』108）デアゴスティーニ、二〇一六年

西垣晴次『お伊勢まいり』岩波書店、一九八三年

神宮司庁編『お伊勢まいり』神宮司庁、一九八七年

矢野憲一『伊勢神宮――知られざる杜のうち』角川書店、二〇〇六年

矢野憲一『伊勢神宮の衣食住』角川書店、二〇〇八年

山岸常人・藤井恵介「研究ノート　内山永久寺伽藍図及び真言堂指図等について」『建築史学』14、建築史学会、一九九〇年

新海祥子・堀繁・油井正昭「『日本名山図会』にみる谷文晁の名山観」『造園雑誌』55（5）、一九九二年

高田好胤「薬師寺の坊さんはベリー・グッド」『芸術新潮』一九九七年一月

山岸常人「近世の奇想の塔」『塔――形・意味・技術』（『国宝と歴史の旅』8）朝日新聞社、二〇〇〇年一〇月一〇日

出口宏幸「描かれた深川三十三間堂」『下町文化』No.264、江東区地域振興部文化観光課文化財係、二〇一四年一月一七日

斎藤多喜夫「展示余話　写真と浮世絵の対話――洲干弁天社を写す・描く」『開港のひろば』第93号、横浜開港資料館、二〇〇六年八月二日

赤澤春彦「東都三拾三間堂深川移転顛末覚」『下町文化』No.245、江東区地域振興部文化観光課文化財係、二〇〇九年四月二七日

「溜池遺跡にみる江戸・東京」『たまのよこやま』89、東京都埋蔵文化財センター、二〇一一年六月八日

「宝山寺参道」『広報いこま』No.709、生駒市、二〇一三年八月合併号

「生駒鋼索線小史――ケーブルが結ぶ聖天さんとのご縁」『月刊大和路ならら』二〇一五年一月

尾崎織女「七夕と梶の葉飾り」『学芸室から』日本玩具博物館ブログ、二〇一〇年七月二日

渋谷申博（しぶや のぶひろ）

1960年、東京生まれ。早稲田大学第一文学部卒業。日本宗教史研究家。『図解 はじめての神道・仏教』（ワン・パブリッシング）、『眠れなくなるほど面白い 図解 神社の話』『眠れなくなるほど面白い 図解 神道』『眠れなくなるほど面白い 図解 仏教』（以上、日本文芸社）、『参拝したくなる! 日本の神様と神社の教科書』（ナツメ社）、『猫の日本史 みんな猫が好きだった』（出版芸術社）、『歴史さんぽ 東京の神社・お寺めぐり 新装版』『神々だけに許された地 秘境神社めぐり』『聖地鉄道めぐり』『全国 天皇家ゆかりの神社・お寺めぐり』『全国の神社 福めぐり』『日本の暮らしと信仰365日』（以上、小社刊）ほか著書多数。

STAFF

編集	小芝俊亮、小芝絢子（小道舎）
AD	山口喜秀（Q.design）
デザイン	深澤祐樹（Q.design）
DTP	G.B. Design House
地図制作	マップデザイン研究室
校正	篠原亮
写真提供	渋谷申博
営業	峯尾良久、長谷川みを、出口圭美（G.B.）

全国 名所図会めぐり

航空写真と読み解く歴史絵巻

初版発行	2023年12月28日
著者	渋谷申博
編集発行人	坂尾昌昭
発行所	株式会社G.B. 〒102-0072 東京都千代田区飯田橋4-1-5
電話	03-3221-8013（営業・編集）
FAX	03-3221-8814（ご注文）
URL	https://www.gbnet.co.jp
印刷所	株式会社シナノパブリッシングプレス

感想を
お聞かせください！

乱丁・落丁本はお取り替えいたします。
本書の無断転載・複製を禁じます。
© Nobuhiro Shibuya / G.B. company 2023 Printed in Japan
ISBN 978-4-910428-37-6